JEAN-PAUL SARTRE [L'ÉCRIVAIN ET SA LANGUE]

哲学・言語論集

J-P・サルトル
解説 澤田 直

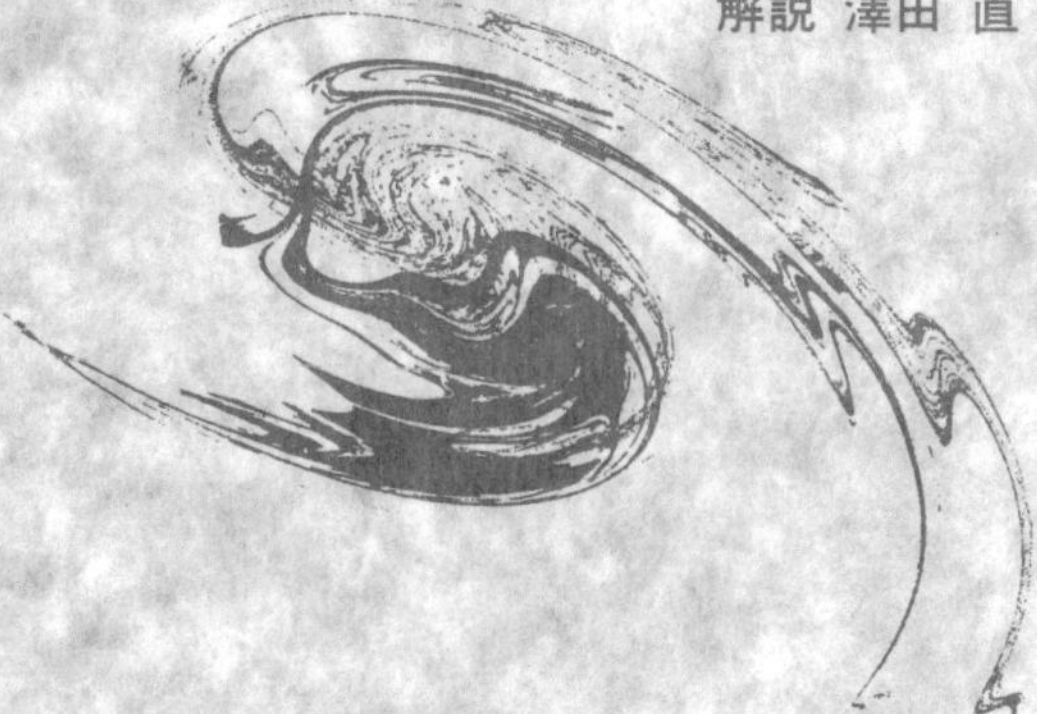

フッサールの現象学の根本的理念 白井健三郎 訳
新しい神秘家 清水 徹 訳
デカルトの自由 野田又夫 訳
唯物論と革命 多田道太郎／矢内原伊作 訳
作家とその言語 鈴木道彦 訳
人間科学について 海老坂 武 訳

JIMBUN SHOIN
人文書院

間主体性の場としての批評

澤田　直

本書は、『シチュアシオン』のI、II、IXから、哲学・言語関係の作品を選んで新たに編集したものである。年代的に見ると、最初期に位置する短い論文「フッサールの現象学の根本的理念」を除けば、一九四〇年代半ばの論考と六〇年代半ばのインタビューという構成になっている。『シチュアシオン』全十巻に収録された論考の中には、当時の社会状況と密接に関わるものも少なくない（これは状況に対するサルトルの態度の当然の帰結だ）が、ここに収めたものは時代との関係をさほど考慮することなく読めるものと言える。唯一の例外は「唯物論と革命」で、これは若い読者にとってはとっつきにくいテクストかもしれない。これらを通読してまず浮かぶ問いは、サルトルにとって批評とはどのような分野だったのかということである。彼にとってそれがけっして二次的な領域でなかったことは、大部の〈ジュネ論〉や畢生の大作となった〈フローベール論〉を引くまでもなく明らかだ。しかし、一方でサルトルの批評はどれもきわめて強引なものであって、それぞれの対象を客観的に論じるといった態度からはほど遠いだけでなく、ときには当の作家や作品の相貌すら完全にデフォルメしてしまうほどのものである。ここに収録された作品に即して言えば、フッサール、デカルト、バタイユ、マルクス主義、構造主義などをモデルにサルトルは一幅のタブローを描いてみせるのだが、それは読者がこれまで見慣れてきた像《イメージ》とは似ても似つかないものであるかもしれない。サルトルにおける対象と批評の関係は、言ってみれば、ピカソやジャコメティ、さらにはフランシス・ベーコンにおけるモデルと作品の関係を髣髴させるものだ。常識的な意味ではモデルに忠実とはとても言えない。だがこのようなデフォルマションによってこそ、立ち現れてくる現実もある（バシュラールが指摘したように、詩的想像力とはイマージュを形づくるというよりは、それをデフォルメすることなのだ）。奇妙とも怪異とも見える映像《ヴィジョン》に我々が惹きつけられるのもそのためではなかろうか。そして、どのような対象を描いても、それぞれの画家たちのタッチが紛う方なく作品に刻印されているのと同様に、サルトルの評論にはすぐにそれとわかるいくつかの特徴がある。ひとつは、その直截さである。サルトルの評論ほど文章の彩《フィギュール》といったものからほど遠いものはない。どの論考もその主旨は明快であり、理解するのに頭をひねる必要もなければ、華麗な文飾の妙に惑わされる必要（あるいは悦び）もない。もちろん、これはサルトルのテクストにレトリックがないということではない。いやそれどころか、サルトルの思考を推進するのはまさにレトリカルな発想である（たとえば、「フッサールの現象学の根本的理念」は全編アレゴリカルな流れで進む。一方に外の物を摂取する動物的なものとして記述される旧来の哲学があり、もう一方にフッサールの新しい哲学が外部への炸裂として描かれる）。第二には、二分法的《ダイコトミック》な提示と、その弁証法的な展開である。多くの論考はまず、対立的な要素の提示によって始められ、その総合が目指されつつ、議論は展開してゆく。だが、サルトルにおいてはそれはけっして総合に固定されることなく、彼自身が『聖ジュネ』で述べた tourniquet（回転ドア、回転装置）のようにひたすら展開を、回転を、つづける。その意味で、結論はつねにとりあえずのものでしかないという、サルトルの全作品に通底する未完性ないしは開放性がここにも見られる。だが、サルトル評論の最大の特徴は、なんといっても、彼がどんな対象を扱うときでも、結局は自分の思想を語ってしまう点にあろう。彼が他の思想家を評価したり、断罪したりするのは、なんらかの超越的な、あるいは、外在的な価値体系なり基準からではなく、あくまでも自らの哲学思想という視点からなのである（実際、サルトルほど大学批評から遠いものはあるまい）。だが、サルトルというバイアスがかかればかかるほど、対象となる思想家の裏面が、そして逆説的にその対象の固有性が明瞭に見えてくるから不思議だ。本書に収められた論考は長短さまざまだが、これらを読むとデカルト、フッサールといった先達とサルトルがいかに対決したか、またバタイユや同時期のマルクス主義者たちとどんなつばぜり合いをしたか、また次世代の構造主義の思想家たちをどのように批判するかなどを見ることができる。それとともに、間主体性の場としての批評の魅力、つまり他者を論じるということが固有にもつせめぎあいの醍醐味をも味わえて、興味がつきることがない。その意味で、どのテクストに関しても、一つの論考を二重に楽しめると言えるだろう。

それぞれの作品の書誌的な情報に関しては巻末に解題を付したので、そちらを見ていただくとして、執筆の背景その他に関する若干の解説を付すことにしよう。

「フッサールの現象学の根本的理念」はサルトルの著作中でもおそらく最初期に属するもので、一九三三年から三四年にベルリンに留学した際に書かれたと推定される。フランスにおけるフッサール紹介という点からすると、サルトル自身が大いに啓発されたレヴィナスの『フッサール現象学の直観理論』（一九三〇）をはじめ、すでに二〇年代から専門的な論文は発表されていたから、哲学の専門家ではない一般の読者に現象学を分かりやすく呈示したという点にこの論文の特徴はあると言えよう。いずれにしろ、広輸なフッサール思想をわずか数ページでまとめようというのがどだい無理な話であって、サルトル自身そのような意図はもっていまい。また、フッサール思想とのより深い対話と対決は、同時期に書かれた『自我の超越』で行われているから、ここでの狙いは、ポール・ニザンが〈番犬たち〉と呼んだフランスの講壇哲学者たちの古い哲学観を粉砕すべく、ドイツの新しい傾向をスマートに紹介することにあったのだろう。掌編とはいえ、重厚なフッサール哲学をみずみずしい思想として紹介する見事なテクストは、今でもその初々しい魅力を失っていない。

本書の中でも質量ともに重要なのは、ジョルジュ・バタイユの『内的経験』の書評として発表された「新しい神秘家」であろう。一読してわかるように、サルトルのバタイユに対するかなりむきだしのライバル意識が見てとれる論文である。これが発表された一九四三年といえば、サルトル自身も『存在と無』を出版し、フランスにおけるドイツ哲学の新潮流の積極的な導入者の地位を築きつつあった時期であるから、そのような状況からこの感情を理解することもできよう。だが、それよりはむしろサルトルとバタイユが共有する問題系とそれへのほとんど正反対ともいえるアプローチこそが、この攻撃的な文章の根底にあると見るべきだろう。実際、企図＝投企（projet）、至高性＝主権（souveraineté）、交感＝交流（communication）、他者と共同体、贈与など、語彙の重なりあいとその内包の隔たりは明瞭である。伝記的な事実からみれば、この時期、サルトルとバタイユの交流はかなり盛んだったようであり、一般に考えられているよりもずっと深いありかたで相互に触発しあったのではないかと思われる。バタイユの神秘主義的側面を批判するサルトルだが、『聖ジュネ』などをはじめとして多くのテクストで、十字架のヨハネなどの神秘主義的作家に興味を示すように、その神秘主義との関係は両義的だ。また、サルトルの遺稿『倫理学ノート』などを読めば、贈与に関するいくつかの考察に関してバタイユがサルトルに与えた影響は少なからぬものであったようにも思われる。

ちなみに、このサルトルの批判に対して、バタイユは、『ニーチェ論』の付録として発表された「ジャン-ポール・サルトルに答える」で自己の立場を弁護している。また、バタイユがサルトルを論じたものとしては、『ボードレール』『聖ジュネ』、『ユダヤ人問題』などへの書評がある。なかでも「ジュネ論」はサルトルの倫理の問題を考えるにも重要な論考であろう。サルトルとバタイユの比較研究は、より本格的に行なわれるべき分野であると思われる。

サルトルの哲学がデカルト的コギトの系譜に位置するとはしばしば言われることだが、じつはコギトを問題にする際にサルトルが引用するのはどちらかといえばフッサールのコギトであって、デカルトのコギトではない。それどころか、サルトルがこの近代哲学の父に関して語ることは思いのほか少ないのであって、唯一の例外がここに収録した「デカルトの自由」である。サルトルは一九四六年「自由に関する古典叢書」を監修していたグレトゥゼンの委嘱を受けて、デカルト選集『デカルト一五九六-一六五〇』を編集した。その際に、序文として書かれたのが「デカルトの自由」である。ここでも何よりも興味深いのは、デカルトの解説を通して、サルトル自身の自由観が透けて見える点である。サルトルは、自由と否定性との緊密な関係に最初に注目したデカルトの功績を認めると同時に、彼が既成の秩序との一致といった観念を保持したことを批判する。実際、サルトルの編集した〈選集〉を読むと、デカルトがまず否定性としての自由を見出し、次にそこからやや後退しつつも、結局は他者の自由をも含めたジェネロジテとしての自由を顕彰しているというイメージをもつ。その意味で、サルトルがデカルトのうちに求めていたものとぴったりと適合するような形でこの本は編集されており、この序文はサルトルの自由の観念を補強する形になっている。というのも、サルトルは自由を選択の自律として、否定と創造性の両面から捉えると同時に、自由自体を至上の価値として提示しようとするからである。したがって、サルトルのデカルト解釈は、生産的な否定性としての自由を人間的現実の根源に据えつつ、自由の哲学の先駆者をそこに見ようとするものであると言えよう。

戦後のサルトルとマルクス主義との長い対話の始まりとなるのが一九四六年に発表された「唯物論と革命」である。実存主義に対して、マルクス主義者からどのような批判がなされていたかは、『実存主義とは何か』に付された討論などで知ることができるが、『レ・タン・モデルヌ』誌の創刊号にすでに「革命家たちの唯物論」という題で予告が出ていたことからも、サルトルがコミュニストたちに対して自らの立場を明らかにする必要性を早くから感じていたことが窺える。いま読むと、二者択一的な問題の立て方になんとも言えない古さを感じずにはおれないが、サルトル自身はこのような〈あれかこれか〉的な問題設定を乗り越えようとしているのだ、ということは確認しておくべきだろう。もっとも、サルトル自身の政治的なアンガジュマンという点からすれば、マルクス主義に近いポジショニング以外に考えられないことも自明であった。したがって、「唯物論と革命」でサルトルが目指しているのは、教条的で粗雑であるにもかかわらず科学を標榜する決定論を理論的根拠とするコミュニストたちを批判し、返す刀で、自由を中心に据えた人間的な実存主義をうち立てることであった、と言えよう。二章からなる「唯物論と革命」は構成通り、ふたつの論点からなっている。第一章「革命の神話」は弁証法的唯物論批判（より正確に言えば、スターリン主義的マルクス主義に対する批判）であり、第二章「革命の哲学」は革命を可能にする哲学とはどのようなものかという問いかけである、とまとめることができよう。したがって、主眼は教条的なマルクス主義の批判である以上に、その批判を通して、自らの自由の哲学を素描することにあるのだし、現在の読者の関心を惹くのも後者のほうであろう。実際、この論考を四八年ごろに執筆された『真理と実存』（死後出版）などとつきあわせて読んでみると、真理に関する当時のサルトルの考え方がわかり、まことに興味深い。

サルトルの共産党に対するこのような批判的な態度が、五〇年代に書かれた「共産主義と平和」（一九五二、一九五四）（『シチュアシオンVI』所収）ではかなり緩和され、むしろ和解が説かれるようになり、さらに『方法の問題』にいたって、マルクス主義こそが唯一の哲学であり、実存思想はそれに寄生してその動脈硬化をふせぐ役割をはたすイデオロギーにすぎない、という立場にまで変貌することはよく知られているからここでは繰り返すまい。ちなみに、この論考に関しては、ルカーチが『実存主義かマルクス主義か』の中で批判を行なっている。

サルトルには、まとまった言語論というのが見られない。その点で、サルトルの弟子ともいうべきヴェルストラーテンによるインタビュー「作家とその言語」は、『文学とは何か』で簡単に素描された言語観を補完するものとして、非常に重要なテクストと言えよう。しかし、冒頭から読者は躓いてしまうのではないか。シニフィアンとかシニフィエといった今ではよく知られた用語を、サルトルはソシュールや構造主義者とはまったく異なる意味合いで用いるからだ。二十世紀哲学の大きな特徴として、言語に関する考察が前景に出てきたことが挙げられる。この流れは、英米やドイツ語圏ではすでに早くから始まっていたが、フランスではようやく六〇年代になって、言語への転回、あるいは、言語論的転回が、人々の注目を集めるようになった。別の言い方をすると、それまでの認識論の枠組みが、言語論へとシフトするということであり、流行という点からすると、実存主義に代わって構造主義が台頭してくるという展開である。このインタビューが行なわれた六五年、サルトルの哲学はフランスの思想界ではすでに背景に押しやられた観がなくもなかった。かつての盟友メルロ＝ポンティが中期になると、ソシュールの理論を独自に発展させた言語論へと沈潜していったのに対し、作家であるサルトルが言語学にほとんど興味を示さず、言語に関するきちんとした論考を残さなかったというのも、一見また逆説的であるように見える。だが、その言語論がなんともプリミティブに見えるとしても、まさにそのような素朴なアプローチによって、サルトルは近代言語学の内在主義的アプローチを批判し、〈語る主体〉という文学における言葉の発生する場所へと立ち戻ろうとしているようにも思われる。サルトルがラングよりはパロールに優位を与えるのも、そのためではなかろうか。

「人間科学について」もまた、構造主義に対するサルトルの立場表明のインタビューだといえる。これはソルボンヌの哲学科の学生たちの雑誌『哲学誌』第二‐三合併号（一九六六年二月）に「人間科学に関する対話」として掲載されたものだが、雑誌の特集自体が「人間科学と哲学（Anthropologie et Philosophie）」だったことに端的に示されているように、それまでフランスの学問界において女王の座にあった哲学と、構造主義の台頭によって脚光を浴びてきた人文諸科学との関係が問題になっている。実際、この号には、リオタール、リクール、ジャンケレヴィッチ、バディウーなど、錚々たる顔ぶれの論考も寄せられている。ちなみに、同年一月に出た同誌の創刊号には、レヴィ＝ストロース、エドガー・モランのインタビューの他、フェリックス・ガタリなども寄稿した「人類学《アントロポロジー》＝人間科学」特集になっているから、当時の哲学科の学生たちの興味がどの辺にあったのかがわかるというものだ。

訳者の海老坂氏が指摘するように anthropologie という語自体が、複雑な来歴と意味内包をもつ言葉である。これはまず人類学を意味し、それは一方で自然人類学、他方で文化人類学という全く分野を異にする二つの学問を指すと同時に、哲学においてはカントの著作のタイトルに見られるように「人間に関する全般的な知」としての人間学を意味する。このような多義性は、〈人間〉を意味する anthrôpos というギリシャ語に由来する名が人間に関するすべてのことにあてはまってしまうことから来ている。だが、サルトルに即して言えば、哲学の営みとはなによりも人間的なものだということの意味は、同時に主体かつ客体である人間について考察するということである。つまり、サルトルが『家の馬鹿息子』の巻頭に書いた「ひとりの人間に関して何を知ることができるのか」という態度のうちに顕著にみられるような人間（へ）の問いかけなのである。

今回新たに編集するに当たって、訳者の方々にはかなりの手直しをしていただいた。また、現在の読者の便宜を考え、いくつかの注も追加した。訳者がすでにお亡くなりの「唯物論と革命」IIに関しては、解説者の責任で一部手を入れた点がある。このような無礼をご諒承くださった訳者のご遺族の方々にこの場を借りて御礼申し上げます。

目次

サルトル手帖 〈CARNET SARTRIEN〉 45

2021
人文書院

未完の魅力

鈴木道彦

サルトルの長大なフローベール論である『家の馬鹿息子』の翻訳も、いよいよ第五巻が刊行されて完結した。最近は話題になることも少なくなったサルトルだが、彼は実に多様な領域で仕事をした人だった。第二次世界大戦前には、今読んでも少しも古びたところのない小説『嘔吐』を書き、戦争中には彼の実存の思想の中核となる大著『存在と無』を刊行したし、戦後は、小説『自由への道』のほかに、数多くの戯曲を発表するとともに、そのさまざまな政治的思想的発言によって二十世紀を代表する知識人と見なされるようになった。その当時、彼の発する言葉は常に世界中から注目を浴びたものである。とくにアルジェリア戦争やハンガリー事件、そして日本では「五月革命」と呼ばれた六八年の「五月危機」などの際には、彼がどんな発言をするかということに、人びとは強い関心を寄せていた。たまたま一九五六年のハンガリー事件のときにフランスにいた私は、ある日、若い友人がサルトルの「スターリンの亡霊」の掲載された新聞を持って訪ねて来て、「サルトルが書いたぞ！」と興奮していたのを思い出す。それほどに、彼の発言は人びとに待たれていたのだった。

そのような彼の多彩な仕事のなかに、伝記文学とも呼ばれ得る一連の作品がある。その最初のものは一九四七年にまとめられた『ボードレール』だろうが、特に重要なのは一九五二年に刊行された『聖ジュネ』と、一九七一年にまず第一巻と第二巻が同時に刊行され、翌一九七二年に第三巻が出版された『家の馬鹿息子』である。

またそのほかに、アルジェリア戦争（一九五四〜一九六二）当時にサルトルのアパルトマンが右翼のプラスチック爆弾で破壊されたさいに焼失したといわれる『マラルメ論』もある。これは全体で二〇〇〇ページにも及ぶ大著になる予定であったらしく、きわめて重要な考察を含んでいることは、たまたま別な場所に保管されていたために焼失を免れた部分の文章からも容易に推察されるが、これについてはもし別な機会があればそのときに検討することにして、今はふれない。

さて、この『家の馬鹿息子』の冒頭におかれた「はじめに」という文章で、サルトルはこう書いている。

『家の馬鹿息子』は『方法の問題』の続篇である。その主題とは、今日、一個の人間について何を知りうるか、ということだ。この問題に対しては、ある具体例の研究によってだけ答えることができるように思われた。たとえば、ギュスターヴ・フローベールについて、われわれは何を知っているだろうか。このことは、われわれが彼について使える情報を全体化することに帰してしまう。

ここに言う『方法の問題』とは、初め「実存主義とマルクス主義」という題でポーランドのある雑誌に掲載された論文だが、その後に何度も加筆され、一九六〇年の『弁証法的理性批判』の出版にあたっては、その冒頭に、ただし『批判』とは別の作品として掲載されたものだ。これはサルトルの人間理解の方法をきわめて簡潔に語った論文と言ってよいだろう。

さらに、同じ『家の馬鹿息子』の「はじめに」のなかで、サルトルは次のように続ける。

それは一人の人間とは決して一個人ではないからである。人間を独自的普遍と呼ぶ方がよいだろう。

自分の時代によって全体化され、まさにそのことによって、普遍化されて、彼は時代のなかに自己を独自性として再生産することによって時代を再全体化する。人間の歴史の独自的な普遍性によって普遍的であり、自らの投企の普遍化する独自性によって独自的である彼は、両端から同時に研究されることを要求する。

サルトルの『家の馬鹿息子』は、このような考え方に基づいて、『ボヴァリー夫人』の作者ギュスターヴ・フローベールを、一個の独自的普遍として描き出そうとした作品であると言えよう。つまり彼は、十九世紀の一人の作家を例にとって、自分の考える人間理解の方法を例示したことになるだろう。

「今日、一個の人間について何を知りうるか」。これは考えてみると、非常に大胆な問題提起である。それだけに、その回答とも言うべき『家の馬鹿息子』が、これほどの大冊になったのもやむを得ないことだろう。しかし、この作品によって、すんなりと回答が与えられたわけでは決してない。これは結局、回答不能な問題提起でもあって、だからこそ本巻の最後でも、第三部「エルベノンまたは最後の螺旋」の末尾の部分（邦訳第四巻三九五ページ）とまったく同様に、サルトルは改めて『ボヴァリー夫人』を読み直すことに言及しながら、筆を擱かざるを得なかったのだろう。つまり『家の馬鹿息子』は、原書で三〇〇〇ページ近い分厚い三冊の大作でありながら、結局は未完に終わった作品なのである。そこには、失明という著者の肉体的条件もあったけれども、それ以上にサルトルの思想に固有の問題が含まれていると私は考える。

振り返って見ると、彼の作品のなかには、未完に終わったものが少なくない。その典型的な例は、戦中から戦後にかけて書き継がれた大作『自由への道』だろう。これはある意味で、サルトルの抱えた問題の困難さを象徴するような挫折だった。戦前の刺激的な論文「フランソワ・モーリヤック氏と自由」で、作中人物は自由でなければならないと主張し、小説における「神の視点」を排除したサルトルは、その一方で、一九六〇年にあるインタビューに答えて、「もしも文学が全体（tout）でないならば、それは一時間の労苦にも値しない。そのことをわたしは、『アンガージュマン』という言葉によって言い表したいのです」とも言っている。

これは途方もない野心であり、矛盾した試みだろう。しかも到達された全体は、もはや全体ではないはずだから、これは不可能な目標でもあった。つまり、「全体」を目指した彼のアンガージュマン文学は、初めから挫折を予告されてもいたのである。

しかしサルトルの魅力は、珠玉のように完成した作品を読者に提示するところにあるのではない。むしろ、破綻を恐れずに、不可能な目標に向かって荒々しく突き進んで行くその過程、その方法にこそ、彼の本質があるのではないか。それは小説でも伝記的文学でも同様である。

このことは『方法の問題』において、サルトルが次のように述べた個所にも現れている。

> われわれは実存主義者のアプローチの方法を、遡行的―漸進的且つ分析的―総合的方法、と定義したい。それは同時に対象（これは段階づけられた意味づけとして時代すべてを包含している）と時代（これはその全体化作用のなかに対象を包含している）との間の豊饒化の力をもった往復運動である。

『家の馬鹿息子』が『方法の問題』の続篇であるということは、この「豊饒化の力をもった往復運動」にこそ示されている。それは飽くまでも運動であって、決して完成され固定された作品ではない。たとえこの作品がさまざまな点で破綻を示しているとしても、同時に随所に汲み取るべき指摘や考察を残しているのはそのためであろう。大胆不敵な問題提起や、破綻を恐れない解決の試み、サルトルの真骨頂は、こうした方法の豊かさにこそ求められるべきであろう。

再録

サルトルとの一時間

海老坂武

四月にしては風の冷たい日だった。定められた時刻の十二時半きっかりに、モンパルナスのラスパーユ通り二二二番地の建物に入る。エレヴェーターで十階まで。この上には屋根裏部屋しかない。『言葉』の中でも書いているように高い所が好きなようだ。エレヴェーターを降りるとすぐ右手のドアがサルトルの部屋。ベルを押すとすぐに彼が出てきた。

サルトルにゆっくり会いたいという気持は七二年四月にパリに落ち着いて以来ずっと抱いていた。日本での「知識人論」を大幅に修正せざるをえないであろう六八年以後の彼の政治的選択について、知識人における〈自己否定〉なるものについて、その他これまでほとんど知られていない十代の少年サルトルの文学的形成について、散逸してしまった初期の作品について、尋ねてみたいことはいくらもあった。しかし、とにかく忙しい人であり時間を作ってもらえるかどうかもわからない。また七一年に一度倒れて以後、健康状態がすぐれぬということも耳にしていた。そして何よりも当時私は、サルトルがライフワークとしている『フローベール論』二巻（その後三巻目が出た）にはまだほとんど手をつけていなかった。先方がもっとも重要と考えている最新の著作を読みもせず、のこのこ出かけていくのは非礼というものであろう。とにかく『フローベール』を読み終えてから、というのが私の気持で会見の申込みはずっとひかえていた。

今年（七三年）の二月ごろではなかったかと思う。サルトルやボーヴォワールと個人的に親しくしている朝吹登水子氏から、「健康状態は相変らずすっきりしないようだ。今できるときに会っておいたら」という意の好意ある助言を得た。朝吹氏は当時、サルトルの病状が悪化するのを真剣に憂えていた。また他方では、『フローベール論』読了まで、などと言っていたら私のことだから何年先になるかわからない、と見すかされていたのかもしれない。

実際、それまでの一年間、私は読書の時間の大半をこの大著に費していたのだが、三巻で三千頁のようやく三分の二近くを読み終えたにすぎなかった。予定ではあと半年が必要だった。ただそこまで読んできて、全体の輪郭——この本の方法と構造——はほぼ摑みえたように思えていた。一巻と二巻との読書を通じて出てきた問いをぶつけてみても、それほど見当違いのことにはならないであろう……。というわけで朝吹氏にさっそく連絡を取っていただくことにした。

ランデヴはははじめ四月三日に予定されたが、気分がすぐれぬとのことで四月九日に延期された。貴重な時間を愚にもつかぬ質問でつぶしてしまっては、と、その日までの四週間、私は『フローベール論』を何度もめくり直して私なりにこの本を整理してみた。整理をしていく途上で宙に浮いていた疑問のあるものは解消され、あるものはそのまま残った。その残った疑問を今度はフランス語で一連の質問の形に練りあげて、頭の中におさめた。

とにかく聞いておけるだけのことを聞き出しておきたいという気持から、私は発音のまずさは忘れて次から次へと質問を繰りだした。それが適切なものであったか、あるいは的はずれのものであったかは今何とも言えない。ただサルトルは、私のどの質問にたいしてもていねいに、率直に、ときには忍耐強く答えてくれた、と思う。

答えの中には分かりきったものもあった。それはそうだがしかし、と言いたいものもあった。それではまったく不十分だな、と思うものもあった。しかし誰を相手にした場合でもそうだが、答えの深度は問いの水準によって決定される。私の作りあげた問いの装置からするなら、彼のしてくれた答えに満足すべきであろう。

『フローベール論』にかんしては三つの発言が特に私の注目を惹いた。第一。彼はこの本が彼自身の個人史とのかかわりの中で読まれることを好まない。あくまでもこれが方法の提示とその実験として、客観的な次元で論じられることを欲している。多くの批評家たちは『フローベール論』の中に一種の自己告白を聞き取ろうとした。しかしサルトルはあるインタヴュの中でこうした読み方を斥けている。だが『フローベール論』を書き始めた時期は『言葉』を書いていた時期とほぼ一致している。彼の描くフローベール像の中に少年ジャン－ポールを見るのはあたっていないとしても、『言葉』を書くことは、自分の幼年時代を方法論的に振り返る作業は、フローベールを内側から了解するのに大いに役立ったのではないか？

「かもしれない、ありうることだ。しかしそれはね……」と言葉をにごす。要するに『フローベール論』を『言葉』に近づけることを好まないのだ。この点で面白かったのは、方法を実験するモデルとして、彼は当初フローベールとロベスピエールとを考えたということ。これは初耳である。しかし結局は彼はフローベールを選んだのだ。「幼少期の回想がずっと多く残っていた」ので。もし彼がロベスピエールを選んでいたとしても、方法の提示という点では結果は同じだったろうか？　それは何とも微妙なところだ、と私は思う。

第二。実存主義的精神分析の適用というかぎりでは、彼はすでに一九五〇年に『聖ジュネ』を書いている。『聖ジュネ』と『フローベール論』との方法上の相異は何点かあるが、その一つに、前者には、フローベールの幼少期を解く上で二本の太い軸となっている、〈素質構成〉constitution と〈個性形成〉personnalisation という二つのモメントが区別されていない。より正確に言えば、ジュネがいかにしてジュネとなったかという〈個性形成〉に力点が置かれ、この形成の条件とその条件の中で幼児がおのれを構成する、意識的生命以前の前史 protohistoire が欠落している。その理由は、ジュネの幼少期に関する資料が欠けていたためだけなのか、それともまた、〈素質形成〉という概念《ノシオン》をまだ鍛えあげていなかったためでもあるのか。

この問いにたいしては、その両方である、という答えが返ってきた。でもあるとするなら、その後ジュネがさらにいくつかの作品を書いているということは一応考慮外におくとしても、もしも現在ジュネの幼少期に関して必要な資料があり、『ジュネ論』を書き直すとするなら、つまり〈素質構成〉から出発してジュネの全体像を提出するとするなら、結果は異なるものとなるだろうか？

「まず異なるまい。ただ結果はもっと豊かなものになるだろう。それに、真の綜合ができるだろう」

これは予期した答えである。しかし本質的な点においてはそれほど変わらないとすると……私の問いの意味をすぐ了解してサルトルはすぐにその理由をつけ加えた。「それほど異なるまい、というのは、ジュネというのは、ある種の作家、とりわけ主観的な作家だからだ。したがってその場合、ジュネのうちにある主観的なものという考え方を残す必要があるだろう、私はそうしたのだが……」

ということは、〈素質構成〉と〈個性形成〉とは同じメタルの表裏の関係にありながらも、前者により多くの照明をあてねばならない作家と、後者をむしろ重視すべき作家とがいる、ということを意味するであろう。これまたよく考えねばならない点である。

第三。私の感じでは、『フローベール論』にはいくつかの概念装置（それ自体重要だが）をのぞけば、これまでに知られているサルトル哲学からの大きな飛躍というものはない。これはやはり一つの達成であり、綜合である。ただここには、〈他者性〉の思想の広大な深まりがある。〈他者性〉altérité（われわれでありながらわれわれの手から逃れ、われわれには属さないという人間存在の条件とでも言おうか）はここでは具体的な〈他人たち〉との関係をはるかに越えて、われわれを規定する物質的諸条件から、われわれ幼年期を経て、さらには歴史全体を包みかねない。

そこで私はおそるおそるではあるが、こういう問いを出してみた。なぜおそるおそるかと言えば、この問いは下手をすれば、マルクス主義者であることに固執するサルトルへの全面的な否認とも受け取られかねないからである。「あなたの場合、〈他者性〉という概念 notion は結局のところ、歴史的人間の物質性をも包括する、と言うことができるのか？」

この問いにたいしてサルトルは実に慎重に、ゆっくり答えた。

「そう、お望みならね。そういうことだ。それでしかないというわけではないが、たしかにそうだ。つまり、実際、歴史が作られるのは他人たちがいるということのためなのだが、その瞬間から〈他者性〉というものが現われてくる。歴史においては、常に他者なのだ、自己との関係においてさえ」

〈他者性〉の思想を押しすすめていくと、そこからは、人間についてのペシミズムが否応なく出てくるであろう。しかし、フランシス・ジャンソンも言うように、近年のサルトルのうちには、徹底化したペシミズムと徹底化したオプチミズムとが奇妙な同居を続けている……この点についてももう少し突っこみたいところだったが、どういう形で問いを立てたらよいのか、言葉が出てこなかった。

『フローベール論』について聞きたいことをほぼ聞き終ってみると、予定された一時間の時間はもうほとんど残っていなかった。準備した問いの半分は知識人をめぐる彼の最近の発言に関するものであったのだが。そこで私は問題を一点に集中した。日本の大学闘争の中でも、自己否定＝自己への異議申し立てということが学生や教師の重要な課題として突き出されたことを手短に説明したあと、ほぼ次の意のことを質した。

「問題は、この自己への異議申し立てをいかに具体化するか、ということにつきるだろう。今度の『シチュアシオンⅧ』の中で、あなたは日本でされた知識人論について若干の留保をつけ、〈実践的知識の技術者〉は今日自分の社会的地位、自分の職業にたいして新たな距離を取らねばならない、という意のことを書き足しておられたが、この距離の具体化をどのような形で考えていられるのか」

むろんこうした性急な問いに、香具師でないかぎり、明快な答えがあるわけではない。私が知りたかったのは彼の答えの方向である。彼は一つの例として、知的労働にたずさわる者が肉体労働にもたずさわる必要を説いた。観念としか接触を持たぬ存在としての知識人たることの拒否、を私の問いにたいする一つの答えとした。二年前のインタビュ〔『シチュアシオンⅧ』に所収〕の中でも彼は、六十七歳にもなると工場に働きに行くこともできないが……という意のことを自嘲的に語っている。だとすると、三十歳、四十歳の〈知識人〉たちはどういうことになるのか……

「学生たちにたいし、工場に行くべきだ、というふうにあなたはすすめるか」

「そう、すすめるだろう」

「勉学を捨てて？」

「捨ててもよいし、肉体労働との関係の中で勉学を綜合しようとしてもよい……」

サルトルが「人民の大義《ラ・コーズ・デュ・プープル》」を中心とする毛《マオ》派を支持するのも、彼らが部分的にであれ、この労学統合を実践しているからなのだろう。

サルトルのアパルトマンは日本流に言うなら二DKというところであろうか。迎え入れられた書斎の中央には仕事机が一つ、左手の壁ぎわには本棚が仕つらえられ、ここに若干の本が雑然と並べられている。その他には木の椅子が三、四脚あるばかりで、装飾品、家具はおろか、ソファー一つない。「一行たりとて書かざる日なし」という生活にとって余分なものがいっさい切り捨てられた、見事な簡素のあふれる部屋だった。

（一九七三年十月記、「サルトル手帖43号」再録）

◇◇◇◇◇ 資料　サルトルがやってきた ◇◇

1966年（昭和41年）９月、慶應義塾大学と人文書院の招聘で、サルトルとボーヴォワールが初来日を果たした。計３回の講演を行い社会現象ともいえる熱狂をもって迎えられた。半世紀以上たったいま、弊社にのこされた当時の来日スケジュールなどを資料として掲載する。

当時の滞日スケジュール

招へい委員会（慶応大学：人文書院）

９月18日（日）	18時50分東京空港着、空港で記者会見（20〜30分）（ホテルオークラ）
19日（月）	晩餐会（慶応大学）新喜楽（築地）
20日（火）	16時から慶応大学三田校舎で講演（慶応大学） 18時30分から三井クラブでレセプション（慶応大学）
21日（水）	午後、座談会〔世界〕、夜、歌舞伎観劇
22日（木）	13時から日比谷公会堂で講演〈朝日新聞社〉 19時30分からホテルオータニでレセプション〔文芸家協会〕
23日（金）	箱根行（石井好子さんの別荘訪問）
24日（土）	夕刻に箱根から下山して東京着、19時50分から梅若能楽学院で観能の会〈人文書院〉葵上、立食パーティ
25日（日）	
26日（月）	新幹線で京都入り（京都ホテル）
27日（火）	13時から京都会館で講演〈朝日新聞社〉 晩餐会〈人文書院〉祇園十二段家（朝日新聞慰労）
28日（水）	11時から桂離宮見学、嵯峨、西山方面散策の予定 書衾　吉兆（嵯峨）
29日（木）	11時から修学院離宮見学、13時から昼餐会〈人文書院〉 京都博物館見学　南禅寺瓢亭　伊吹、生島、野田先生
30日（金）	奈良行、奈良博物館、東大寺戒壇院、法隆寺、薬師寺 唐招提寺を見学の予定（奈良ホテル）
10月１日（土）	高野山行、高野山から志摩へ向う（志摩観光ホテル）
２日（日）	伊勢神宮等を見学、夜、京都着（俵屋）
３日（月）	大阪でテレビ対談（NHK）
４日（火）	加藤周一、田中澄江氏（神戸、オリエンタルホテル）
５日（水）	神戸港から別府へ向かう、別府泊り
６日（木）	阿蘇を経て熊本泊り
７日（金）	三角、島原、雲仙を経て長崎泊り
８日（土）	福岡泊り
９日（日）	広島泊り（広島グランドホテル）
10日（月）	倉敷泊り（倉敷国際ホテル）
11日（火）	倉敷を汽車で立ち、夜東京着（ホテルオークラ）
12日（水）	
13日（木）	日光行
14日（金）	座談会〔文芸〕〔婦人公論〕
15日（土）	ベ平連の会へ出席
16日（日）	10時　日航機にて離日 離日の直前にホテルで記者会見（20〜30分）

追記　〈　〉内は当該行事の運営担当を示す。〔　〕内は該当座談会の主催雑誌名を示す。

◇◇

サルトルとボーヴォワールを囲んでの勉強会
ホテルオークラにて（1966.9）
左より朝吹登水子、二人おいて白井浩司、鈴木道彦、平井啓之、海老坂武

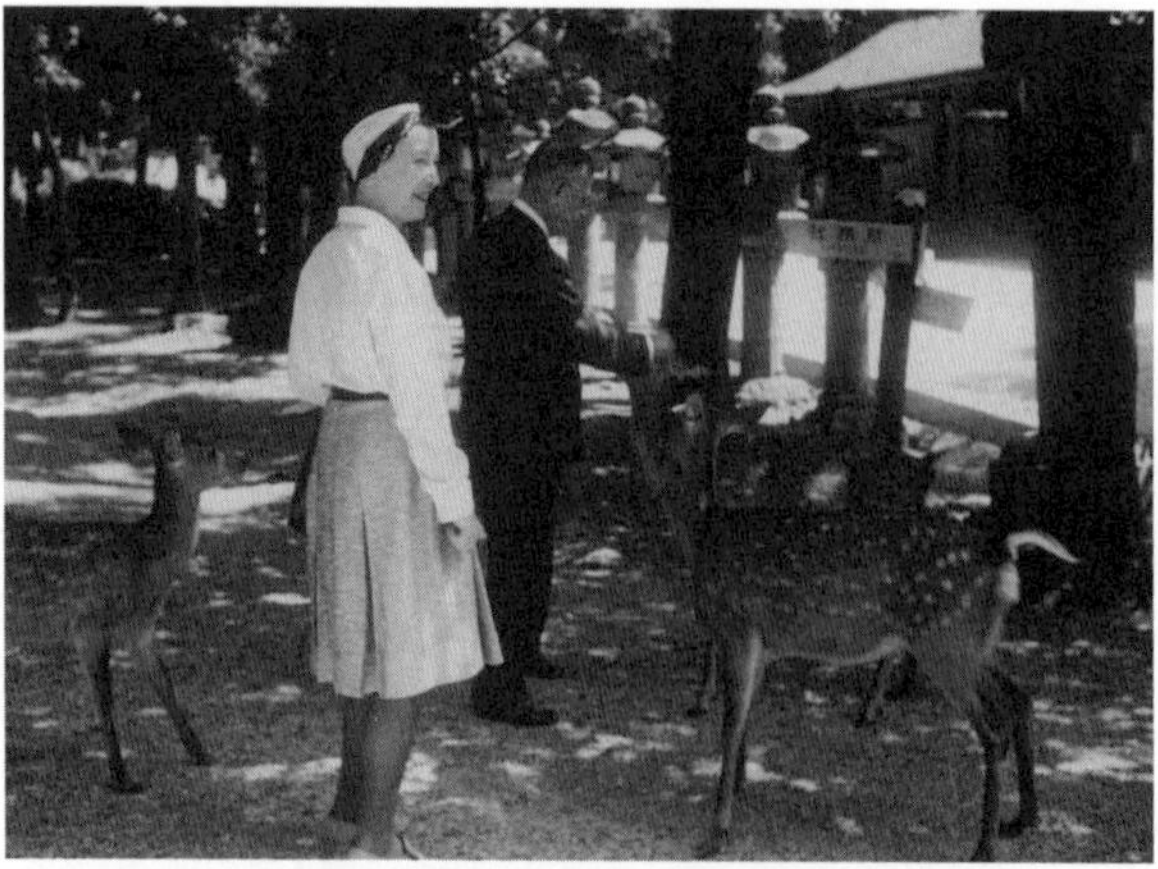

奈良で鹿にエサをあげるサルトル

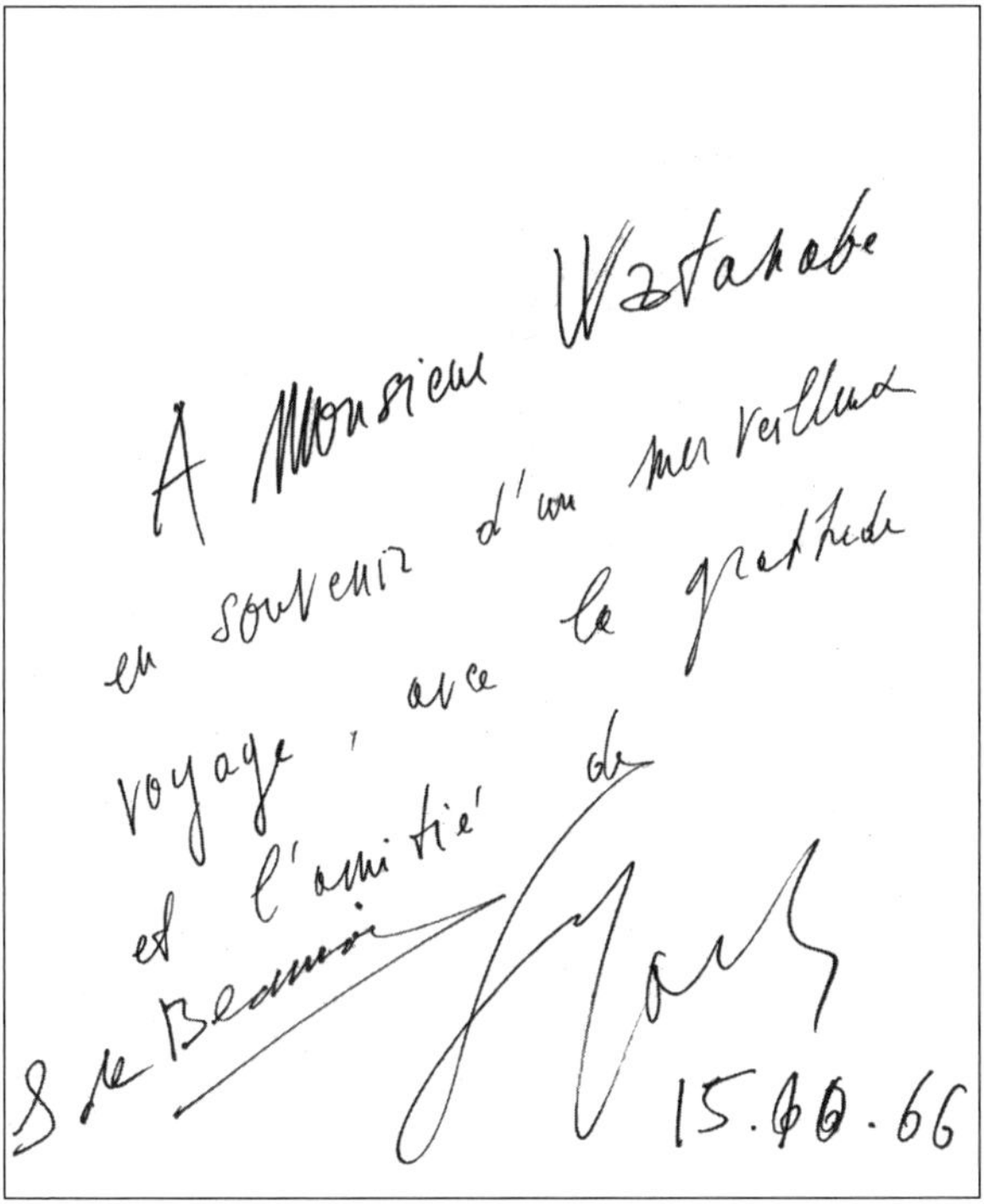
A Monsieur Watanabe
en souvenir d'un merveilleux
voyage, avec la gratitude
et l'amitié de
S de Beauvoir
15.10.66

すばらしい旅行の思い出に
感謝と友情をこめて
1966年10月15日　サルトル　ボーヴォワール

人文書院サルトル著作リスト

1950	自由への道　第Ⅰ部　分別ざかり	佐藤朔／白井浩司（訳）	（全集1）
1950	壁	伊吹武彦／白井浩司（訳）	（全集5）
1951	汚れた手	白井浩司／鈴木力衛（訳）	（全集7）
1951	嘔吐	白井浩司（訳）	（全集6）
1951	自由への道　第Ⅱ部　猶予	佐藤朔／白井浩司（訳）	（全集2）
1952	悪魔と神	生島遼一／山口平四郎（訳）	（全集15）
1952	恭しき娼婦	伊吹武彦／加藤道夫（訳）	（全集8）
1952	自由への道　第Ⅲ部　魂の中の死	佐藤朔／白井浩司（訳）	（全集3）
1952	唯物論と革命	多田道太郎／矢内原伊作（訳）	（全集10へ収録）
1952	文学とは何か	加藤周一／白井健二郎（訳）	（全集9へ収録）

1953	アメリカ論	渡辺一夫（訳）	（全集10へ収録）
1954	歯車	中村真一郎（訳）	（全集21へ収録）
1954	水いらず	伊吹武彦他（訳）	（全集5へ収録）
1955	実存主義とは何か	伊吹武彦（訳）	（全集13）
1955	想像力の問題	平井啓之（訳）	（全集12）
1956	狂気と天才	鈴木力衛（訳）	（全集14）
1956	ボードレール	佐藤朔（訳）	（全集16）
1956	ネクラソフ	淡徳三郎（訳）	（全集17）
1956	存在と無　Ⅰ	松浪信三郎（訳）	（全集18）
1957	スターリンの亡霊	白井浩司（訳）	（全集22へ収録）
1957	賭はなされた	福永武彦／中村真一郎（訳）	（全集21）
1957	哲学論文集	平井啓之／竹内芳郎（訳）	（全集23）
1957	アルトナの幽閉者	永戸多喜雄（訳）	（全集24）
1958	存在と無　Ⅱ	松浪信三郎（訳）	（全集19）

1960　存在と無　Ⅲ　松浪信三郎（訳）（全集20）
1962　方法の問題　平井啓之（訳）（全集25）
1962　弁証法的理性批判　Ⅰ　竹内芳郎他（訳）（全集26）
1963　マルクス主義と実存主義　森本和夫（訳）
1964　言葉　白井浩司（訳）（全集29）
1964　シチュアシオン　Ⅱ　加藤周一他（訳）（全集9）
1964　シチュアシオン　Ⅲ　小林正他（訳）（全集10）
1964　シチュアシオン　Ⅳ　矢内原伊作他（訳）（全集30）
1965　弁証法的理性批判　Ⅱ　竹内芳郎他（訳）（全集27）
1965　シチュアシオン　Ⅰ　佐藤朔他（訳）（全集11）
1965　シチュアシオン　Ⅴ　鈴木道彦他（訳）（全集31）
1966　シチュアシオン　Ⅵ　白井健三郎他（訳）（全集22）
1966　シチュアシオン　Ⅶ　白井浩司他（訳）（全集32）
1966　トロイアの女たち　芥川比呂志（訳）（全集33）
1966　聖ジュネ　Ⅰ　白井浩司他（訳）（全集34）
1966　聖ジュネ　Ⅱ　白井浩司他（訳）（全集35）
1967　サルトルとの対話　加藤周一他（訳）
1967　生けるキルケゴール　松浪信三郎他（訳）

1967　知識人の擁護　佐藤朔他（訳）
1973　弁証法的理性批判　Ⅲ　竹内芳郎他（訳）（全集28）
1974　シチュアシオン　Ⅷ　鈴木道彦他（訳）（全集36）
1974　シチュアシオン　Ⅸ　松浪信三郎他（訳）（全集37）
1975　反逆は正しい　Ⅰ　鈴木道彦他（訳）
1975　反逆は正しい　Ⅱ　鈴木道彦他（訳）
1977　シチュアシオン　Ⅹ　鈴木道彦他（訳）（全集38）
1977　サルトル　自身を語る　海老坂武（訳）
1982　家の馬鹿息子Ⅰ　平井啓之他（訳）
1985　奇妙な戦争　海老坂武他（訳）
1985　女たちへの手紙　朝吹三吉他（訳）
1987　フロイト　シナリオ　西永良成（訳）
1988　ボーヴォワールへの手紙　二宮フサ他（訳）
1989　家の馬鹿息子Ⅱ　平井啓之他（訳）
1994　嘔吐（新装改訳版）　白井浩司（訳）
1996　実存主義とは何か　伊吹武彦他（訳）
1998　文学とは何か　加藤周一他（訳）
1999　存在と無　上　松浪信三郎（訳）

1999　存在と無　下　松浪信三郎（訳）
2000　植民地の問題　鈴木道彦他（訳）
2000　自我の超越・情動論素描　竹内芳郎（訳）
2000　真理と実存　澤田直（訳）
2001　哲学・言語論集　鈴木道彦／海老坂武他（訳）
2006　言葉　澤田直（訳）
2006　家の馬鹿息子Ⅲ　平井啓之他（訳）
2010　嘔吐　新訳　鈴木道彦（訳）
2015　家の馬鹿息子Ⅳ　鈴木道彦／海老坂武他（訳）
2021　家の馬鹿息子Ⅴ　鈴木道彦／海老坂武他（訳）

哲学・言語論集

フッサールの現象学の根本的理念

——志向性——

「彼は彼女を眼で食べた」〔喰い入るようにみつめるという意味の日常語〕。こうした句やその他多くの表徴が、認識することは食うことだという実在論《レアリスム》と観念論《イデアリスム》とに共通の錯覚を、十分示している。フランスの哲学は、百年のアカデミスムをへて、なおまだこの段階にある。われわれは誰もみな、ブランシュヴィックや、ラランドや、メイエルソン[1]を読み、〈精神＝蜘蛛〉（L'Esprit-Araignée）が物を蜘蛛の巣のなかにひっぱりこみ、白いよだれでつつみ、ゆっくりと呑みこみ、自分自身の血肉に化するものと、思いこんだものだ。机とは、岩とは、家とは、何か？《意識内容》の或る集合体、それらの内容の或る秩序である、と。おお、なんという栄養消化の哲学であることか！　しかしながら、これほど明白なことは何もないものと思われていたのだ。すなわち、その机は私の知覚の現実内容（le contenu actuel）ではないのか、私の知覚とは私の意識の現在状態（l'état présent）ではないのか？　と。つまり、消化作用であり、同化作用なのだと。物を観念に、観念を観念相互に、精神を精神相互に同化すること、とラランドは言った。この世界という手ごわい骨も、同化、統合、同一化というまめまめしいジャスターゼによって、溶解されていたのである。われわれのうちの最も単純な連中や最も粗野な連中が、なにか固体的なもの、つまり、精神ではないような或るものを探し求めたけれども、無駄だった。彼らはいたるところで、やんわりした、しかもきわめて優雅な霞にしか、出遭わなかった、つまり自分自身にしか。

経験批判主義や新カント主義の消化的哲学に反対し、いかなる《心理主義》にも反対して、フッサールは倦むことなく、物を意識のなかに解消することは不可能だと主張する。あなたはこの樹木を見ている、それはそうだ。だがあなたがそれを見ているのは、それが在るまさにその場所においてだ。つまり、路のほとりに、埃のさなかに、炎熱の下にたった一本、ねじれて、地中海の海岸から八十キロのところに。その樹木は、あなたの意識のなかに入りこみ得ないだろう。けだし、それはあなたの意識と同じ性質のものではないからだ。あなたはここで、ベルクソンを、ことに『物質と記憶』の第一章を再認識すると思いこむだろう。がしかし、フッサールは決して実在論者などではない。そのひび焼けした大地のはずれに立つこの樹木をば、フッサールは、あとになってからわれわれとの交渉に入ってくるであろうような絶対的なものとはしない。意識と世界とは同時に与えられているのである。世界は本質的に意識に外的でありながらも、本質的に意識に相対的である。というのは、フッサールは意識というものを、物質的なイマージュによってはどうにも表わせないような、何ものにも還元できない事実と解しているからである。それを表わし得るものはせいぜい、炸裂（éclatement）という急速に移ろう、捉えにくいイマージュぐらいのものであろう。認識することは「に向かって己れを炸裂さす」（s'éclater vers）ことであり、じっとりしたお腹の中の親密さ（la moite intimité gastrique）からぬけ出て、彼方に、己れを越えて、己れならぬものの方へ、つまり彼方、樹木のそばへ、しかしその樹木のそとにだが、走ってゆくことである。樹木のそとにといったのは、けだし樹木は私から逃がれ出て私を押し返し、樹木が私のうちにとけうすめられないのと同様に、私も樹木のうちに消失することはあり得ないからである。すなわち、樹木のそとに、私のそとに、というのだ。あなたは、こうした記述のなかに、あなたの要求とあなたの予感とを再認識しないか？　樹木はあなたではないということ、あなたは樹木をあなたの暗いお腹のなかに入れることはできないということ、認識を所有になぞらえることは、あんまり無作法すぎるということを、あなたはよく承知していたはずだ。それと同時に、意識は純粋化されたので大風のように透明となり、もはや意識のうちには、己れを逃がれる運動（un mouvement pour se fuir）、己れのそとへの滑り出し（un glissement hors de soi）以外には何もない。もしも――これは不可能な仮定だが――あなたが意識というものの《なかに》入ったとしたならば、あなたは渦にまかれて、外部へ、樹木のそばに、埃だらけのさなかに、投げ出されるだろう。けだし、意識には《内部》というものはないからだ。意識は、それ自身の外部以外の何ものでもなく、意識を一つの意識として構成するのは、この絶対的な脱走であり、実体であることのこの拒絶だからだ。いま現に、一連の炸裂を想像してみたまえ。われわれをわれわれ自身から脱け出さす、否それどころか、およそ《われわれ自身》などというものがそれらの炸裂の背後で形成される暇さえ与えないで、かえって逆に、それらの炸裂を越えて、この世界の乾からびた埃のなかに、この粗野な大地の上に、物のあいだに、われわれを投げ出すような一連の炸裂を。われわれがかくして、無関心で、敵意のある、御しがたい世界のなかにわれわれの本性そのものによって投げ返され、見棄てられるものと想像したまえ。あなたは、「いかなる意識も或る物についての意識である」という有名な句でフッサールが言いあらわしている発見のもつ深い意味をつかむだろう。一切が原形質滲透・交換によって、生ぬるい細胞化学によってつくられるとする柔弱な内在の哲学を終焉させるためには、これ以上の発見は必要でない。超越の哲学（la philosophie de la transcendance）はわれわれを、大道の上に、脅威のさなかに、目もくらむような光のもとに、投げ出す。在る（Être）とは、世界の内に＝在る（être-dans-le-monde）ことだと、ハイデッガーは言っている。この《の内に＝在る》ことを、運動の意味において理解したまえ。在ることとは、世界のなかに炸裂することであり、世界と意識との虚無から出発して、突如として世界＝の内に＝意識として＝己れを炸裂さす（partir d'un néant de monde et de conscience pour soudain s'éclater－conscience-dans-le-monde）ことである。意識が己れを取り戻そうと努め、ついには、ぬくぬくと、扉を閉めたまま、己れ自身と一致しようと努めるやいなや、意識は虚無化される。意識が、それ自体とは別のものについての意識として実存するこの必然性を、フッサールは《志向性》（intentionalité）と名付けるのである。

私は、私のいうことをよりよくわからせるために、まず第一に認識について語ったのだ。というのは、われわれを育てたフランス哲学は、もはや認識論しかほとんど知らないからだ。だが、フッサールおよび現象学者にとっては、われわれが物についてもつ意識は、なんらその物を認識するということだけに限られるのではない。認識あるいは純粋《表象》（pure《représentation》）は、この樹木《について》の私の意識の可能的形式の一つにすぎない。私はこの樹木を愛し、怖れ、憎むこともまたできる。そして、《志向性》と名付けられる、意識の意識自体によるあの乗り超えが、怖れや、憎しみや、愛のなかにも見出されるのだ。他者を憎むというのも、やはり他者に向かって己れを炸裂させる一つの仕方である。それは自分が一人の未知の人の前にいるということに突然気づき、しかもその自分には未知な人によって自分が生き、まず初めに彼の《憎むべき》という客観的性質を甘受することである。今や、一挙にして、《精神》という悪臭を放つ塩水のなかに漂っていた、憎しみ、愛、怖れ、共感というような名だたる《主観的》反応が、その〈精神〉の塩水から脱け出る。それらの《主観的》反応とは、実は、世界を発見する仕方にほかならないのだ。憎むべきもの、共感的なもの、怖るべきもの、愛らしいものとして、突如われわれに開示される（se dévoiler）のは、物〔そのもの〕である。怖ろしいのは、あの日本の能面のもつ特性であり、その面の性質そのものを構成している、汲みつくすことのできない、還元し得ない特性である。――決して、彫られた木の一片にたいする、われわれの主観的反応の総計ではない。フッサールは、恐怖や魅惑を物のなかに据え直した。彼はわれわれに、芸術家と予言者たちの世界を復活させた。恐ろしく、敵意に充ちて、危険ではあるが、恵みと愛との港々を持った世界を。彼は一つの新しい情念論にたいし明確な場を与えたが、それは、「僕らが女を愛するのは、彼女が愛らしいからだ」という、こんな単純でありながら、しかもお上品な連中からはまるきり誤解されていた真理に、鼓吹されたともいえよう。今やわれわれは、プルーストから解放された。同時に《内面生活》（vie intérieure）からも解放された。アミエルのごとくに、自分の肩を抱きしめる子供のごとくに、われわれの親密さ《アンティミテ》の抱擁や甘やかしを求めても無駄だろう。なぜなら、結局一切は、われわれ自身まで含めての一切は、外部にあるからである。外部に、世界のなかに、他のもののあいだに。われわれがわれわれを発見するであろうのは、なんだか知らない隠れ場所のなかなどではない。それは、諸物のあいだの物として、人間たちのあいだの人間として、路の上で、街のなかで、群衆のさなかで、なのだ。

一九三九年一月。

新しい神秘家

一

エッセー[1]の危機が到来している。優雅と明晰を求めるとき、われわれはこの種の作品において、ラテン語以上に死んだ言語、つまりヴォルテールの言語の使用を要求されるように思える。私は『シーシュポスの神話』に関してこのことに注目したことがあった[2]。だがもしわれわれが今日の思想を昨日の言語によって表現しようと本当に試みるならば、なんと多くの隠喩、なんと多くの遠回しな語り方、なんと多くの不明確なイメージを必要とすることか。まるでドリーュの時代に舞い戻ってしまったような気がする[3]。アランのように、ポーランのように、単語を節約し、テンポの間延びを避けようと試みる者たちもいる。彼らは数多くの省略によって、この種の言語の特性であるあのゆたかな、花と咲く展開部を収縮させようと試みるだろう。だがそのとき、なんと晦渋になることか。すべては苛立たしいワニスに覆われ、そのワニスの燦きが思想を隠してしまうのだ。現代小説はアメリカの作家たちとともに、カフカとともに、わが国の例で言えばカミュとともに、自己の文体を発見した。残るのはエッセーの文体の発見だ。いや、こうも言えよう、批評の文体の発見が残されている、と。ほかでもない、いま現にこの文章を書きながら、自分が大学教授による文学研究の伝統に維持されてこんにちのわれわれに伝えられた旧式な道具を使用しているということを、私は知らぬわけではないからである。

それゆえに、バタイユ氏の著書のような作品にとくに注目すべきだと言わねばならぬ、この作品を私は殉教としてのエッセー(essai-martyre)と名づけたいほどだ(この書物のなかであれほどしばしば「刑苦」が問題とされているからには、著者も私のこうした考えを許可してくれよう)。バタイユ氏は、一七八〇年の才人たちの冷たい語り方も、——まったく同じものなのだが——古典作家たちの客観性も、ともに放棄している。彼は自己を露出する、自己を主張する、彼は上流社会のひとではない。彼が人間の悲惨について語ることがあるとどうなるか? 見たまえ、ぼくの潰瘍を、ぼくの傷口を、と彼は言う。そしてたちまち彼は、服を押しはだける。といって彼は抒情的感動をめざしはしない。彼が自己を主張するのは証明するためなのだ。われわれにその惨めな裸体を垣間見せたかと思うと、彼はすでに身を覆いかくしており、われわれはもはや、ヘーゲルの体系についてあるいはデカルトのコギトについて彼と一緒に思索をめぐらす旅へと出発してしまっているのだ。やがてその思索の旅は急に終わり、ふたたび人間が姿をあらわす。たとえば、神についての議論の展開部の中央で、彼はこう書く、——「この憎悪とは時間にほかならぬと言えよう、だが厄介なことだ。どうして私に時間を語れよう。私が泣くとき、私はこの憎悪を感じとる、だが私はなにものも分析しない」。

じつを言えば、きわめて新しく見えるこの形式にも、すでにひとつの伝統がある。パスカルの死は、その『パンセ』を、強力だが生彩に乏しいキリスト教弁証論へと組み立てられることから救った。彼の死は『パンセ』の断章を無秩序のままわれわれに委ねることによって、著者が自分に箝口令を布く余裕もないうちに彼に襲いかかることによって、この断章総体『パンセ』を、いまわれわれが問題としているジャンルの模範たらしめたのだ。私はバタイユ氏のうちに、パスカルの特徴をひとつならず見出す。とくにあの熱狂的な軽蔑、そしてまたあの急いで言いきってしまおうとする意志がそれなのだが、それについてはまたあとで語ることにしよう。ところで、彼がみずからはっきりと先駆者として自分に結びつけているのはパスカルではなくニーチェなのである。じっさい、『内的体験』のいくつかのページは、その喘ぐような無秩序、情熱的象徴主義、予言者の説教を想わせる語調によって、『このひとを見よ』あるいは『力への意志』から生まれてきたもののように思える。第三に、バタイユ氏はシュルレアリスムを身近に経験したのだが、シュルレアリストほど、主義に殉じたエッセーというジャンルを実践したものはない。ブルトンの巨大な個性は、このような表現形式においてゆったりとくつろいでいた。たとえば、彼はシャルル・モーラスの文体で、自分の理論の卓越性を冷静に論証する、と突然、彼は、かつて自分が昼食をしたレストランや、いま自分の買いつけの石炭屋の写真を示したりして、自分の生活のおよそたわいのない細部にまで立ち入って自己を語るのだ。このような露出癖のなかには、いかなる文学をも破壊しようとする欲求、そしてそのために、「芸術によって再現された(4)」怪物の背後に突然真の怪物の姿を見せようとする欲求があった。おそらくはまたスキャンダルを惹き起こそうとする意向もあっただろう、だがなによりも、読者をじかに入り込ませようという意向があったのだ。書物が著者と読者とのあいだに一種の肉体的混淆をつくりあげることが、ぜひとも必要だったのである。要するに、みずから積極的に参加しようとして焦燥にかられ、平静な文章の技巧など軽蔑するこれらの著者にとっては、作品のひとつひとつがあえて危険を冒すことでなければならなかった。ちょうどレーリスがあの感嘆すべき『成熟の年齢』においてそうしたように、彼らは自分自身に関して、他人の感情を害するかもしれぬこと、不快な気持にさせるかもしれぬこと、嘲笑を買うかもしれぬことを暴露して、自分の企てに真の行為のもつ危険な重さをあたえようとしたのだ。『パンセ』、『告白』、『このひとを見よ』、『失われた足跡』〔ブルトン著〕、『狂気の愛』〔ブルトン著〕、『文体論』〔アラゴン著〕、『成熟の年齢』――『内的体験』はこうした《情熱的幾何学》の系譜のなかにその位置を占める。

じっさい、前書きからすでに、著者は自分が《法悦》と《厳密な知性の歩み》との綜合を行なおうとのぞんで、「万人に共有の厳密な主情的認識（笑いのことだ）」と《理性的認識》とのあいだに一致点を確立しようと試みるのだということを、われわれに予告している[5]。前書きのこの言葉だけで、充分にわれわれにこう理解させる、――やがてこの書物のなかでわれわれは、強力な感情的ポテンシャルを荷電された論証装置に直面するのだろう、と。いや、それ以上なのだ。バタイユ氏にとって、感情は起源にあり、また終結にある。彼はこう書いている、「確信は推論から生まれるものではない。推論によって明確化された感情からのみ生まれる」。情熱家や偏執狂の用いる、あの冷やかでかつ熱烈な推論、きびしい抽象力を見せながら不安な気持に誘うあの驚くべき推論は、ひとの知るところである。その種の推論のもつ厳密さは、すでにひとつの挑戦、ひとつの強迫であり、そのいかがわしい不動性はうねり騒ぐ熔岩を予感させる。こうしたものが、バタイユ氏の論証過程なのだ。雄弁家、焼餅焼き、弁護士、狂人の論証である。数学者の論証ではない。容易に推測できることだが、だしぬけに凝固するが、手を触れればたちまち液化してしまうような、融解状態にあるこうした可塑的素材は、ある特別な形式を必要とするものであり、なににでも適合する合鍵的言語などとてもうまが合わない。バタイユ氏の文体は、あるときは、陶酔あるいは苦痛のあまりの短い窒息状態を表現するために、いまにも喉がつかえ、息がつまりそうになる（パスカルの〔『メモリアル』における〕あの「歓喜、歓喜、歓喜の涙」は、たとえば「ぜひともそうせねば！　呻くことか？　もうわからぬ。どこへ行くのか？」というような文章に、その対応物を見出すだろう）[1]。またあるときは、この文体は哄笑の短い激動で寸断されるだろう、あるときは論理を展開するバランスのとれた総合文となってながながと繰りひろげられるだろう。『内的体験』においては、直観的享受を語る、瞬間のなかに凝集した文が、時間をかけて語られる論述（discours）と隣り合っている。

とはいえ、バタイユ氏は遺憾に思いながら論述を用いているのだ。彼はそれを憎悪し、それをとおして言語というもの全体を憎悪している。われわれは先にカミュに関してこの憎悪に注目したことがあったが、バタイユ氏は多くの現代作家とこの憎悪を共にしている。しかし彼の場合、その動機は彼独特のものだ。彼が自分独自のものとして主張するのは神秘家としての言語への憎悪なのであり、テロリストとしてのそれではないのである。(6) まず第一に、と、彼はわれわれに語る、言語とは企て（projet）である。語り手は文章の末尾を予期している。語られる言葉とは建築であり企業なのだ。だから話をする八十歳の老人は樹を植える八十歳の老人と同様に気がおかしい。語るとは、自己を引き裂くこと、存在するのを、あとへ、文の末尾へと延期すること、自己を主語と述語と属詞のあいだに引き裂く刑に処することなのだ。バタイユ氏は、まるごと、しかもただちに、つまりいまの瞬間に存在することをのぞんでいる。さらに単語とは「有益な行為のための道具」〔一五六ページ〕である。したがって現実を名づけるとは、それを隠すこと、それに親密性のヴェールをかけること、ヘーゲルが《das Bekannte》と名づけたもの、つまりつい見落とされてしまうあまりに既知なるものの列へと現実をすばやく移行させることなのだ。こうしたヴェールを引き裂き、知（savoir）の不透明な平穏さを、非-知（non-savoir）の驚愕と交換するためには《言葉の全燔祭》〔一五八ページ〕を行なわねばならぬが、この全燔祭はすでにポエジーがなしとげているものだ。「馬とかバターとかいうような語が一篇の詩のなかに入るのは、実利的配慮から切りはなされたものとしてである。……農家の娘がバターと言い厩舎の少年が馬と言うとき、彼らはバターや馬をよく知っている。

……だが反対にポエジーは既知から未知へとひとを導く。ポエジーは、厩舎の少年や農家の娘にはできぬこと、たとえばバターの馬を登場させることができる。このようにしてポエジーは認識不能のもののまえにひとを位置させる」〔一五七ページ〕。

ただしポエジーは明確な経験を伝達しようとはもくろまない。ところがバタイユ氏としては繰り返さねばならぬ、描写し、相手を説得しなければならぬ。ポエジーは語を犠牲にささげることだけでやめる。だがバタイユ氏はわれわれに向かってこの犠牲の祭の理由づけをしようとのぞむのだ。しかも彼は、ほかならぬ語を使用してわれわれに語を犠牲にささげるように勧告しなければならぬ。彼の計画的企て（entreprise）には、《絵画の破壊》と題する大規模な絵を描いたシュルレアリスト画家の計画的企てを想わせるところがある。われわれの著者はこの円環をはっきりと意識している。部分的にはまさにこれゆえに、彼はその著作を《詩の彼方》に位置させているのだ。このことから、たとえば悲劇作家たちがみずからに課した〔あの三一致の法則のような〕制約に類似した制約が彼にもたらされる。おそらくラシーヌは「脚韻を踏む十二音綴詩句で、いかにして嫉妬や恐怖を表現するか」と自問したことだろう、そして彼はこの制約そのもののなかから表現力を汲み取っていたのだ。それと同様にバタイユ氏はいかにして語をもって沈黙を表現するかと自問している(7)。おそらくこの問題はいかなる哲学的解決も許さないだろう。おそらく、そういう観点からすれば、この問題はたんなる言葉の遊びにすぎまい。しかし、われわれがここで考察しているような視角から見るとき、この問題は、いわばひとつの、他と優劣をきめがたい美学的準則として、著者がその自由意志で自分に課した補足的困難として見えてくる、それはちょうど撞球をするひとが撞球台の緑のクロースの上にいろいろな枠を引くようなものだ。まさにこの同意された困難が、『内的体験』の文体に独特の味わいをあたえるであろう。まずはじめに、われわれはバタイユ氏に瞬間の擬態を見出すだろう。沈黙と瞬間とは同じただひとつのものにすぎないのだから、彼が自分の思考にあたえねばならぬのは瞬間というもののもつ形状である。「内的体験の表現はなんらかの仕方でその動きに対応するものでなければならぬ」〔一八ページ〕と、彼は書いている。それゆえに彼は、整然とした論旨の展開を断念するのと同様に、綿密に構築された著作も断念するだろう。読者がただ一瞥しただけで把握できるような、前後をふたつの空白、ふたつの休息の深淵で区切られた、いわば瞬間的な爆発として姿をあらわすような短いアフォリズムによって、痙攣によって自己を表現するだろう。彼自身、自分のこうした表現方法をつぎのような言葉で説明している。

「あらゆることのたえざる疑問視が、個々別々の操作でことを処理処置する能力を私たちから剥奪してしまい、私たちは迅速な閃光によって自己表現せざるをえなくなる。自分の思考の表現をどんなものであれ何かある企てから可能なかぎり引き剝がし、すべてを数個の文章に取りこまざるをえなくなる。すべて、——苦悶も決断も、さらにはそれなしではなにものかの〔たとえば統辞法のような〕支配を蒙らねばならぬように思える、語の詩的倒錯までも」〔四一ページ〕。

それゆえに、この著作は数珠状にならんだ語録《プロポ》という外観を示す。このことに関して、反知性主義者バタイユが、思想の表示様式の選択という点で合理主義者アランと出逢うということに留意するのは好奇心をそそる。この「あらゆるもののたえざる疑問視」が、デカルト流の自由な判断の哲学からと同様に、神秘主義的否定からも生じることができるということだ。だがこの類似をこれ以上押し進めることはできない。なぜならアランは語に信頼をよせているからである。反対にバタイユ氏は語をテクストの網目そのもののなかで辛うじて存続できるという程度にまで追い込もうと試みるだろう。語を極度に軽くするために、語の脚荷《バラスト》を投げ棄て、語を虚ろにし、それに沈黙を滲透せしめねばならぬのだ。したがって彼は、われわれを突然言葉に尽くせぬものへと墜落させる、いわば石鹼を塗った板のような、「つるつるすべる文章」を用いようと試みるだろう、またまさしくあの《沈黙》という語、——「語とは音響にほかならぬが、そういう音響の廃止である語、あらゆる語のなかで……もっとも邪悪でもっとも詩的な語」〔二八ページ〕のようなつるつるすべる語も用いようと試みるだろう。かれは論述（discours）のなかで、記号として意味作用を行なう語——何はともあれ知性の働きのためにぜひともなくてはならぬもの——のとなりに、暗示する語を挿入するだろう、たとえば笑い、刑苦（supplice）、死の苦悶（agonie）、裂け目（déchirure）、ポエジー、等々……の語がそれで、しかも彼はそれらの語をその原義からそらせて使って、それらに魔術的喚起力をすこしずつ賦与してゆく。こうしたさまざまの方法の結果として、バタイユ氏の深い思想——あるいは感情——は、彼の《パンセ》の断章のひとつひとつのなかに、完全なかたちで立ちはだかっているように見える。彼の思想は構築されるものではない、漸進的に豊かになるものではない。それは分割されることなく、ほとんどえも言えぬ姿となって、ひとつひとつのアフォリズムの表面に浮かびあがっており、したがって、アフォリズムのどのひとつを取っても、同じ複雑な恐ろしい意味を、それぞれに特殊な照明のもとにわれわれに提示しているという結果になるのだ。哲学者たちの分析的な歩み方とは対立して、バタイユ氏のこの書物は、総括的思想の結果として提示されるものだと言うこともできよう。

しかし、こうした思想でさえ——それがいかに混成主義的であろうと——さらに普遍的なものをめざし、それに到達することもできよう。たとえばカミュ氏は、バタイユ氏に劣らずわれわれ人間のありようの不条理性に打たれたひとだが、にもかかわらず彼は、《不条理の人間》の客観的肖像画を、いかなる歴史的状況からも独立して粗描してみせた。そして彼がわれわれに引例する模範的な不条理の偉人たちは——たとえばドン・ファンがそれだが——カント的な倫理主体（agent moral）の普遍性といかなる点においても遜色のない普遍性をもつ価値を所有している。バタイユ氏の独自性は、怒り狂いまたとげとげしい彼の思索の進め方にもかかわらず、断乎として形而上学を拒け歴史を選んだところにある。ここでまたパスカルへと戻らねばならぬ。私はパスカルを最初の歴史的思想家と名づけたい、なぜなら彼は、人間のうちで実存が本質に先行することを最初に把握したひとだからだ。彼によれば、被創造物たる人間を、その悲惨から出発して理解してゆくには、人間のなかにはあまりに大きな偉大さがある。また逆に、人間の本性をその偉大さから出発して演繹してゆくには、あまりに大きな悲惨がある。一言でいえば、人間になにごとかが起こったのだ、なにか証明不能の、そして還元不能のもの、つまりなにか歴史的なものが。それこそは失墜と贖罪である。キリスト教は歴史的宗教としていかなる形而上学にも対立する。かつて敬虔なキリスト教徒だったバタイユ氏は、キリスト教から深い歴史感覚を享けとったのだ。彼はわれわれに人間のありようについて語る、人間性についてではない。つまり、人間とはひとつの本性ではない、ドラマなのだ。人間の性格とは行為である。企て、刑苦、死の苦悶、笑い、——これらはそれぞれ、時間の次元における実現過程を指示する語であり、受動的にあたえられまた受動的に受け入れられる性質を指示するものではない。これは、バタイユ氏のこの著作が、神秘家の著述の多くと同様に、再下降（redescente）の結果であるということだ、バタイユ氏はある未知の地方から帰還し、われわれのあいだにふたたび降りてくる、彼はわれわれを自分とともに引きつれて行こうとのぞみ、かつては彼の悲惨であったわれわれの悲惨をわれわれの眼前に描きだし、彼の旅、彼の長い彷徨、彼の到着をわれわれに物語る。もしかりに、ちょうど「プラトンが「洞窟の比喩」で語った」洞窟から引き出された哲学者のように、彼が突然、永遠の真理に直面するようなことがあったら、おそらく彼の報告の歴史的側面は消失し、イデアの普遍的厳密さに席をゆずってしまったことだろう。だが彼は非‐知に遭遇したのである、——そして非‐知とは、ある人間がある日付において受けたある体験としか呼びようのないものである以上、それは本質的に歴史的なものだ。こうした理由から、われわれは『内的体験』を、ひとつの〈福音書〉として（われわれに《良き便り〔福音〕》を伝えるものではないが）また同時に〈旅への誘い〉として見なさねばならぬ。布教のための物語、――おそらく彼は自著をこう名づけることもできただろう。まったく、論証とドラマのこの混合によって、この著作はきわめて独自な味わいをもつのである。かつてアランは、はじめに客観的な『語録《プロポ》』を書き、やがて自作を閉じる結語として、『わが思索のあと〔わが思想の歴史〕』を書いた。だがこの書物では、アランにおけるこのふたつがひとつのもののなかにあり、絡み合っている。論証が提出されるかと思うと、たちまちそれは歴史的な姿を示す。つまり、ある人間が、その生涯のある時期にそれらの論証を考え、それの殉教者となったということが語られるのだ。『贋金つかい』と『エドゥアールの日記』と『贋金つかいの日記』とを同時に読むわけである。結局、理性的思考の上にも法悦状態の上にも、主観性がそのすべてを覆って閉じ、ひとはそれに突き当たるばかりなのだ。われわれの眼前にいるのはひとりの人間なのだ、赤裸の人間がただひとり立ち、みずからながながと論理を述べたてたあげくすべてに日付をあたえることで、それを無力にしてしまうのだ。反撥を感じさせる、しかし《心を捉える》人間、――ちょうどパスカルのように。

この言語の独自性を充分に感じとっていただけただろうか。最後に、その特徴を示す描線をもう一本書きそえることで、私の企図はさらに援助されよう。それは、この言語の主調《トーン》がつねに軽蔑的であるということだ。この語調はシュルレアリストたちの侮蔑的な攻撃性を想い起こさせる。バタイユ氏は読者の髪の毛を逆立たせることをのぞんでいるのだ。とはいえ彼は《伝達する》ために書く。だがまるで彼は遺憾に思いながらわれわれに話をしているように思える。それに、いったい彼はわれわれに向かって語りかけているのだろうか？　まったくそうではない。それどころか、彼はそうではないことをわれわれに知らせようと気を配っている。彼は「自分の肉声に嫌悪」を感じているのだ。伝達とは必要なものだと判断してはいるが、――伝達され法悦とはもはや空虚にすぎぬのだから、――彼は「自分が――平和だったこの数年のあいだ――同胞たちの域にまで達しようと努力して過ごした活動的な時期を想うと、気持が苛立ってくる」〔一〇九ページ〕。ところで、この《同胞〔semblables「似ているもの」〕》という用語は文字どおりに取らねばならぬ。バタイユ氏が書くのは神秘主義の初心者のため、孤独のなかで、笑いと嫌悪をとおして、刑苦へと向かうひとのためなのだ。しかし、このきわめて特殊なタイプのナタナエル(8)に読まれるという希望は、われわれの著者を慰め励ますなにものももたぬ。「確信を抱くひとびとに教えを説くときでさえ、その説教には悲痛な要素がある」〔一〇九ページ〕。たとえ、われわれがたまたまそういう種類の弟子であろうと、われわれにはバタイユ氏の言葉に耳を傾ける権利はあっても、――彼が尊大に予告しているように――彼を裁く権利はない。「私の混乱を惹き起こすに足るだけのものをもつ読者はいない。たとえもっとも洞察力の鋭いひとが私を告発しようと、私は笑っていよう。私の恐れているのは私なのである」。これは批評家をほっとくつろがせる言葉だ。バタイユ氏はおのれの身をゆだね、われわれの見ているまえで裸になる、が同時に、そっけない語で彼はわれわれの判断を忌避する。彼はただ彼自身にのみ従属しており、彼が設置しようとのぞむ思想の伝達路は相互性をもたぬ。彼ははるか上におり、われわれははるか下にいるのだ。彼はわれわれにメッセージを送る、受け取ることのできるものが受け取れと言わんばかりに。しかも、われわれの困惑をさらに増すのは、われわれに語りかけるときに彼の位置する絶頂が、同時に、低劣さの《底知れぬ》深みでもあることだ。

なかば以上沈黙のなかにのめり込んだ人間、できるだけ早くやってのけてしまうために、熱っぽく、苦々しく、しばしば不正確な言語を遺憾に思いながら語る人間、われわれの顔も見ずにわれわれを鼓舞して、汚辱と夜のなかに生きる自分に誇らしげに追いついてくるようにと命じる人間、こういう人間の倨傲にみちたドラマティックな説教、——『内的体験』はまずこのような姿を示すのである。いくらかの内容空疎な誇張した言葉や、抽象的観念の操作におけるちょっとした拙劣さを別とすれば、この表現様式においてすべては称讃されるべきである。彼は評論家にひとつの模範とひとつの伝統を提示している。彼はわれわれを、この伝統の源泉に、パスカルに、モンテーニュに近づけ、同時に、われわれの時代の諸問題にいっそう適合した言語と統辞法を提出しているのだ。だが形式がすべてではない。内容も見よう。

二

残りの生を生きながらえるひと（survivant）とでも名づけることのできるようなひとたちがいる。彼らは、早くして、自分に親しい存在、父を、友を、愛人を、失ったのであり、彼らの生は、もはや、この親しい存在の死の暗欝な翌日にすぎぬ。バタイユ氏は神の死ののちに生きながらえているひとだ。彼が体験し、耐え忍び、それを越えて生きながらえたこの死、——すこし反省をめぐらすだけで、われわれの時代全体も、この神の死ののちに生きながらえているということは明瞭である。神は死んだ。この言葉を、神は存在しないという意味に、いや、神はもはや存在しないという意味にさえ、考えることはやめよう。神は死んだ、——これは、かつて神はわれわれに語りかけていたが、いまや神は口を閉ざし、われわれはもはや神の死体にしか触れていないということだ。おそらく神は死者の魂のように、世界の外に、どこかよそにすべり込んでしまったのだ、夢にすぎなかったのかもしれぬ。ヘーゲルは自分のつくりあげた体系にこの神の代わりをつとめさせようと試み、そしてその体系は崩壊した。コントは人間性の宗教に代わりをつとめさせようとし、そして実証主義は崩壊した。一八八〇年ごろ、フランスにおいてもまた他国においても、ご立派な方々が、――そのうちのあるひとびとは、自分の死後は火葬にして欲しいと要望するほど一貫した精神の持主だったが――非宗教的倫理を打ち立てようと考えた。われわれは一時この倫理に頼って生きたことがある、――が、ついでバタイユ氏が他の多くのひとびとととともに登場し、この倫理の破産を証言する。神は死んだ、しかし、だからといって人間が無神論者となったわけではない。近代人における宗教的欲求の恒久性と結合したこの超越者の沈黙――ここに、昨日も今日も同じく大問題がある。この問題がニーチェ、ハイデッガー、ヤスパースを苦しめる。これがわれわれの著者の内面のドラマである。「長期にわたったキリスト教的信仰心」から外に出たとき、彼の生は「笑いのなかに溶けこんで」しまった。その笑いが啓示だった。「あれから十五年になる……私は夜おそく、どこからだったか、帰ってくる途中だった。〔……〕フール街を横断していたとき、私は《無》のなかで突然未知のものとなった……自分を閉じこめる灰色の壁を否定しようとして、私は一種の恍惚境へと跳び込んでしまった。私は神のように笑っていた。洋傘が頭の上に落ちて私を覆っていた（私はわざわざこの黒い屍衣で自分を覆ったのだ）。私は、かつてなんぴともそのように笑ったことはないように、笑っていた、まるで私自身が死んでいるかのように、あらゆる事物の奥底が開示され、赤裸の姿を見せていた」〔四六ページ〕。彼はこの啓示の帰結するところをしばらくはたくみに避けようと試みた。シュルレアリスムが、エロティスムが、社会学の言うところのあまりに人間的な《聖なるもの》[9]が、かりの避難所を彼に提供した。ついですべては崩壊し、いま彼はわれわれの眼前に立っている、まるで、黒ずくめの喪服を着て死せる妻の追憶のうちに孤独の罪に耽っている慰めようもない寡夫のように、陰気で滑稽な姿をして。なぜならバタイユ氏は、つぎのような、確乎としたしかもたがいに対立するふたつの要求、――神は口を閉ざしている、私は飽くまでそう言い張るだろうということと、私のなかのすべてが神を求めている、神を忘れることは私にはできまいということと――この両者を和解させるのを拒んでいるからだ。じっさい、『内的体験』の数節を読むとき、まるでスタヴローギンかイワン・カラマーゾフに再会するような気がするだろう、――いわばアンドレ・ブルトンと知り合ったのちのイワンに再会するような。このことから、独特な不条理経験がわれわれの著者に出現したのだった。だがじつを言えば、この経験は、なんらかの仕方で、大部分の現代作家に見出されるものだ。それはヤスパースの裂け目、マルローの死、ハイデッガーの遺棄（délaissement）〔被投性（Geworfenheit）〕、カフカの死刑執行猶予の状態にある存在、カミュにおけるシーシュポスの偏執的な空しい労働、ブランショの『アミナダブ』に語られるものである。

しかし、近代思想は二種類の不条理に遭遇したということを言わねばならぬ。あるひとびとにとっては、根源的不条理性とは《事実性》（facticité）、つまりわれわれの《現存在》の、目標も理由ももたぬわれわれの実存の、なにものにも還元できぬ偶然性のことである。だが、ヘーゲルの不実な弟子であるひとびとにとっては、不条理性とは、人間が解決不能の矛盾であるという点にある。バタイユ氏がもっとも激しく身に感じているのはこの後者の不条理性だ。彼は、かつて読んだヘーゲルのように、現実とは葛藤であると見なす。しかし彼にとっては、キルケゴールにとって、ニーチェにとって、ヤスパースにとってと同様に、解決のない葛藤というものがあるのだ。ヘーゲルの三肢組織の弁証法（trinité）から、彼は綜合《ジンテーゼ》の契機を抹殺し、そして弁証法的世界像に、悲劇的な、彼の語法を借りて言えばドラマティックな世界像を代置する。おそらく読者は、筆者が先ごろ同じこの雑誌でその美しい小説を解説したカミュ氏のことを想い浮かべることだろう。[10] だが現象学哲学者たちの説の表面をかるくかすめることしかせず、フランス・モラリストの伝統のなかを動く思想の持主であるカミュ氏にとっては、根源的矛盾とはひとつの事実状態なのである。現に存在する――在るとおりのものである――さまざまな力があり、不条理性はそれらの力の相互関係から生まれる。したがって矛盾とは事後に来るものなのだ。ところで、実存哲学[11]をその間近までしばしば訪れ、しかもそこから用語を借りることさえしているバタイユ氏にとって、不条理とはあたえられるものではない、それはつくられてゆくものなのだ。つまり、人間は自分自身を葛藤として創造してゆく。われわれは、ある種の実体的な織物――使いへらすことで、あるいは摩擦やなんらかの外的要因の結果としてその織目が裂けてくるようなある種の実体的な織物からできてはいない。《裂け目》[2]はそれ自体以外のなにものも引き裂かない、それはそれ自体の素材なのであり、生きる人間がその両者を統一している。奇妙な統一だ、〔新たな段階となる〕なにものも吹き込まず、それどころか反対に、対立を維持するためには失われてゆく統一なのだから。このような統一をキルケゴールは両義性（ambiguïté）と命名した。この統一のなかでは、さまざまな矛盾が融け合うこともなく共存し、それらの矛盾のどのひとつを取り上げても、かならずもうひとつの矛盾へとひとを無限に送り返してゆく。バタイユ氏が自分の内部で直接的に体験しているものが、このたえず消失へと向かう統一なのである。この統一が、不条理について根源的な像を彼に抱かせ、その像を表現するために彼がつねに用いる比喩的映像《イメージ》を彼に供給するのだ。みずからをうがってゆく傷、腫れあがり、大きく天へと口を開く傷口をした傷のイメージだ。とすれば、――と、ひとは言うだろう――バタイユ氏を実存哲学的思想家の列に入れるべきなのか？　性急に判断するのはやめよう。バタイユ氏は哲学を好まぬ。彼の目的は、われわれにある経験を物語ることなのだ、経験（expérience）――いやむしろ、ドイツ人が《Erlebnis》という語を用いるときの意味を含ませて、*expé-*

rience vécue〔現に生きた経験、体験〕と言うべきだろう。[3] 問題とされているのは生である、あるいは死である、苦悩と法悦なのである、けっして平静な観照ではない。（バタイユ氏の誤謬は、近代哲学が観照的なままにとどまったと信じたことである。明らかに彼はハイデッガーを理解していない、ハイデッガーについて彼はしばしば語るのだが、つねに不適切である）したがって、かりに彼が哲学的記述方法を利用するとしても、それは、哲学の彼岸に、知と非‐知の境界に位置する魂の冒険を、いっそう容易に表現するためである。だが哲学はそれに復讐する。哲学の術語は、はっきり識別して使用されずに、論争的なあるいはドラマティックな情熱に押し流され、われわれの著者の喘ぎと痙攣を表現することに隷属させられるとき、この著者自身にはねかえってくる。ヘーゲルやハイデッガーの著作においては明確な意味を有していた語が、バタイユ氏の文章に挿入されると、厳密な思考であるような外見をそれに賦与する。だが、その思考を把握しようとつとめるやいなや、それはたちまち雪のように触けてしまう。のこるのはただ情緒だけ、言いかえれば、茫漠とした対象に向き合った内面のつよい惑乱だけである。「ポエジーについて、私はこう言おう……それは語が生贄として捧げられる犠牲の儀式だ」〔一五六ページ〕とバタイユ氏は書いている。この意味で彼の著作は哲学用語のちょっとした全燔祭である。彼が哲学用語のひとつを使うとどうなるか？ ――その語の意味はたちまち、牛乳に熱を加えたときのように、凝固するか変質するかしてしまう。さらに、証言することを急ぐあまり、バタイユ氏はそれぞれにきわめて日付を異にする思想を無秩序にわれわれに引き渡す。しかも彼は、それらの思想を、彼の現在の感情へと自分を導いた道程としてみなすべきか、それとも、彼がこんにちなお維持しているものの見方として見なすべきか、それをわれわれに語らない。ときどきは、それらの思想を統合しようとする熱っぽい欲求にとらえられているかに見える、が、また他のときは、弛緩し、それらの思想を投げだしてかえりみない、するとそれらはそれぞれの

孤立状態へと回帰してしまう。もしわれわれがこうした混沌たる星雲に有機的構造をあたえようと試みるならば、まずはじめに、どの語も罠であり、著者は喪に服した魂の激烈な渦巻を思想としてわれわれに提示することによって、われわれを欺こうとつとめているのだということを想起しよう。さらに、バタイユ氏は科学者でも哲学者でもないのに、不幸なことに科学と哲学をすこしばかりかじっている。したがってわれわれは、彼のほうではそうとは知らずに、彼の内部に共存し、しかもおたがいに傷つけ合っているそれぞれの別個のふたつの精神態度に、ただちに衝突することになるだろう。そのふたつの精神態度とは、実存哲学的態度と、もうひとつは、他によい名称もないから科学者的態度とでも名づけたいものだ。周知のように、ニーチェを進化論についての幼稚な見解へと迷いこませ、人間のありようについての彼の理解を曇らせることで、彼のメッセージを混乱させたものこそ科学主義なのである。同様に科学主義はバタイユ氏の全思考をゆがめるにいたるだろう。

　彼の出発点は、人間は大地から生まれるという考えである。人間は「泥によって創り出さ」れる。この言葉を、人間は自然界の要素の可能なかぎり無数の組み合わせのうちのひとつの産物だという意味に理解しよう。たやすく推測できるように、それはきわめて非蓋然的な〔ありそうもない〕組み合わせだ、アルファベットを記入したさいころを地上にころがして、それらが《anticonstitutionnel（反組成的）》という単語を組み立てる仕方で並ぶということがきわめて非蓋然的であるのと同様に。「ただ一回のチャンスが、私という自我が存在可能であることを決定した。ただひとりの人間――その人間がいなければ、ものが私にとって存在するということがないようなただひとりの人間――そういう人間の非蓋然的存在性〔ありそうもなかったものとして存在すること〕が、ついに生じてくるのである」〔八三ページ〕。これこそ科学者的な、客体主義的な視点だと言おう。じっさい、この視点を採用するためには、客体〈自然〉の主体に対する先行性を立証しなければならぬ。はじめから内的体験の外に位置しなければならぬ、——内的体験こそはわれわれの意のままになる唯一のものだというのに。そして、科学の価値を公準として受け入れねばならぬ。ところで科学はわれわれが泥から出たものだとは告げていない。科学はわれわれに泥について語る、ただそれだけのことだ。バタイユ氏は、科学が現実に語る以上のことを科学に語らせるという点で科学主義者なのである。したがって、こうした言葉を読むとき、主体の《Erlebnis》の対蹠点、実存のそれ自体による具体的な出逢いの対蹠点にあるように思えるのだ。デカルトはコギトの瞬間において、自己を〈自然〉の産物ととらえたことはなかった。彼が確認したのは自己の偶然性と自己の事実性、自己の《現存在》の非合理性であり、彼の《存在の非蓋然性》ではない。ところがここではすべてが突然変化する。あの《存在の非蓋然性》——それは、自然のさまざまな力の戯れが、まさにこのことを、この〈自我〉を産むにいたるための、さまざまなチャンスの算出の結論として、はじめて推断されるものなのだが——それがここではコギトの原初的内容として提示されるのだ。「私の存在の根源的な非蓋然性についての意識が私を世界のなかに位置づける」〔八四ページ〕とバタイユ氏は書く。ところがすこし先ではバタイユ氏は、「〈自我〉についての経験、〈自我〉の存在の非蓋然的存在性と〈自我〉の狂おしい要求とについての経験」の名のもとに、安心して頼れる理性の構築物を拒けている。存在の非蓋然性とは、ひとつの直接的与件ではなく、理性による構築物だということに、どうして彼は気がつかないのだろう？　たしかに〈他者〉（*Autre*）こそは私が外側から把握するものなのだから、非蓋然的な存在だ。だが、われわれの著者は、はじめから地すべり現象を起こして、真正なる経験の具体的対象である事実性と、純然たる科学的概念である「存在の非蓋然性」とを同一視してしまうのだ。さらに先を読もう。彼によれば、この感情は、われわれの奥深い存在に指で触れさせてくれるという。なんという誤謬だろう、存在の非蓋然性とは、先行するさまざまな前提に密接に従属したひとつの仮定にすぎぬというのに。たとえば、ある種の宇宙観が真実だと仮定されるとき、私は非蓋然的である。神が私を創造したのなら、私がある特別な神意の対象であったのなら、あるいは私がスピノザ的な実体のある様相であるのなら、私の存在の非蓋然性は消失することになる。つまり、われわれの著者の出発点は演繹されたものなのであり、感情が出逢ったものではまったくないのだ。だがわれわれは、すこし先でまた別の手品に立ち会うだろう。バタイユ氏はこんどは存在の非蓋然性と、代置不可能性（irremplaçabilité）〔かけがえのない存在であること〕とを同一視するだろう。彼はこう書く、――「〈自我〉、言いかえれば私という代置不可能な存在のもつ、無限の、苦痛にみちた非蓋然性」。さらに数行先では、この両者の同化はいっそう明瞭となる。「私の他者たちとの相似についての経験的認識など、どうでもいいことだ、なぜなら自我の本質は、なにものも絶対にそれにとって代わることはできぬだろうという点にあるのだから。私の存在の根源的な非蓋然性についての意識が、私を世界のなかに位置づけ、そこでは、ちょうど世界が異邦人であるように、私も絶対的に異邦人としてとどまる」〔八四ページ〕。同様に、かつてジッドも、もっともかけがえのない存在となれという忠告をナタナエルにあたえる必要はなかった。ひとりひとりの個人を、一個の〈独自な存在〉たらしめるこのかけがえのなさ、それはまずはじめにあたえられるものなのである。自我の内部にある独自なものが、究極的には、「その自我の可能性を決定した唯一独自なチャンス」[4]である以上は、このかけがえのなさとは、外側からわれわれを飾るひとつの性質である。こうして結局は、この自我は私の自我ではない。それは私から逃がれてゆく、玉突きの球の運動がその球自体には属していないように、その自我は私に属していない、外部から私に伝達されたものなのだ。いわばこの外面的特異質（idiosyncrasie extérieure）を、バタイユ氏は《自己性（ipséité）》と名づけるのだが、ここで彼のあたえたこの名称自体が、彼がつねに科学主義と実存主義とを混同しているという事実を明示している。自己性とは、彼がハイデッガーの仏訳者コルバンから借りてきた新造語である。コルバン氏は、企て（projet）に発して自己へと向かう実存的回帰を意味する《Selbstheit》というドイツ語の意味を表現するために、この語を使用している。この自己への回帰こそが、自己（soi）を産まれさせるのだ。したがって自己性とは、ひとがそれを生きながら創りあげてゆくひとつの反省的関係である。ところが、この語を所有したバタイユ氏は、それをナイフに、機械に貼りつける、いや、原子に貼りつけようと試みさえする（ついでそれは諦めるけれど）。彼がこの語を、単純に、生まれながらの個人性の意味に理解しているからだ。その結果どうなるか、言うまでもないことだ、——「この上なくありそうもない」チャンスの結果である自分の《自己性》に気がつくとき、〈自我〉は〈自然〉の空虚の上にそそり立つひとつの挑戦として建立されるのである。バタイユ氏の論旨は、ここで実存哲学の内面的態度へと戻る。「人間の肉体は、まるで大地に対する挑戦のように〈地面〉の上に直立する……」〔九三ページ〕。非蓋然性は内在化されて、根源的な経験、生きられ、受容され、つよく欲せられた経験となっているのであり、ヤスパースにとってはあらゆる歴史のはじめにある《挑戦》が、ここに、ふたたび見出されるのである。〈自我〉はその自己性を要求する。つまり〈自我〉は「わが身を尖塔の上に置くことを」〔八二ページ〕のぞむ。(12) さらにバタイユ氏はつぎのようにヤスパースをハイデッガーで補う、——私の非蓋然的自己性についての真正な経験は、ふつうは私にけっしてあたえられないとハイデッガーふうに述べてから、彼はわれわれにこう語る。「私が生きているかぎり、私はある往復運動で、ある妥協で満足している。何をどう言おうと、私は自分がある種類の個人であることを知っており、大ざっぱに言えば、私は万人共通の現実と協調して生きている。必然的に存在するもの、なにものをもってしても取り消すことのできぬものに、私は加担しているのだ。ところが、《死にゆく私》はこの協調を放棄する。まさしくこの《死にゆく私》こそが自分を取りかこむものをひとつの空虚として、そして自分自身をこの空虚への挑戦として認めるのである」〔八五―六ページ〕。これこそは、人間本来の《死への存在》(être-pour-mourir)によって照らし出された、人間的現実の意味だ。ハイデッガーが、死へとおのれを投げかける自由(*Freiheit zum Tod*〔死への自由〕)についてわれわれに語るのと同様に、バタイユ氏はこう書く、——「自我は成長してついには純粋命令に至る。この命令は……つぎのようなかたちを取る、《犬のように死ね》」〔八七ページ〕。死への存在の稲妻に似た光芒の下で経験された《人間的現実》の代置不可能性、——これはまさにハイデッガー的経験ではないだろうか? たしかにそうだ、だがバタイユ氏はそこにとどまらぬ。つまり、自我による自我の、純粋な、苦痛をともなう把握であったはずのこの経験が、それ自体のなかに、ひとつの破壊の萌芽を含むことになるのだ。ハイデッガーによれば、われわれはただ内部を見出すだけであり、なにものでもないわれわれは、われわれ自身を見出すかぎりにおいて、はじめてなにものかとなる。存在はこのような見出してゆくという動きと一致するのだ。ところがバタイユ氏の場合は、自己の経験を、外界から借りてきた仮説的概念である非蓋然性にじっさいに基づかせている以上は、彼は自己の経験を毒殺してしまったわけだ。こうして外部が自我の内部にすべり込んでしまった。死はただ〈自然〉の一断片を照らしだすだけである。死の切迫性が私を私自身に開示するまさにその瞬間において、バタイユ氏は口にこそ出さぬが和解をしてしまったのであり、そのため私は他人の眼で私自身を見るという結果になる。こうした手品の帰結が、「死とはある意味ではまやかしである」〔八三ページ〕という言葉だ。〈自我〉が外部の対象である以上は、それは自然物としての《外部性》をもっている。このことはまず、自我が構成されたものであり、しかもその構成の理由を自分のそとにもっているということを意味する。すなわち、「存在者とはつねに、相対的自律性の保たれている多くの粒子の集合であり」、さらに、

「自己《イプセ》であるこの存在者（cet être *ipse*）は、それ自体さまざまな部分から構成されていて、そうしたものとして、結果でもありまた予見不能のチャンスでもあるのだが、それが、自律への意志として世界のなかに入ってくる」〔一〇一ページ〕のだ。こうした考察が科学主義的観点からもう一度なされる。科学こそは、分析への意志によって、個体性を溶解し、それを見かけへと追いやるものなのだというのである。そしてさらに、人間の生を外部から考察して、つぎのように書くことのできる人間とはまさに科学者にほかならぬ。――「おまえがそれであるところのもの、それはおまえを構成する無数の要素を結びつけている活動に由来する……。エネルギーや運動や熱の伝染、あるいは諸要素の移動、それがおまえの有機的存在の生命を内面的に組織している。生はけっしてある特定の地点に位置してはいない。それはある地点からある地点へと迅速に移動する、〔……〕ちょうど一種のきらめく電流のように。こうして、おまえがおまえの無時間的な実質を把握しようとのぞむまさにその場所で、おまえの遭遇するのは、ただ、ひとつのすべりゆき、おまえの滅ぶべき諸要素の乱雑な輝きにすぎないのだ」〔一一一ページ〕。

それればかりではない、自己性は時間のもつ溶解作用にさらされている。バタイユ氏は、ものごとを分離させてゆく時間についてのプルーストの考察を、自分の思考のためにふたたび取り上げるのだ。そうした時間観念の対部をなすものは彼の眼に入らない、言いかえれば持続がまた、とりわけ、連結の職務を果たすものだということを彼は見ない。彼は言う、時間は「真実なものと思われていた事象の遁走しか意味しない」と、そしてこうつけ加えるのだ、「時間と同様に、死すべき私とは純粋な変化であり、両者とも現実的な存在性をもたぬ」〔八九ページ[13]〕。

この浸蝕し分離させてゆく時間とは、科学的時間、つまり、その一瞬一瞬が軌道上における動体の位置のひとつひとつに対応するような時間でないとすれば、いったいなんだろうか？　時間についての真に内的な経験が、自分につねに同じ結果をもたらしたということに、バタイユ氏は確信がもてないのか？　とにかく彼にとっては、《死刑執行猶予の状態にある》この私、絶対に完成されることなく、それぞれたがいに外的な諸部分を組み合わせて構成されたこの私とは、死んでゆくときの主観に対しておのれをあらわに示すものではあるが、ひとつの当てにならぬ見せかけ（faux-semblant）にすぎないのである。ここで悲劇が誕生するのが見られる、われわれは、みずから現実存在であることをのぞんでいるひとつの見かけ（apparence）、しかも、そういう自分の亡霊のような存在から脱出しようとする努力そのものが見かけであるような、そんな見かけなのだという悲劇が。だがまた、こうした悲劇に対する解釈も見ることができる。バタイユ氏は、自分自身に関して、同時にたがいに矛盾するふたつの観点を取るのである。すなわち、一方で彼は、コギトの歩み方に類似した、自分のかけがえのない個体性を発見させてくれるような歩み方によって、自己を求め、自己に辿りつく。が、他方、彼は突然自己から外に出て、その個体性を、まるで世界のなかのひとつの物体のように、科学者の眼と科学者の手段によって眺めるのだ。そしてこの後者の観点は、科学と分析の価値について、客観性の本性についてのある数の公準、――もし彼が直接的に自己に辿りつくことをのぞんでいたのならば白紙へと還元していたはずの公準――を、自分の思考のために受け入れたということを前提とする。結果として、彼の探索の対象は、奇怪な矛盾した存在、キルケゴールの《両義的なもの（les ambigus）》に酷似した存在のように見える。それは、現実でありながら幻のように空しいもの、多様性へと崩壊してゆく統一、時間によって引き裂かれてゆく凝集なのだ。だが、こうした矛盾に感嘆するには及ばない。バタイユ氏が自分の内部にそれらの矛盾を見出したのは、彼が内在的なもののなかに超越的なものを力ずくで導入することによって、自分の内部にみずから矛盾を置いたからなのだ。もしかりに彼が内面的発見という観点に固執していたならば、彼はつぎの三つのことを了解しただろう。第一。科学の所与はコギトの確実さに参与するものではなく、単純に蓋然的なものとして見なされるべきだということ。内的体験のなかに閉じこもるならば、そこから外に出て自己を外部から眺めることはもはやできぬ。第二。内的体験の領域においては、見かけはもはや存在しない、というか、そこでは見かけが絶対的現実だということ。香りを夢に見るとすれば、そんな香りは偽りの香りだ。しかし香りをかいで悦びを感じる夢を見るならば、その悦びは真の悦びである。悦びを夢に見ることはできぬ、自分の〈自我〉の単純性あるいは統一性を夢に見ることはできぬ。自我の単純性や統一性を発見するというのは、それらが在るということだ、なぜなら、ひとはそれらを発見することによってそれらを存在させるのだから。第三。あの時間の次元における〈自我〉の裂け目にはなんら不安なところはない。なぜなら、時間とはまた連結の役を果たすものであり、〈自我〉はその存在自体において時間的なものなのだから。これは、〈自我〉は〈時間〉によって無効なものとされるどころか、みずからを実現してゆくために〈時間〉を必要としているということを意味する。〈自我〉は破片となり瞬間となって去ってゆく、とバタイユ氏は私に反対するだろう、だがその反対論も空しい。内的体験の〈時間〉とは瞬間からつくられたものではないのだから。

ところで、ここに分析の第二の契機がある、以下にその契機に従って分析を進めてゆけば、われわれがそれであるところの恒久的矛盾がわれわれに開示されるだろう。多くの粒子の不安定な統一体という自己(*l'ipse*)は、それ自身、よりひろい集団のなかでは粒子である。これが、バタイユ氏が交わり(*communication*)と名づけることだ。人間存在のあいだに打ち建てられる諸関係は、並存という単純な関連に限定されるようなものではないだろうと、彼はきわめて適切に指摘している。人間は、まず在り、ついで交わりをもつというようなものではなく、交わりが人間を、根源的に、その存在において構成しているのだ。

ここでもまた、われわれは〈現象学〉によるもっとも最近の哲学上の獲得物を眼前にしていると思うかも知れぬ、この《交わり》はハイデッガーの言う《共同存在》(Mitsein)を想わせないだろうか、と。だがここでもまた、すでにまえに述べたことと同様に、さらによく検討すれば、ただちにこうした実存哲学との反響が幻覚だとわかるのだ。バタイユ氏は書いている、「ひとりの人間とは、不安定でそれぞれ相互に絡みあった多くの集合的全体(ensemble)のなかに挿入された、ひとつの粒子である」〔一〇〇ページ〕と、そしてすこし先では[14]「ある男が隣りに住む女と知り合いであるということは、未知のもの同士の出逢いよりはるかに遠い、その遠さは生と死とをへだてる遠さに劣らぬものだ。そのようにして、〔知り合いであるという〕認知の意識(*connaissance*)は、不安定な、といって生体組織の細胞間の連繫に劣らず現実的な、いわば生物学的連繫だということがわかる。ふたりのひとのあいだの交換関係は、じっさい、瞬間的な離隔に耐えて生きのびる力を所有しているのだ」〔一〇〇ページ〕と書かれている。さらに彼は、「さまざまなつながりの不安定性、ただそれだけが、孤立した存在という幻想を許す」〔一〇〇ページ〕とつけ加えている。こうして、自己とは二重の意味で虚妄である、——構成されたものであるゆえに虚妄であり、みずから構成するものであるゆえに虚妄なのだ。バタイユ氏は、あらゆる組成的集合物(ensemble organisé)のもつ相補的でしかも対立し合うふたつの面をつぎのように明らかに示している。「構成要素に超越する構成体、構成要素と相対的な自律性」〔一〇一ページ〕。みごとな記述だ。メイエルソンの、彼みずから「宇宙の繊維構造」と名づけたものに関する見解につながる記述である。[15]だがメイエルソンがこのように記述したものとは、まさに〈宇宙〉、つまり主観性の外にある〈自然〉なのだ。このような原理を多くの主観性の共同体(communauté des sujets)に適用することは、それらの主観性を〈自然〉へと復帰させることである。じっさい、バタイユ氏は「構成要素に超越する」構成体を、どのようにして把握することができるのだろう？　彼が集合的全体（l'ensemble）のなかのひとつの要素にすぎぬ以上、それは彼自身の実存を観察することによっては不可能だ。多くの要素からなる統一というのはつるつる滑りやすく捉えがたいもので、決然とこの全体性（totalité）の外に位置した証人の眼にしか現われてくることができぬ。ところで、ただ神だけが外にいる。またこの神はスピノザの神でないことが必要だ。さらに、われわれの現実ではないような現実とは、仮説を手段としてしか発見することができないし、またそうした発見はつねに蓋然的である。こんな蓋然性でもっていったいどのようにしてわれわれの実存の内面的確実性に秩序をあたえて、われわれの実存をこうした変化しやすい集合的全体に従属させることができよう[16]？　論理的には、ここでは名辞の従属関係は転倒されるべきではないか。つまり、われわれの自律性こそが確実性となり、われわれの従属状態こそが幻想の列に入るのではないか。なぜなら、もし私が私の従属状態の意識であるならば、その従属状態とは対象であり、意識は独立した〔従属せざる〕ものであるからである。それにまた、バタイユ氏の打ち建てる法則は人間関係の領域にかぎられない。すでに引用したテクストにおいて、彼はその法則を有機的宇宙全体にひろげている。それゆえ、その法則が生体細胞に適用されるのと同様に主観性にも適用されるということは、主観性が細胞と、換言すれば物と見なされるというそのかぎりにおいてしかありえない。とすればこの法則はもはや内的体験の単純な記述ではなく、個別的な力学を支配し、宇宙のいろいろな領域を同時に統治する原理に類似した抽象的原理である。落下する石は、もし感じる能力をもっているとしても、自己の落下のさなかで、物体落下の法則を発見はしないだろう。その石は自分の落下をかけがえのない事件として体験するだろう。物体落下の法則は、その石にとっては、他の物体の落下の法則であるだろう。

同じように、バタイユ氏は《交わり》について法則を設定するとき、必然的に、〈他者〉のおたがい同士における交わりに辿りつく。こうした思考態度はわれわれに見覚えのあるものだ。主観性が他の人間たちに関する経験的観察の上に立って帰納的にひとつの法則を打ち建て、ついで類似による推論を進めて、自分自身も、その打ち建てたばかりの法則下に置く、という思考態度である。これは社会学者の態度だ。バタイユ氏があの奇怪さをもって鳴る〈社会学研究会〉(17)に属していたことがあるのは無意味ではないのである。〈社会学研究会〉というのは、とくに名を挙げてデュルケムを援用し、しかもその構成メンバーのいずれも、社会学という誕生したばかりの科学によって、科学の外にある目的を追求していた奇怪な団体であったのだから、あの温厚なデュルケムをさぞ驚愕させたことだろう。バタイユ氏はこの研究会で人間を物として扱うことを学んだ。彼の考えによる人間たちというこの未完成でかつ気化しやすい全体性の集まり、突然組み合わせられまたたがいに絡み合うかと思うとたちまち分解し、他の地点でふたたび組み合わせられるものたち、それはハイデッガーの《共同存在》に類似するというよりは、むしろ、ジュール・ロマンの《一体的生《ラ・ヴィー・ユナニム》》(18)に、とくにフランス社会学者たちの《集団意識》に類似している。

そういう社会学者たち、デュルケムやレヴィ＝ブリュールやブーグレのようなひとびとは、前世紀の末ごろ、非宗教的倫理の礎を据えようとむなしく試みた社会学者である、――それは偶然だろうか。彼らの破産を目撃してもっとも悲痛な想いを味わったひとであるバタイユ氏が、社会的なものについての彼らのヴィジョンをふたたび取りあげ、それを乗り越え、彼らから《聖なるもの》(le sacré) という概念を盗んで、それをバタイユ氏個人の目的に適応させようとはかる、――それは偶然だろうか。だが、まさしく社会学者は自己を社会学へと積分するすべを知らぬだろう。社会学をつくる人間そのもの、それが残ってしまうのだ。ヘーゲルがヘーゲル哲学に入りこむことができぬように、スピノザがスピノザ哲学に入りこむことができぬように、彼は社会学に入りこむことができぬ。バタイユ氏はみずから組み立てた機械仕掛のなかに自己を積分しようとむなしく試みる。しかし彼は外部に残ってしまう、デュルケムとともに、ヘーゲルとともに、父なる神とともに。じつは彼がこの特権的な位置を暗々裡に求めていたのだということについては、あとで触れることにしよう。

とにかく、いまわれわれは矛盾の両項を手中にしている。自我は自律的でありまた従属的だという矛盾である。自分の自律性を注視するとき、彼は自己（*ipse*）たらんと欲する。われわれの著者は書く、「私はわが身を尖塔の上に置くことをのぞむ」〔八二ページ〕と。一方、自分の従属状態を眺めるとき、彼は全体（*le tout*）であろうと欲する、つまり諸構成要素の全体性（totalité des composantes）を自分のうちに包含するまでに自分を膨脹させようと欲するのだ。「超越に対する自律性の不確かな対立が存在者をすべりやすい立場に置く。自己自身である存在者（l'être *ipse*）は、すべて、自律性のなかに閉じこもると同時に、この事実そのものによって、超越性の全体であらんと欲する。まずはじめに、彼がその一部分である構成体の全体となり、ついでいつの日か、際限もなく〔膨脹して〕宇宙の全体となろうと欲するのだ」〔一〇一ページ〕。ここで矛盾が炸裂する。このように、ふたつの対立する欲求のあいだに引き裂かれた主観性のありようと、主観性が到達しようとのぞむ目的それ自体、矛盾はこの両者のなかに同時にある。「普遍的な神が……ただひとり頂点にいる、事物の全体性とさえ混同されるほどで、ただ専断的に自分のうちに《自己性》を維持することしかできぬ。一方、人間たちは、その歴史において、かくして、自己の――全体となるはずだが、死にゆくときでなければその全体となることのできぬ自己の――奇怪な闘争に加わるのだ」〔一〇四ページ〕。

この空しい闘争、あらかじめ敗北のわかっているこの戦いの激動的な詳細は、バタイユ氏とともに私も辿らぬことにしよう。あるときは人間は全体であろうと欲し（力への、絶対知への欲望だ）、またあるときは「多数者のなかに姿を消した個人存在は、その多数者の中心の位置を占める存在たちに、《存在《エートル》》の全体性を引き受けようとする関心を委託する」〔一〇三ページ〕。彼は、「事態が単純なときでも拡散した性格を保ちつづけるような全体的実存に」〔一〇三ページ〕部分として加わることで満足するのだ。

いずれにせよ、われわれの実存は「存在者を完成させようとする激昂した試み」〔一〇五ページ〕である。大部分の時間、われわれは否認し、企て（*projet*）のなかに、つまり、限られた意味しかもたぬがみずからの前方に目的を投げかけて矛盾を覆いかくすあの多くのささやかな活動のなかに逃がれようと試みている、――それほどまでに、みずからのありように対するわれわれの嫌悪は大きい。しかしそれも空しい。「いかなるものに頼ろうと人間は不充足から免れることも、野望を諦めることもできない。彼の逃走への意志とは、人間であることへの彼の恐怖だ。その逃走意志の結果はただ偽善でしかない、偽善――人間が、あえてそれであることができずにそれであるところのもの、であるという事実。想像しうるいかなる和解もない、しかも人間は不可避的に、全体であり自己としてとどまろうと意欲しなければならぬ」〔一〇九ページ〕。

《企て》（projet）――ふたたび実存哲学者の用語だ。これはハイデッガーのある用語〔Entwurf〕の訳語として受け入れられているものである。そして実際に、疑いもなくこの訳語をコルバンから借りてきたバタイユ氏は、ときどき projet を人間的現実の基本的構造と理解しているように思える、――たとえば彼がつぎのように書くときだ。「企て（projet）の世界、それはわれわれの存在する世界だ。戦乱がその世界をかき乱すこともたしかにある。そのとき企ての世界はそのままとどまっている、しかし疑惑と苦悩のなかにとどまっているのだ」〔六〇ページ〕。そしてまた「企ての領域から企てによって外に出る」と書くときに。しかし、われわれの著者の思考にはある不決断が存続しているように思えるのだが、いそいで検討するだけで充分に事態を明瞭に見ることができる。つまり、企ては遁走のある相にすぎぬのだ。それが本質的なものであるのは、ただ近代西欧人にとってのみである。その等価物はハイデッガー哲学のなかよりも、むしろキルケゴールの倫理的人間のなかに求められねばならぬ。企てと刑苦の対立は、キルケゴールが道徳的生活と宗教的生活のあいだに立てた対立と、奇怪なまでに似ている。じっさい、企ては生を組み立ててゆく関心の領域に属する。企てる人間は明日を想い、明日の明日を想い、そこから、自分の全実存のプランを粗描し、ひとつひとつの細部つまり一瞬一瞬を集合体の秩序のために犠牲にするに至る。これは、キルケゴールが結婚した男や一家の父という例で象徴していたことだ。引き延ばされた生、知的言語操作（discours）によって引き裂かれた生のための、直接的生の、このたえざる全燔祭、――バタイユ氏はこれをくそまじめな精神（l'esprit de sérieux）[19]と同一視している。「企てとは実存のくそまじめさである」。時間のかかるくそまじめさ、時間のなかに自分を投げ出すくそまじめさというみじめなものだ。「それは逆説的《パラドクサル》な時間のなかに存在するためのひとつのやり方だ。つまり、実存をのちへと延期することである」〔五九ページ〕。しかし彼は、キルケゴールが倫理的人間に対して軽蔑を抱いている以上に、くそまじめな人間に軽蔑を抱いている。くそまじめさが前方への遁走であるからだ。バタイユ氏が「ひとは企てにおいてのみ虚栄的な満足感を味わう。〔だが、企てが実現されるやいなや満足感は消え、ふたたび企ての次元にもどるのであって〕そうやって、ちょうど獣がどこまでも罠のなかに陥ってゆくように、ひとは遁走のなかに落ち込んでゆく。こうしてある任意の日、ひとは痴呆として死んでゆくのだ」〔六三ページ〕と書くとき、彼はパスカルを想わせる。結局のところ企てはパスカル的慰戯と同じものとなるわけだ。われわれの著者は、企てる人間に向かって、「一室にじっと休息していることができない」〔パスカル『パンセ』断章一三九（ブランシュヴィック版）〕と咎めたがっているようだ。われわれ人間の動揺の背後に彼は堪えがたい休息を見出し、しかもそれに合一することをのぞんでいるのだ。そのことについてはあとで語ることにしよう。いまのところは留意すべきことは、バタイユ氏が時間の次元における裂け目への嫌悪ゆえに、ある精神種族——神秘家にせよ感覚論者にせよ、合理主義者にせよそうでないにせよ、時間を別離と否定の力と見なした上で、さらに人間は瞬間的なもののなかで自分自身に固執することによって時間に抗して自己に到達するのだと考えてきた精神種族——と同縁のものだということである。こうした精神たち——そのなかに、エピキュロスと同じくデカルトを、ルソーと同じくジッドを数えねばならぬ——にとって、知的言語操作（discours）、予測、実利的記憶、論弁的理性（raison raisonnante）、計画的企て（entreprise）などはわれわれをわれわれ自身から引きはなすものなのだ。そういうものに、彼らは瞬間を対立させる。すなわち、デカルトにおける理性の直観的瞬間、神秘家の恍惚的瞬間、キルケゴールにおける自由の苦悶する永遠の瞬間、ジッドにおける享楽の瞬間、プルーストにおける無意識的記憶の蘇りの瞬間である。他の点から考えればそれぞれにきわめて異なるこれらの思想家たちをたがいに近づけるものは、ただちにしかも全き姿で実存したいとする意欲だ。コギトにおいてデカルトは自己に、その《考える実体》（chose pensante）としての全体性において、到達できると考えている。同様にジッド的《純粋》とは、瞬間の享楽と裸形化のうちに、自己自身と世界とを全きかたちで所有することだ。それがまさにわれわれの著者の野望である。彼もまた「猶予なしに実存すること」〔六五ページ〕をのぞんでいる。彼は企ての世界から脱出する企てを抱いている。

笑いこそが、それを彼に許すだろう。企てにおいてある人間は、闘うかぎりは滑稽だ、「彼においてすべてが中断されたままである」というのではない。だがひとつの脱出口が開ける。挫折、失望、そして笑いが炸裂する、——ちょうどハイデッガーにとって、調子の狂った機械と破損した道具の地平に突然世界が輝きはじめるように。バタイユのこの笑いは、われわれに見覚えのあるものだ。それはベルクソンの衛生無害な白い笑いではない。それは黄色い笑いだ。この笑いにはさまざまな先駆者がある。すなわち、キルケゴールはユーモアによって倫理的生から脱出する。イロニーがヤスパースを解放するだろう。だがとくにニーチェの笑いがある。なによりもこのニーチェの笑いを、バタイユ氏は自分の所有としたがっている。そうして彼は『ツァラトゥストラ』の著者のつぎのような覚え書を引用する。「悲劇的な自然が没落してゆくのを眺め、しかも、それへの深い理解にもかかわらず、またそれに感動と共感を覚えるにもかかわらず、それを笑うことができる、これは崇高なことだ」〔九ページ〕。しかしニーチェの笑いのほうが軽快である。ニーチェ自身、笑いを《快活さ》と名づけているし、ツァラトゥストラははっきりとそれを踊りと縁づけている。それに対して、バタイユ氏の笑いは苦渋と努力感にみちている。一言で言えば、バタイユ氏は孤独においては大いに笑うかもしれぬが、その笑いは彼の著作にはまったく伝わらないのだ。彼はわれわれに向かって、自分は笑うと言う、しかしわれわれを笑わせることはない。「『たのしい知識』についてニーチェが〔『この人を見よ』のなかで〕語ったのと同じ言葉、《深さと快活さがたがいにやさしく手を取り合っていないような文章は、ほとんど一行もない》——これと同じ言葉を、自分の著書について」〔九ページ〕書くことができればと、彼は願っているようだ。だが、読者は反対を叫ぶ、——深さという点は合格。しかし快活さは！

笑いとは、「万人に共有でしかも厳密な情緒的認識」〔一一ページ〕である。笑う主観性、それは「一体化した群衆」〔一一ページ〕だ。というのもこうした考えでバタイユ氏が、ここに示された笑いという現象が集団的表示であることを認めているように思えるからである。ところがそういうご当人はというと、ひとりで笑っている。まあそれもよいことにしよう、おそらくそれは例の無数にある矛盾のひとつなのだろうし、われわれはそれを全部指摘しようなどとは思ってもいないのだから。だが、認識というがなにについての認識なのか。それは「謎についての認識だ」と、著者はわれわれに言う、――「ひとたび解決されれば、おのずからすべてを解決するような謎についての認識なのだ」〔八〇ページ〕。これはまさに好奇心を刺激する。しかし、すこしさきで解決を手に入れるとき、なんという失望を味わわされることか。人間は充足への意志によって特色づけられ、笑いは不充足についての感情によって触発される、いやむしろ笑いとは不充足の感情だ、という解決である。「もし私がだれか〔くそまじめな男〕の坐っている椅子を引っぱるとする……、すると、くそまじめな人物の充足状態に、突然、いまつくられたばかりの不充足の開示[6]がつづく。とにかく私はこうやって挫折を経験して楽しい気持になる。そして私は笑いながら、私のくそまじめさをみずから失ってゆく。まるで、私の充足状態への配慮から逃れることがひとつの慰めででもあるかのように」〔二〇六ページ〕。これだけのことなのか。なんということだ。笑いの形式のすべてが不充足の開示だというのか。不充足との出逢いのすべてが笑いによって表現されるというのか。そうとは私には信じにくい。必要とあれば個々のケースをいくらでも引用できるだろう……。だがここはこと細かに批判する場ではない、私はたんに説明するだけだ。バタイユ氏の感情がきわめてきびしいものであるのに対して、彼の《観念》がこれほど脆弱で形をなしていないのは残念なことだと言うだけにしよう。要するに笑いは成長する、笑いの対象ははじめは子供や愚者なのだが、笑いは彼らを周辺へと拒け、ついで身をひるがえして、父親のほうへ、首長のほうへ、つまり社会的結合の恒久性を保証し、自己（*ipse*）がそれたらんとのぞんでいる全体の充足状態（suffisance du tout）を象徴する役目をになわされたひとびとのほうへと向かってゆく。「いま、社会構成をピラミッドになぞらえてみると、それは頂点の支配のように見える。〔……〕頂点はたえず底辺を無意味さへと拒ける、そして、このように頂点から底辺へと向かって笑いの波は、より下部に置かれた存在たちのもつ充足への要求を、ピラミッドの石を一段また一段とたどって否認しながら、ピラミッドの全表面をくまなく洗ってゆく。だが頂点に発した笑いの潮の第一波が引いてゆくと、第二波はピラミッドを底辺から上部へと洗ってゆく。こんどは引潮がより高所に置かれた存在たちの充足状態をつぎつぎに否認してゆく……頂点はどうなるか……引潮はついに頂点に達しないではいられない。そしてもしそこに達したら？　それは暗黒の夜における神の死の苦悶だ」〔一〇七ページ〕。

力づよいイメージ、だが思考はたるんでいる。[7] 建物の高所へと向かって遡行し、[20] ついにはもはや暗黒のなかに石材を散乱させるばかりのこの潮、それはわれわれも知っている。だが、その潮を笑いと名づける根拠は、バタイユ氏の恣意的決定以外にはない。それはわれわれも知っている。それはまた、批判的精神、解剖、暗い反逆でもあるのだ。いや、頂点の不充足性をもっとも確信している革命家たちが、およそもっともくそまじめなひとびとであるということは、注目されるべきである。諷刺やパンフレットは上部からくる。その点では保守主義者のほうが勝っている。いやいや、見せかけの革命的ユーモアをつくりあげるためには何年にもわたる労苦が必要だった。しかもそれは滑稽なものの直接的直観というかたちをとらず、むしろ、くそまじめな考察の苦しげな翻訳というかたちをとってあらわれていた。

いずれにせよバタイユ氏の笑いは内的体験というようなものではない。それ自体としては、全体になることを求める自己（*ipse*）は《悲劇的な》ものだ。だが、バタイユ氏の言う笑いは、安心していられる快適な位置をわれわれがそのなかで占めていると信じていた建物の不充足状態を開示しながら、その絶頂においては、突然われわれを戦慄のなかへと投げ入れるものなのである。われわれと、われわれの不充足の夜とのあいだには、もはや薄いヴェール一枚もない。われわれは全体ではない、だれひとりとして全体ではない、存在はどこにもない。こうして、ちょうどプラトンが自分の弁証法の運動を愛の苦行で裏打ちしているのと同様に、バタイユ氏の場合には、いわば笑いによる苦行というものを語ることができよう。しかしここでは笑いはヘーゲル的な意味で否定的なものである。「まずはじめに私は笑った、長いキリスト教信仰から抜け出したとき、私の生は春のような自己欺瞞とともに笑いのなかに溶けてしまったのだ」〔八〇ページ〕。不敬と瀆神の全シュルレアリスム的形式のなかを彷徨するこの否定的溶解は、それが真に生きられたものであるという事実そのものによって、肯定的な対部を有しているはずである。こうして、純粋な溶解的〔破壊的〕笑いであったダダは、自己自身への反省によって、シュルレアリスムの濃密な独断論に変貌した。すべてが失われたかと見えるとき、すべてが救われているという予想外な転換は、二十五世紀にわたる哲学の歴史をとおして、われわれには親しい。ところがバタイユ氏は自分を救うことをのぞまない。これはほとんど趣味の問題だと言おう。彼は書いている、「人間を特徴づけるものは、……たんに充足への意志ばかりではなく、不充足の方向への、臆病で陰微な引力だ」〔一〇五ページ〕。人間一般についてはたぶんそう言えよう、バタイユ氏の場合は確実にそうだ。「宿命が私の生をそれへと結びつけている唯一の存在に対しては、私は不快な客体であるということ、こんにちでは私はそのことを楽しんでいる」と彼に書かせた卑賤への志向、生身の倨傲をいたるところから刺しつらぬく卑賤への志向、それは長期にわたったキリスト教的謙遜の残滓なのだろうか。いずれにせよこの傾向は正しい試煉をへて方法となっている。とすれば、われわれの著者が十年にわたるシュルレアリスムの妖術をへたのち、まったく率直に自分の救いを企てることができるなどと、どうして信じえよう。「救いとは、可能な一切の企ての頂点であり、企てに関する絶頂である。……極限において救いへの欲求は、一切の企てへの〔実存をあとへ延期することへの〕憎悪に転化する。そういう欲求が卑俗な動機をもっているように疑われて、救いそれ自体も憎悪してしまうのだ。……救いはエロティスムと猶予なしに実存することへの郷愁《ノスタルジー》とを解離させる唯一の手段だった」〔六五ページ〕。バタイユ氏とともに、われわれは黒魔術のただなかにとどまるわけだ。彼があの有名な箴言、「己《おの》が生命《いのち》を救はんと思ふ者は、これを失ひ、己が生命をうしなふ者は、之《これ》を得《う》べし」〔「マタイ伝」第十六章二十五節〕を重んじるのは、これを全力を挙げて拒けるためである。たしかに問題はおのれを失う〔破滅させる〕ことだ。だが、「おのれを失うとは、この場合、おのれを失い、しかもいかなる方法によってでもおのれを救わぬことだ」〔三五ページ〕。この自己否定への志向は明確な日付をもっている。一九二五年の青年たちの多くの例を想い起こしていただきたい、麻薬、エロティスム、企てへの憎悪ゆえに、投げた貨幣の出た面で決めていったあの生活態度の一切を。しかし、この暗い決意の上には、ニーチェ的陶酔がその刻印を明瞭に押している。無益でしかも苦悩にみちたこの自己犠牲（sacrifice de soi-même）に、バタイユ氏は寛大さの極限を見ている。それは〔神の恩寵（don gratuit）がそうであるように〕無償の贈与（don gratuit）なのである。そして、まさしくこの自己犠牲が無償のものであるからこそ、それは冷静なまま実現されることはできぬだろう。それはディオニューソス的陶酔の果てにあらわれるのだ。ここでふたたび社会学が比喩的解釈を提供することができる。この孤独な男の冷ややかな勧告の下にのぞけるもの、それはあの未開社会の祭りへの郷愁である、――一部族の全体が酔い、笑い、踊り、乱交するあの未開社会の祭り、成就（consommation）であり消尽（consomption）であるあの未開社会の祭り、あらゆるひとがアモク〔マレー人種に見られる精神異常で、ひとを傷つけたがる〕の狂熱にとらえられ、歓喜のうちに自分を紐でしばり、自分の手足を切断し、忍耐づよく蓄えられた一年間の富のすべてを喜々として破壊し、ついにはわれとわが身を滅ぼす、まるで布切れのようにわが身を引き裂く、救いの神もなく希望もないのに歌をうたいながらわれとわが身を殺す、酒と叫び声と発情ゆえに寛大さの極限へと至って、無のために〔なんの目的もなく〕自殺するあの未開社会の祭り、――それへの郷愁がのぞけるのだ。ここから〔目的意識をもった〕苦行＝禁欲（ascèse）の拒否が生まれる。なるほど禁欲主義ゆえに、手足を切断した人間が火刑の薪の山の上にのぼるのかもしれぬ。だが犠牲の儀式（sacrifice）が全的であるためには、その儀式は、全的な人間の――笑い、情熱をみなぎらせ、過剰な性欲にあふれた全的な人間の――完全な消尽を実現しなければならぬ。「禁欲が犠牲の儀式に通じるものだとしても、それはたんに自分の一部分を生贄にささげるにすぎぬ、のこる部分を救うために、一部分を失うのだ。しかし自分のすべてを失おうとのぞまねばならぬ、――それはディオニューソス祭りに似た動きからはじめて可能なことなのだ、冷やかな態度によってはありえない」〔三五ページ〕。

　したがってここでは、計算をせず、代償も救いも求めずに自分を失うようにと勧められているわけである。この勧誘は真率なものだろうか。われわれはすこしまえで転換について語った。バタイユ氏は自分の転換を隠していたように思える、かといって彼はそれを抹殺したわけではない。ほかでもない、結局この自己破壊はなによりもまず経験＝実験（*expérience*）だからである。それは「存在するという事実についてひとりの人間の知るところを、熱狂と苦悩のうちに、問題視する（試煉にかける）こと」〔一六ページ〕である。それゆえにそれは、われわれが空しく求めていた猶予なしに実存すること、それを実現する。おそらく自己（*ipse*）はそこで溺れるだろう。だが、もうひとりの《自己自身》（soi-même）がかわりに生起する。「自己自身とは、世界から孤立する主観性ではなく、交わりの連繫、主観性と客体の融合の連繫なのだ」〔二一ページ〕。そしてバタイユ氏はこうした転向が驚異をもたらすと、われわれに約束する。「さまざまな事物のすべてが流れてゆくという、この広大な流れのなかにあって、私もおまえも一個の停止点、つぎにくる噴出に好適な停止点にすぎぬ[21]。一刻の猶予もなくこの苦しい位置について的確な意識をもちたまえ。そうではなく、もしかりにおまえが、おまえ以外にはだれひとりとしてかかわりのない領域の境界内に閉じこめられた目的に固執するようなことになれば、おまえの生は多数者のそれとなり、《驚異的なもの》を失うだろう。ほんのわずかな一瞬の停止なのだ、そのとき、世界の複雑な、やさしい、激しい動きが、おまえの死を砕け散る泡に化してしまうだろう。おまえの生の栄光も驚異も、流れの再噴出にもとづくのだ、空の滝を切って落としたような騒音のさなかで、おまえの内部に準備されていったあの流れの再噴出に」〔一一二ページ〕。そしてそのとき、苦悩は狂乱となる、死の責苦をもたらすほどの歓喜となる。とすれば、これはあえて旅を試みるに値することではないか。その旅から帰還することができるだけに、ますますそうだ。なぜなら結局のところ、バタイユ氏は著述をしているのだから、国立図書館である地位を占めているのだから、本を読んでいるのだから、女を抱き、ものを食べているのだから。このことを語った彼の言葉があるが、その表現のおかしさに私が笑いだしても、彼としては私を非難するわけにいかぬだろう。「私は気が向くと自分を磔刑にする」という言葉だ。まあそれもよかろう。そして、われわれはこれまで、このちょっとした訓練でつねにみごとに自分自身を救い出してきたのだからこそ、バタイユ氏はこの訓練を「人間が自己自身を、自分の栄光を求めて辿ってきた道」〔九五ページ〕と名づけるのである。可能の極みに至ったことのないひとびとを、彼は従僕あるいは人間の敵と呼ぶ、けっして人間とは呼ばない〔五二ページ〕。ところでこの名前のつけようもないところにまで自分を追いつめていった姿勢が突然かたちを取る。われわれは取り返しようもなく自己を失っていると思っていた、ところが、その事実によって、われわれはまったく単純にわれわれの本質を実現していたのだ。われわれは、われわれがそうであるものになっていたのである。そして、著者の説明の終わりのところにくると、われわれは、取り返しようもなく自己を失うためのまったく別のやり方を垣間見る。みずから意志して企ての世界にとどまるというやり方だ。この企ての世界において、ひとは日々に自己を逃れ、自己を失ってゆく。彼はなにものものぞまず、またなにひとつとして彼にはあたえられぬだろう。だが、このようにしてバタイユ氏がわれわれに提案する火刑（auto-dafé）には、火刑に処せられたものを神の列に加えようとする儀式に見られるような性格が、すべて備わっているのである。

だが、この火刑をさらに仔細に検討してみよう。それは死の苦悶だと著者は言う。著者によれば、この死の苦悶には笑いを通して到達したのだが、他の方法によってもそれに至ることはできただろう。とくに、われわれの卑小さを身にしみて感じるように組織的に精神を集中することによって。存在《エートル》はどこにもない、われわれは全体ではなく、全体などはないのだという原理的真実を、われわれは出発点において経験しなければならぬ、これこそが本質的なことなのだ。とすれば、もはやわれわれは「自分が全体でありたいとのぞむ」〔一〇、一〇八ページなど〕ことはできぬ。だがまた、「いかなるものに頼ろうと人間は不充足から免れることも、野望を諦めることもできない。想像しうるいかなる和解もない、しかも人間は不可避的に全体であろうと意欲しなければならぬ……」〔一〇八ページ〕。ここには論理の矛盾はない、というかむしろ、この新たな矛盾は主体のなかにある。つまりわれわれは、もはや意欲するのを諦めてしまうことはできぬものを意欲して、死なんばかりなのだ。だがこの死の苦悶は、ひとつの情熱＝受難（passion）だ。〈自然〉をわれわれとともに死の苦悶の高みへと引き上げるために、われわれは死に瀕する義務があるのである。なぜなら、この世界が存在するのはわれわれによって、――まやかしにすぎぬわれわれ、その自己性が幻覚にすぎぬわれわれによって――なのだから。われわれが消滅すれば世界はふたたびその夜のなかに落ち込む。ところがわれわれはここにいる、たえずいまにも消えそうに明滅する焔さながらに、そして世界はわれわれとともに明滅する、われわれの光とともにゆらめく。われわれは両の手のなかに世界をつかみ、捧げ物として青空へ向かって高くさし上げる、青空に世界の刻印を捺すために。だが空はうつろだ。そのとき人間は自分の使命の意味を理解する。人間とはあらゆる事物から委託をうけて青空に向かって青空の拒否する答えを問いかける〈ひと〉[22]なのだ。「決裂から決裂へと進み、しだいにつのりゆく嘔気によって青空の空虚へとゆずり渡されたその直後に完成する《存在》《エートル》、それはもはや《存在》となっているのではない、すべては存在するものの傷口、いやその《死の苦悶》となっているのである」〔九五ページ〕。そして、青空のはかり知れぬ砂漠の下で大地に大きく口を開けたこの傷口、それは嘆願であり同時に挑戦なのだ。それは嘆願、言いかえれば、嘆願するような問いかけである、なぜならこの傷口はむなしく〈全体〉を求めているのだから、もし見つかればその傷口に意味をあたえてくれるであろう〈全体〉、だがたえず逃れ去る〈全体〉を。それは挑戦である、なぜならそれは、〈全体〉とはたえず逃れ去るものであること、この無力な世界に責任があるのはひとり自分だけであること、自分自身の意味をつくり出し、それと相対的に宇宙の意味をつくり出すことができるのはひとり自分だけであることを知っているのだから。バタイユ氏の思想のこうした面はきわめて深い意味でニーチェ的である。彼自身、自己の《体験》の性格をより正確に決定するために、ニーチェが一八八〇年に書いた《断章》を利用しているほどだ。つぎのような言葉である、「それにしても、人間のうちにあるすべて偉大なもの崇高なものの流れは、ついにはどこに注ぐのだろうか。この奔流にとってひとつの海原があるのではないか。――それならばみずからこの海原であれ、そのとき、ひとつの海原があるだろう」。そして、バタイユ氏はこうつづける、「この海原へと注ぎこむはずの自己を失い破滅してゆく人間と、《みずからこの海原であれ》という裸形の要求とが、彼の体験を、そしてそれが目ざした極限を指示している」〔四〇ページ〕。人間、創造に叛旗をひるがえす不条理な被造物、不条理性の殉教者でありながら、不条理を越えて自分に自分自身の意味をあたえることによって、みずから自己自身をふたたび創造してゆくもの、挑戦である人間（l'homme-défi）、笑う人間、ディオニューソス的人間、これこそニーチェとわれわれの著者とに共通するヒューマニズムの基盤にある考え方であるように思える。

しかし、よく反省してみると、自分がそれほど自己に確信を抱いているとは、もはや感じられぬものだ。バタイユ氏の思想は波のようにうねる。はたして彼は、この人間的な、あまりに人間的なヒロイズムに満足するだろうか。彼はこのディオニューソス的情熱をわれわれに提出するのだが、彼にはそれにしがみつく権利はないということに、まず注意しよう。これまで長々と述べてきた説明に従ってこられた読者はすでにお気づきになっただろうが、この〈情熱＝受難〉はまさしくひとつのごまかし、《全体》と同一化するためのいっそう狡猾なやり方なのだ。すでにまえに引用した条りだが、そのなかでバタイユ氏は「人間は（その探索の果てにおいて）すべて存在するものの死の苦悶である」と書いたではないか、しかも彼は、ニーチェに捧げた章のなかで、われわれを「すべてが生贄である犠牲の儀式」〔一七五ページ〕と規定しているではないか。こうしたことすべての底にわれわれは、ショーペンハウアーによって定式化され、ニーチェがふたたび取りあげたあの古い苦悩尊重《ドロリスム》の態度の第一公準を見出す。苦悩する人間は、全宇宙の苦悩と病いを取りあげ、自分の内部でそれを基礎づける――という公準だ。これはまさしくディオニューソス主義、すなわち苦悩の形而上学的価値の無償の肯定である。こういう肯定にはそれなりにいろいろと口実がある。たとえば、苦悩するときはいくらか気を紛らすことが許されるし、宇宙の苦悩を引き受けるという理念は、ちょうどよくそれにつらぬかれるならば、薬として役立ちうるという口実だ。だがバタイユ氏は確信を抱くことをのぞむ。したがって彼は自分の自己欺瞞を承認しなければならぬ。もし私が全体のために苦悩するならば、私はすくなくとも苦悩として全体である。もし私の死の苦悶が世界の死の苦悶ならば、私は瀕死の世界である。こうして私は私を失うことによって、全体を獲得しているであろう。

実際バタイユ氏はこの港内にゆっくりと停泊してはいない。しかし、彼がこの港をはなれるのは、いま述べたような理由ゆえではない。彼がさらにそのさきをのぞんでいるからだ。ニーチェの思想の味わいは、それが深部においてしかもひたすらに、地上的なものであるという事実に由来する。ニーチェは、あらゆる帰結を、自分の無神論から、苦しみ耐えながら論理的に引き出す無神論者である。だがバタイユ氏はと言えば、彼は汚辱にまみれたキリスト教徒なのだ。彼みずから袋小路と名づけたもののなかに、われとわが身を投げ入れた。彼は絶体絶命の地点に追いつめられている。彼自身、こう決算を行なっている。「空はうつろだ。〔……〕大地は私の足の下で消えてなくなるだろう。私は見苦しい状態で死んでゆくだろう。〔……〕笑う人間が受け取りうるかぎりの悪いものすべてを、私は懇願する」〔九四ページ〕。しかしながら、追いつめられ窮地に陥ったこの男も、期待どおりの告白はしないだろう。超越などというものはないと認めることを、彼はのぞまぬだろう。《ない》という言葉と《超越》という言葉を用いて洒落を言うほうを好むだろう。われわれは彼を捉える、だが彼は逃げ去ることしか想わない。結局彼は、ニーチェが「世界の背後という妄想に憑かれたひと」と名づけたものにとどまる。[23] そのことによって、彼がわれわれに差し出す著作は本当の意味を取るにいたる。ニーチェ的ヒューマニズムは一段階にすぎなかったのだ。真の逆転はもうすこしさきにある。人間をその悲惨のさなかにおいて見出すことが問題だと、われわれは思っていた。だがそうではないのだ、見出されるべきものは神、まさに神なのである。これに気がついたとき、これまで指摘してきた詭弁のすべてが、新しい光で照らしだされる。それらはなんらかの不注意から、あるいは性急な判断から由来していたものではなかった。それらには果たすべき役割があったのだ。すなわち、それらは、新しい種類の神秘主義が可能だと、バタイユ氏に納得させるべきものであった。それらは、手を取って神秘経験へとわれわれをつれてゆくはずのものだったのだ。いまやわれわれは、この神秘経験を考察することにしよう。

三

神秘主義とは脱‐自（ek-stase）である、すなわち自己からはなれてなにものかへ向かうこと（arrachement à soi vers……）であり、そしてまた超越者を直観的に享受することである。あらゆる超越の不在を断言したばかりの思想家が、その思索の歩みそのもののなかで、またそれによって、いかにして神秘経験を実現することができるか。これがわれわれの著者に課せられている疑問だ。彼がそれにどう答えてゆくか、それを見ることにしよう。

ヤスパースが彼に進むべき道を示していた。バタイユ氏は『哲学』全三巻を読んだことがあるか。読んではいないという断言を私はひとから聞いている。だがおそらく彼は、ヴァールがその書物について『キルケゴール研究』のなかに書いた解説は知っていただろう。思考と語彙の類似は驚くほどだ。ヤスパースにとっては、バタイユ氏にとってと同様に、本質的なのは、あらゆる人間の計画的企ての絶対的で取り返しのつかぬ挫折であり、それが実存を《思考する理解不能性》（inintelligibilité pensante）として開示する。ここから出発して、ひとは「思考の停止する飛躍を行なわ」ねばならぬ。それは「非‐知の選択」[24]であり、知はそのなかに身を投げ入れ、消え失せてゆく。ヤスパースにとってもまた、非‐知への没入は、夜の世界への情熱的な犠牲の儀式である。《非‐知》、《裂け目》、《夜の世界》、《可能性の極限》、これらの表現はヤスパースを翻訳するヴァールとバタイユ氏とに共通のものだ。

しかしながら、われわれの著者は本質的な一点でヤスパースと袂をわかつ。私はさきほど、彼は神を求めていると言った。だが彼はそれを承認しないだろう。「馬鹿を言うんじゃない！　私に、汎神論者だ、無神論者だ、有神論者だと勝手に言いたまえ！　……しかし私は天空に向かって叫ぶ、《私はなにも知らぬ》と」〔四九ページ〕。神とは、それもまた、知からの脱出を助ける、だがいぜんとして知であるひとつの単語、ひとつの観念だというのである。「神、――もうすこしさきに進めば、あらゆる語が欠けてしまうだろうということを意味する、ぎりぎり最後の語」〔四九ページ〕。ヤスパースと同様に、彼は挫折についての瞑想から出発する。「自己を失い〔破滅し〕、嘆願し、盲目で、なかば死んでいる。ヨブのように灰のなかに坐り、[25]しかし、ヨブとは異なり、なにものも想わず、夜の闇が落ちれば、身を守るなにものもなく、いっさいが破滅したと知りつつ」〔四七ページ〕。ヤスパースと同様に、彼は思考する理解不能性としての自己に辿りつく。だが彼は非‐知のなかに身を埋めるやいなや、そのとき彼が辿りついているものを指示し分類することを許すいかなる概念も拒む。「もしかりに私が《神を見た》と断乎として語るならば、私の見るものは変化してしまうだろう。懐抱しえぬ未知のもの――私のまえに、荒々しく自由な姿であるもの、私を荒々しく、自由なまま、みずからのまえに放置しておくもの――のかわりに、死んだある対象が、神学者の持物があるということになるだろう」〔一六ページ〕。

　といっても、すべてはそれほど明晰ではない。いまや、彼はこう書く、「私は神的なものを体験したが、その体験はもし私がそれについて語ればひとから嘲笑されるほど狂おしい体験だ」。そしてもっとさきでは「痴呆の私に、[8]神は唇に唇を押しあてて話しかける」〔四八ページ〕。ところがみごとな神学体系と言えるものを含む奇妙な章のはじめのほうで、彼はふたたびわれわれに、神と名づけることへの彼の拒否を説明するのだが、説明の仕方はまえとはかなりちがう、「人間から、神について語る一切の可能性を結局のところ奪っているもの、それは人間の思考においては、人間が疲労し、眠りと平和とに飢えているかぎり、神が必然的に人間に適合するものとなるということだ」〔一二〇―一ページ〕。これはもはや、無神論と信仰のあいだで未決定のままにとどまろうと欲する不可知論者のためらいではない。ここで語っているのはまさしくひとりの神秘家だ、神を見て、神を見たことのないひとびとのあまりに人間的な言語を投げ棄てる神秘家なのだ。このふたつの条りをへだてる距離のなかに、バタイユ氏の自己欺瞞のすべてがある。いったいなにが起こったのか。

われわれの著者が袋小路で窮地に陥ったところで、われわれは眼を転じてしまった。そのとき、彼の感じていたもの、――どうにも避けようもない堪えがたい嫌悪。しかし、「人間の可能事は、こうした自己自身へのたえざる嫌悪、瀕死の状態のなかから繰り返されるあの神の否認にのみ甘んじることはできぬ(26)」〔四六ページ〕。それは彼にはでき̇ない̇ことなのだ、が、それ以外にはなにもない。空はうつろであり、人間はなにも知らぬ。バタイユ氏が《刑苦》とまさに適切に名づけた状況、人間一般の刑苦ではないとしても、すくなくとも彼個人の刑苦であるもの、つまり彼の出発点となった状況は、こうしたものなのである。したがってはるか遠くに探究の歩みを進める必要はまったくない。これが根本的事実なのである、すなわち、バタイユ氏が自己自身を嫌悪しているということが。まさに単純きわまる事実であり、それゆえに、人間の悲惨についていいかげんに組み立てた二百ページにわたる考察とはちがうありかたで怖ろしい事実だ。この事実をとおして、私は彼という人間の裸形の姿とその孤独とを垣間見る。いま私にはわかる、彼のために私にはなにひとつすることができないし、彼も私のためになにひとつすることができぬだろうということが。私の眼には彼はまるで狂人のように映るし、また彼が私を狂人と見なしていることも、私は知っている。彼がそうであるところのもの、それが、戦慄的な恐怖への道を進むように私を誘うのだ、彼の語る言葉が誘うのではない。

だが、彼は自己を防衛しなければならぬ。自分自身の意に反して。彼は言わなかっただろうか、——たくみに回避することなど彼にはとてもできぬ刑苦、それはまた彼には耐えしのぶことのできるものでもないということを。とすれば、この刑苦そのものをごまかさねばなるまい。著者自身このことを告白している。「私は苦悩を歓喜に転化するすべを教える」〔四七ページ〕。そして、見たまえ、つるりと滑ってしまう。私はなにひとつ知らぬ、だと。よかろう。それは、私の認識は停止し、もはやそれ以上さきへは進まぬという意味だ。私の認識するもの以外には私にとってなにものもない以上は、その向こうにはなにひとつ存在しない。だが、もし私が私の無知を実体化するとすればどうなるか。それを《非-知の夜》へと変形するとすればどうなるか。私の無知はたちまち積極的なものとなる、それに触れることができる、そのなかに私は溶けこむことができる。「非-知に到達するとき、絶対的な知とはもはやひとしなみの認識にすぎぬ」〔六九ページ〕。いやそれ以上だ、そこに身を落ち着けることができるのだから。かつては淡く夜を照らす光があった。いまや私は夜のなかに引き籠っていて、夜の視点から私は光を眺めているのである。

「非-知はものごとを裸形にする。この命題は〔他の言葉の介入を許さぬ〕絶頂だが、つぎのように理解されるべきである。——ものごとを裸形にする、したがって知がそれまで隠していたものを私は見る、だがもし私が見るならば、私は知っていることとなる。たしかに私は知っている、だが私の知ったもの、それを非-知はさらに裸形にする。もし非-意味（non-sens）が意味（sens）であるならば、非-意味がそれであるところの意味は失われ、ふたたび非-意味となる（こうして、とどまるところを知らぬ）」〔六六ページ〕。われわれの著者の虚をつくことはできぬ。彼は非-知を実体化するが、その手付は慎重だ。物体を扱うやり方ではなく、運動を扱うやり方でやっている。とはいえ、やはり離れ業が演じられている。

前提としては無であった〔なにものでもなかった〕非‐知が、たえず、知の彼岸にあるもの（l'au-delà du savoir）となっているのである。バタイユ氏は非‐知に身を投げかける、と、そのとき、突然彼は超越者の側に行ってしまっているのだ。彼ご当人はするりと逃げだしていて、嫌悪、恥辱、嘔気は知の側に残ったままである。そのあとで(27)彼は余裕たっぷりにわれわれに「転落の途中にあっても深淵の底においてもなにひとつ啓示されはしない(28)」〔六六ページ〕と語る。ほかでもない、本質的なことが開示されているからである、私の卑小さとは、ひとつの非‐意味であり、この非‐意味のもつひとつの非‐意味がある（それはけっしてもとの意味への帰還ではない）ということが。バタイユ氏の引用するブランショ氏の文章[9]〔『謎のひとトマ』より〕が、この詐術を、われわれにあらわに示してくれるだろう。「やがて彼には、その夜は、他のいかなる夜よりもさらに暗く、さらに恐ろしいものに見えた、まるでその夜が、もはやおのれを思考することのない思考の、――思考とはちがうものによって、反語的にも対象として把握された思考の――傷口から、現実のものとして出てきたかのように」〔『内的体験』、一一九ページに引用。傍点はサルトル〕。

だがまさに、バタイユ氏は非‐知が思考に内在するということを見ようとしない。みずから知らないと思考する思考、それはなおひとつの思考である。それは自分の限界を内側からあらわにするが、といって自分を乗り越えて飛翔することはない。〔バタイユ氏の考え方は〕なにひとつないという状態に無《リヤン》という名称があたえられているということを口実に、無《リヤン》をなにかあるものと考えるようなものだ。

もとよりわれわれの著者はそこまでは進む。それは大した骨折りを必要としない。あなた方にせよ私にせよ、われわれはべつに気取らずに「私はなにひとつ知らぬ」（Je ne sais rien）と書いている。だが私がこのなにひとつ《リヤン》＝無という語を強調の括弧でくくると想定しよう。私がバタイユ氏のように、「そしてとくに《なにひとつ》だ、私は《なにひとつ》知らない」（Et surtout《rien》, je ne sais《rien》）〔六二ページ」と書くと想定しよう。このとき、異様な外観を帯びた《なにひとつ》＝《無》があらわれる。それが文脈からはなれ、孤立する、それはそれ自体として存在するものから遠くない。とすればいまや、それを未知のもの（l'inconnu）と名づけるだけで、この強調した書き方のもたらす結果がはっきりと把握できる。なにひとつ＝無とは、まったく存在しないものであり、未知のものとは私にとってはまったく存在しないものである。なにひとつ＝無を未知のものと名づけることによって、私はそれを、私の認識から逃れることを本質とする存在《エートル》たらしめている。そして私はなにひとつ知らぬと言いそえるとき、その言葉は、私が知以外のなんらかの手段によってその存在と交わりをもっているということを意味するのだ。ここでまた、われわれの著者が参照するブランショ氏の文章が、われわれに照明をあたえてくれるだろう。「したがって、この空虚によって、まなざしとまなざしの対象とが混じりあっていたのだった。なにひとつ見ないこの眼がなにごとかを了解していたというばかりではなく、その眼は自己の視力の原因も了解していたのである。眼がものを見ていないというありようをもたらすもの、それを、この眼はひとつの対象として見ているのだった」〔一一九―一二〇ページ〕。したがって、あの荒々しく自由な未知のもの、バタイユ氏はそれに、ときには神という名をあたえ、ときにはその名を拒んでいるわけである。それは虚妄の実体性をあたえられた純粋な無だ（le pur néant hypostasié）。さいごにもうひとつ努力を重ねれば、それまではまだわれわれを保護することしかしてくれなかったあの夜のなかへと、われわれは自己を溶解させることになろう。主体の真向かいに客体をつくりあげるのは知である。非-知とは「客体と主体との抹殺、主体による客体の所有に至らぬための唯一の手段」〔六七ページ〕である。のこるのは《交わり》だ、つまり夜がすべてを吸収しつくしている。これは、バタイユ氏が自分の手で普遍的な客体、つまり大文字で書かれるべき〈夜〉をつくりあげたということを忘れているということだ。とすればいまや、ヘーゲルがシェリングにおける絶対者について語った「夜になればすべての牛が黒い」という言葉〔ヘーゲル『精神現象学』〕を、われわれの著者にあてはめることができよう。夜へのこうした没入はすばらしいものであるように見える。だが私はそれにはまったく驚かぬだろう。たしかにそれは無のなかへと自己を溶解させるあのひとつの方法だ。しかし、この無は全体であるようにたくみに処理されているのである。バタイユ氏は——ここでもまた、さきほどと同様にニーチェ的ヒューマニズムの階層にあり——《全体であろう》とする欲望を、遠まわしに満足させている。《無》、《夜》、《ものごとを裸形にする非‐知》などの言葉を用いて、彼はまったく単純に、ちょっとした汎神論的陶酔をわれわれのために調製してくれただけなのである。リーマン幾何学についてポワンカレの語った言葉が想起される。——リーマン平面の定義にユークリッド球面の定義を置きかえてみたまえ、あなたはユークリッド幾何学を見出すだろう。同様に、バタイユ氏の絶対的無に実体の絶対的存在を置きかえてみたまえ、あなたはスピノザの汎神論を見出すだろう。しかしリーマンの幾何学はユークリッドの幾何学ではないことを認める必要があると、ひとは言うだろう。それは同意見だ。同様に、スピノザの体系は白い汎神論であり、一方バタイユ氏の体系は黒い汎神論なのである。

われわれの著者の思想における科学主義の役割が、ここでただちに理解されよう。じつは真の内的体験とは汎神論と真向から対立するものなのである。ひとがひとたびコギトによって自己を見出したときは、もはや自己を失うことは問題とはならぬ。もはや深淵もない、夜もない、人間はどこへ運ばれようと、いたるところで自己とともにある。どこにいようと彼は照らし出す、彼は自分の照らし出すものしか見ない、事物の意味を決定するのは彼なのである。人間は人間的なものに内在する。人間の宇宙は有限だが限界線をもたぬ。もし神が語るならば、神は人間に似せてつくられたものなのであり、もし神が沈黙するならば、神はやはり人間的だ。そして、もし人間の《刑苦》というものがあるならば、それは、人間的なものから外に出て自分を裁くことはできぬということ、トランプの裏側を眺めることはできぬということなのである。トランプの裏側が隠されているからではない、たとえ見えたとしても、人間は自分だけの光の当て方でそれを見るであろうからだ。この観点からすれば、神秘経験は、ひとしなみの人間的な経験のひとつとして見なされねばならぬ、それは特権的なものではない。内在性というこの刑苦が我慢のならぬひとびとは、いろいろと詐術を編みだして、非人間的な眼で自分を眺める境地に至ろうとする。筆者はまえに、ブランショ氏が幻想的なものの援けを求めて人間性の非人間的な像をわれわれに提出しようと試みているのを論じたことがある[29]。バタイユ氏はそれと類似の動機にしたがって、ちょうどピエール・ロチが『イギリス人のいないインド』を描いたように、人間たちのいない人間的なものをたくみに捕捉しようとのぞんでいる。彼がそれに成功すれば、彼の行なっている勝負はすでになかば以上勝ちだ。すでに彼は自己の外に出てしまった、すでに彼は超越者の側に組してしまった。だが、これが『アミナダブ』の著者とちがうところなのだが、彼が援けを求めるのは文学上の技法にではなく、科学主義の視線にである。

デュルケムの有名な掟、「社会事象をものとして扱うこと」が、まさしくここで想い起こされる。これこそがバタイユ氏を〈社会学〉に誘うものなのだ。ああ！　もしかりに彼が社会事象を、人間を、彼自身を、ものとして扱うことができるならば、もしかりに、彼の贖われることのない個人性が、あるひとつの所与の性質として彼のまえに現われることが可能であるならば、そのとき彼は彼自身から免れていたことだろうに。だが不幸なことにわれわれの著者にとってデュルケムの〈社会学〉は死んでしまっていた。社会事象はものではない、それはさまざまな意味作用をもっているし、そしてそういうものとして、それは、それらの意味作用が世界に至るときの媒介となる存在《エートル》に、また、科学者であると同時に科学の対象であることはできぬ人間にと、ひとを送り返すのである。〔バタイユ氏の願いは〕自分の坐っている椅子を、脚の桟のところをつかんでもち上げようと試みるのと同じようなことだろう。ところがこのむなしい努力にバタイユ氏は満足を見出しているのだ。不可能性という語が彼のペンのさきに何度も繰り返し現われるのも偶然ではない。疑いもなく彼は、不可能な試みのもつ酸性の、精も根もつきはてるような魅力をなによりもつよく感じとる精神種族に属している。カミュ氏のヒューマニズム以上にバタイユ氏の神秘主義こそ、シーシュポス神話によって象徴されるにふさわしいだろう。

このような計画的企てからなにが残っているのだろうか。第一に、否定しえぬ経験である。われわれの著者が苦悶と刑苦を味わうに似た歓喜とからなる筆舌につくしがたい心的状態のいくつかを経験しているということを、私は疑わない。私はただつぎのことに注目するだけだ、——彼につづいてこんどはわれわれのほうにそうした心的状態を獲得させてくれる方法を、彼がわれわれにあたえようとのぞむとき、彼は挫折すると。もっとも、彼の表面上の野心は神秘主義の『方法序説』を書くことであったとはいえ、彼は、そうした心的状態は〔自分の意志によってではなく〕それらの心的状態のほうののぞむときに到来し、同様な仕方で消滅すると、いくたびも繰り返して告白している。私としてはむしろ、バタイユ氏に固有の、そして彼のケースにしか適合しない自己防御のための反作用を、この告白に眺めたい。窮地に陥った動物がときにいわゆる《反射的仮死状態》という至高の脱走方法によって危険を回避するのと同様に、みずからの袋小路のどんづまりにまで追いつめられたわれわれの著者は、いわば陶酔のあまりの失神状態によって、自己嫌悪から脱走するのだ。しかし、たとえ彼が、ひとつの厳密な方法をわれわれが自由に用いられるようにしてくれて、おかげでわれわれがあの法悦状態をのぞむときに獲得できるようになったとしても、わわれわれは充分な根拠をもって彼に、で、そのつぎには？　とたずねることだろう。内的体験は企ての反対物だと、われわれは聞かされている。だが著者のこうした考えにもかかわらず、われわれは企てである「企てを存在する」。怯懦ゆえでもなく、苦悶から逃れるためでもない。本性として企てであるのだ。したがって、バタイユ氏の語るような心的状態が求められるべきものであるにしても、それは新たな企ての基盤として役に立つからである。キリスト教的神秘主義は企てである。永遠の生が問題とされているからだ。だがバタイユ氏がわれわれに勧める歓喜は、——もしそれがひとをただそれ自体にのみ送り返すべきものであるならば、もしそれが新たな計画的企ての織目のなかに加えられて、これまでになかった人間性を形成するのに貢献し、その人間性がまた新たな目的へと向かっておのれを乗り越えてゆく、というようなものであってはならないのならば——一杯の酒を飲む快楽や、砂浜に寝て日光浴をする快楽と同様にたいした価値のないものである。

それゆえに、このなんの役にも立たぬ経験より以上に、ひとびとはこれらのページのなかに身を委ねている彼という人間に関心をよせるだろう、彼の《豪奢で悲痛な》魂に、彼の病的な倨傲に、彼の自己嫌悪に、彼のエロティスムに、しばしば壮麗な彼の雄弁に、思考の支離滅裂さを覆い隠している彼の厳密な論理に、彼の情念的な自己欺瞞に、不可能な脱走を求める彼のむなしい探索に、関心をよせるだろう。だがここまでくれば、普通の文芸批評の方法はおのれの限界に気がつく。その余は精神分析のなすべき仕事である。しかし読者よ、抗議の言葉を叫ばないでいただきたい。精神分析とは言ったものの、私の念頭にあるのは、フロイトやアードラーやユングの粗雑でいかがわしい方法ではないのだから。他にもいろいろな精神分析がある。

一九四三年十二月。

〔訳者付記〕

この評論は一九四三年初版刊行のジョルジュ・バタイユ著『内的体験』を論じたものだが、初訳のときと同様に『内的体験』初版の入手が不可能だったので、改訳にあたって引用箇所については一九五四年刊行の『内的体験』改訂増補版およびそれにもとづく『ジョルジュ・バタイユ全集』第五巻（一九七三年刊）収録のテクストと可能なかぎり照合して訳し（総じてこの時期のサルトルの論文では引用の仕方はときにかなり恣意的であり、原文を改変することすらあり、また原文ページ数注記はあったりなかったりする）、大きな異同のある場合はそれを注記した。引用ページ付は読者の便を考えて現在の定本である全集版によったが、テクストとしてはより以前の改訂増補版のほうが誤植がすくないように思えた。また引用訳文の見直しにおいて出口裕弘訳『内的体験』（現代思潮社、一九七〇年刊）から多くを受けた。

訳者がこれを人文書院版《サルトル全集》の『シチュアシオンⅠ』のために翻訳したのは三十数年前のことである。今回、同社から刊行される『哲学・言語論集』に収録したいとの申し出をうけ訳文の見直しを行ったが、なにぶんにも三十数年前のもの、翻訳の方式や訳文の調子がいまとはまるでちがう。ときにずいぶん大胆にくだいて訳したり、論旨の勢いに応じて文章の切り方を変えたりしている拙訳の、かなり気負った調子は、この評論執筆当時三十代後半だったサルトルの若々しく雄弁な文体とかならずしも合わないわけでもないと考え、訳文の調子はそのままにして、脱落、不適切訳の類を正すのみにとどめた。読者のお許しを乞う。初訳は Jean-Paul Sartre : *Situations I*, Gallimard, 1947. 所載のテクストに拠ったが、今回見直すにあたって『カイエ・ド・シュッド』誌における初出も照合し、大きな異同のある場合はそれを注記した。

デカルトの自由

一

自由はひとつであるが、事情に応じてさまざまのあらわれ方をする。自由というものがあると主張するすべての哲学者に対して、あらかじめひとつの質問を発することがゆるされるであろう。すなわち、いかなる特殊の状況において、あなたはご自分の自由の経験をなされたか、と。実際、行動の地平において、すなわち、社会的ないしは政治的企画とか芸術における創造とかいう地平において、自由を経験することと、理解し発見する働きにおいて自由を経験することとは、別のことである。リシュリュー、ヴァンサン・ド・ポール、コルネーユ(1)のような人は、もし彼らが形而上学者であったならば、自由について、いっかどの意見をわれわれに語り得たであろう。というのは、彼らは、絶対的な出来事において、すなわち、詩であれ制度であれ何か新たなものが、それを招きも拒みもしない世界の中に出現することにおいて、自由というものが自らをあらわしたそのときに、それをそのひとつの端によって確かにとらえたのだからである。ところが、さしあたりは形而上学者であるデカルトは、問題を他の端によってとらえる。彼の最初の経験は、《無からの》創造的自由の経験ではなく、何よりもまず、すでに存在するもろもろの本質の間の知的な関係を自己自身の力によって発見するところの自律的思惟の経験である。それゆえ、三世紀このかたデカルト風の自由によって生きているわれわれフランス人は《自由意志》という言葉によって、暗黙のうちに創造的行為による生産よりもむしろ独立的思惟の行使を理解する。そして結局、われわれフランスの哲学者たちは、例えばアランのように、自由を、判断する働きと同一視するにいたっているのである。すなわち、理解するということに夢中になるときには、われわれの発見する真理はわれわれ自身の責任において見出されたものだと感ずる喜びが、いつもあらわれるのである。どんな立派な先生がついていても、生徒には、まったくひとりで数学の問題にたち向かわねばならぬ瞬間が必ずやって来る。その際、生徒がいろいろの関係を自分で把握しようと決心するのでないならば、また、問題となっている図形に格子のようにうまくあてはまり、その図形の基本的な構造をあばき出すところの、さまざまな推測や図式を、自分自身でつくりだすのでないならば、要するに、生徒自らがその図形に決定的な照明を与えうるのでないならば、言葉はいつまでも死んだ記号にとどまり、すべては暗記されるにすぎない。それゆえ、自ら省みるとき、私は、理解作用とはある教授法の機械的結果ではなく、その源はただ、私の注意力、私の努力、放心と速断とに対する私の拒否、結局、あらゆる外的作用者を完全に排除した上での私の精神全体、にある、ということを知ることができる。そしてこれがまさしくデカルトの最初の直観なのである。思惟の最小の歩みのうちにも思惟の全体が、すなわち、完全な絶対的な独立において自己の作用の一々のうちに自らをこめるところの自律的思惟が、こめられている、ということをデカルトは誰よりもよく理解したのである。

しかしながら、すでに述べた通り、自律性のこの経験は生産性の経験と一致するものではない。なぜなら、思惟というものは、理解しうべき何かあるもの、すなわち、本質間の客観的関係・構造・連関、つまり、さまざまの関係の予定された秩序というもの、を必要とするからである。従って、理解作用が自由である反面に、それのたどるべき道の方は、この上なく厳格に定められている。「それぞれのものについてそれぞれひとつの真理しかないゆえ、それを発見するひとは誰でも、それについて知りうる限りのことをすべて知ることになる。例えば、算術を教えられた子供は、算術の規則に従って加算を行なったなら、自分の演算した総和に関して、人間精神が見出しうるであろう一切のことを、自分は見出したと確信しうるのである。なぜならば、結局、真の秩序に従うことを教え、探求しているもののあらゆる事情を正確に枚挙することを教える方法は、算術の諸規則に確実性を与えるものをすべて含んでいるからである」[1]。

すべては固定されている。発見すべき対象もその方法も。算術の規則に従って加算を行なうことにおいて自らの自由を行使する子供は、新たな真理によって宇宙を富ませるのではない。彼は、多くの他のひとびとが彼より前にすでに行ない、彼とてもそれらのひとよりも遠くまで導くことは決してできないであろう操作を、ふたたび繰り返すにすぎないのである。それゆえ、数学者の態度というものは誰の眼にも明らかな逆説にほかならない。彼の精神は次のようなひとに似ている。すなわち、ごく狭い細道にはいりこんで、そこでは足どりの一歩一歩が、さらには身体の姿勢そのものが、地面の性質と歩行の必要とによって厳密に条件づけられているであろうのに、しかも自分はこれらの動作のすべてを自由にやりとげているのだという不動の確信に満ちているであろうようなひとに似ているのである。一言でいえば、われわれが数学的理解から出発するとき、われわれにいかにしてもろもろの本質の固定性と必然性とを判断の自由と融和させるのであろうか。デカルトの時代には、すべてのすぐれた精神によって数学的真理の秩序は神の意志の業と認められるだけそれだけいよいよ問題は困難である。かくて、スピノザのようなひとならば、この秩序は避けようとても避けられないという理由で、むしろ人間の主観性をこの秩序に犠牲として捧げる方を好むであろう。彼は、真理は不完全なこの人間の個性すなわち彼のいわゆる有限様態をつらぬいて、自分自身の力で自己を展開し維持する、ということを示すであろう。実際、本質の秩序に対しては、主観性というものは、ただ単に真理に同意するという自由にすぎないか（この意味においては、あるモラリストたちにとって、ひとはただ自らの義務を行なうという権利以外には何の権利も持たないことになるのであるが）、あるいはまた、ただ混乱したひとつの思想、すなわち、それを発展させ解明してゆけば次第に主観的性格が消えてゆくであろうような断片的な真理、にすぎないか、である。第二の場合にあっては、人間は消えうせて、思想と真理との間にはもはやなんの相違も残らない。真理はもろもろの思想の体系の全体にほかならない。そしてその際、たとえ人間の地位を救おうとのぞんでも、人間はなんらの観念もうみ出すことができずただそれを観想しうるにとどまるのであるから、人間にはただ、否定するという単純な能力を用意してやれるばかりである。すなわち、真理でないすべてのものに「否」と言う単純な能力である。それゆえ、われわれはデカルトにおいてその統一的な学説の外観の下に、彼が、自由によって、自己のものである理解し判断する能力を考えているか、あるいは彼が、自由によって、単に観念の厳密な体系に対して人間の自律性を救おうと望んでいるか、に応じて、自由についてのかなり異なった二つの説を見出すのである。

デカルトのいうような自由の自然な反応は、真理に対して人間の責任を肯定することである。真理が存在するためには私がそれを肯定せねばならぬのであるから、真理とは人間的な事象である。私が判断――それは私の意志の同意であり私の存在の自由な関与であるが――を下すまえに、ただ真でも偽でもない中性の浮動する諸観念が存在するにすぎない。かくて、人間こそは真理を世界に出現させる存在者である。人間のつとめは存在するものの自然的秩序を真理の秩序たらしめるために、全体的に自らを賭けることである。人間は世界を思惟し、自らの思惟を意欲し、存在の秩序を観念の体系へ変形させるべき義務をもつ。このことによって、デカルトの『省察録』が書かれて以来、人間は、のちにハイデッガーのいう《存在的＝存在論的》存在者としてあらわれているのである。かくしてデカルトはわれわれに、なによりもまず、ひとつの全き知的責任を付与するわけである。彼は本質の連鎖を前にして自己の思惟の自由を各瞬間に感ずる。彼はまた自らの孤独をも感じている。ハイデッガーはいった、誰も私の代わりに死ぬことはできぬ、とも。しかし彼より前にデカルトはいっている、誰も私の代わりに理解することはできぬ、と。結局、人間は然りあるいは否をいわねばならず、全宇宙に代わってひとりで真理を決定せねばならぬのである。ところで、この同意は形而上学的な絶対的な行為である。関与は相対的なものではない。問題になっているのは、のちにやりなおしのきくような近似的決定ではない。そうではなくて、カントにおける道徳的人間が目的の王国の立法者として振舞うのと同様に、デカルトは学者として世界の法則を決定するのである。なぜならこの《然り》――それは真理の王国がいたるためにはどうせ言表せざるをえないものであるが――は、一挙に全体としてあらわれる無限な能力の関与を要求するのである。《幾分か》然り、あるいは《幾分か》否、と言うことはできぬ。そして人間の《然り》は神の《然り》と異なるものではない。「私のうちにおいて、それよりもいっそう広く大きなものの観念を他に何も考えることのできないほど大きなものとして経験するものは、ただ意志があるばかりである。従って、私が神の映像と似姿とを担っていることを私に認識させるものは、もっぱらこの意志なのである。というのは、たとえこの意志は神にあっては私におけるよりも、あるいは認識と能力――意志に結合されていてこれをいっそう堅固にいっそう有効にするところの認識と能力――に関して、あるいはそれの対象に関して、比較にならぬほど大きくはあっても、しかし私の思うに、もし私が意志を形相的に、すなわち全くそれ自身において、みるならば、神の意志は人間の意志よりも大きいというわけではないのである」[2]。

この全き自由は、まさしくそれが程度の差を容れぬものであるがゆえに、すべての人間に平等に所有されていることは明白である。あるいはむしろ——というのは自由は他のさまざまの性質にならぶひとつの性質というものではないから——、すべての人間が自由そのものであることは明白である。そして、良識は世の中でもっとも公平に分配されたものである、というあの有名な主張こそは、単に各人がその精神において同一の種子、同一の生得観念、を所有するということを意味するのみならず、「それは、よく判断し真を偽から区別する能力はすべての人間にあって等しいということを示している」のである。

自由はすべての人においてひとしく無限なのであるから、あるひとりの人間が他のひとびとよりもより多く人間である、ということはありえない。この意味で、デカルトほど、科学の精神とデモクラシーの精神との間のつながりを、うまく教えたものは誰もない。なぜなら、普通選挙というものは、否とい然りというこの人皆に具わった能力によらなければ基礎づけられえないであろうから。なるほど、われわれはひとびとの間に多くの相違を認めうる。あるひとはより生き生きとした記憶をもつであろうし、他のひとはより広い想像力をもつであろう。後者は理解するのにひとよりも敏捷であろうし、前者はひとよりも広い真理の領域をいだくであろう。しかしこれらの性質は人間の概念を構成するものではない。それらは身体的な偶有性と認められるべきものである。そして、われわれを人間という被造物として特徴づけるものは、ただわれわれにおけるこれらのたまものの自由な使用だけである。理解というものは、どういう仕方でわれわれにいたろうとも、われわれすべてにおいて、全体としてあるかあるいは全くないか、であるよりほかはないのだから、われわれが理解した速度に遅速がある、ということは全く問題ではない。アルキビアデスと奴隷とは、同じ真理を理解するときには、彼らがそれを理解するという点において完全に同等である。同様にして、ある人間の置かれる状況も、彼の能力も、彼の自由というものを増大することも制限することもできないであろう。ここでデカルトは、すでにストア派の哲学者たちがなしたことではあるが、自由と能力との間の大事な区別をしている。自由であるとは、自分の欲することをなしうることではなく、自分のなしうることを欲することである。彼はいう。「完全にわれわれの能力のうちにあるものは、われわれの思惟をおいて他には何もありませぬ。少なくとも、思惟という言葉を私のように心のすべての機能と解するならば、そうであります。従って、単に思考作用や意志作用のみならず、見るとか聞くとかある特定の運動をしようと決めるとか等々の機能さえもまた、それらが心に依存する限り、思惟なのであります。……こう申したからとて私は、外的な事物は全くわれわれの能力のうちにはない、と申そうとしたのではなく、ただ、それらの事物はそれらがわれわれの思想から生じうる限りにおいてのみ私の能力のうちにあるのであって、絶対的に全体的には私の自由になるものではない、と申そうとしたのであります。というのは、われわれの外には他の力が存在して、それらはわれわれの計画の実現を妨げることができるからであります[3]」。

かくして、人間は変わり易い限られた能力をもちながら全体的な自由を行使するのである。ここにわれわれは自由の否定的様相を瞥見する。というのは、結局、もし私がしかじかの行動を遂行する能力をもたない場合には、私はそれをなすことを欲するのを差し控えねばならぬからである。すなわち、「運命にうちかつよりもむしろ己れにうちかつこと、世界の秩序を変えるよりもむしろ己れの欲望を変えること、をつねに努め」ねばならぬからである。つまり、道徳の領域にあって判断中止（*Ἐποχή*）を行なうことである。しかしそれでも、この自由の最初の概念の中には、自由が一種の《効果》を実現しうる、ということがやはり含まれている。それは肯定的な建設的な自由である。勿論、この自由は世界の中の運動の性質を変えることはできぬが、しかしその運動の方向を変えることはできるのである。すなわち、「心はその中心の座を脳の中央にある小さな腺のうちに有し、そこから心は、(動物) 精気、神経、さらには血液、の仲介によって全身へ力を及ぼすのである……そして、すべての心の働きというものは、心が何かあるものを望みさえすれば、それが密接に結合されている小さな腺を、その意志に対応する結果をうみ出すのに必要とされるような仕方で働かしめる、ということにほかならない」[4]。

人間の自由のもつこの《効果》、この《建設性》こそ、われわれが『方法叙説』のはじめに見出すものにほかならない。なぜなら、結局、方法なるものは《発明され》たものであって、デカルトのいうごとく、「ある道にみちびかれて私は、それによって私がひとつの方法をつくりあげたところの知見と格率とに達した」[5]のであるから。もっとはっきりいってしまえば、方法なるもののすべての規則が、(第一の規則を除いては) 行動ないしは発明の格率なのである。第二の規則が命じている分析は、図式をうみだしすぐあとで検証されるはずの仮定的な分割を案出するところの自由で創造的な判断を要求するものにほかならぬ。さらに第三の規則がすすめる秩序というものは、その秩序に服するにさきだって、無秩序のただなかで追求し、あらかじめ形成すべきものなのである。その証拠に、秩序が実際存在しないならば、ひとはそれはつくりだせ、といわれているのだから。曰く、「自然のままでは前後のきまらぬものの間にも秩序を仮定せよ」と。さらに第四の掟である枚挙は、人間精神に固有の普遍化と分類との能力を前提しないであろうか。一言でいえば、方法のもろもろの規則はカントの「図式」に比すべきものであって、それらは畢竟、自由な創造的な判断に対するごく一般的な指図を示すのである。さらに、デカルトこそは、ベーコンがイギリス人に対して「経験」に従うべしと教えていたときに、自然学者たるものは「仮設」を「経験」に先行させるべきことを主張した最初の人ではなかったか。かくて、われわれはデカルトの書物の中に創造的自由のユマニスト的な堂々たる肯定を見出すのであるが、この自由は仮設や図式をうみ出すことによって、少しずつ真理なるものを構成し、もろもろの本質間の実在的関係を各瞬間に予感し予示するのであり、またこの自由は、神と人間とにおいて相等しく、すべての人間において相等しく、絶対的で無限なものであり、われわれをして次のおそるべきつとめ、特にわれわれ人間に属するつとめ、すなわち世界にひとつの真理をあらしめ世界を真実ならしめる、というつとめ、を引き受けさせるのであり、——さらにこの自由は、われわれに《高邁の心》、すなわち、各人が自由意志について、それを決して失わないという決心とともにいだいている感情、をもって生きるべく覚悟させるのである。

しかしながら、ここで直ちに、すでにのべたところのあの予定された秩序というものが干渉してくる。カントのようなひとにあっては人間精神が真理を構成する。ところがデカルトにあっては、もろもろの本質がみずからの間に維持している関係を神が一度限りに決定してしまっているのであるから、真理はそれを見出しさえすればよいのである。さらにまた数学者は、彼の問題をやりとげるために選んだ道がどのようなものであろうとも、その結果を、それがいったん獲得されたが最後、疑うことはできない。行動の人ならば、自分の企てを反省して「それは私のものだ」ということができる。しかし学問の人はそうはいえない。真理は見出されるや否や彼の手を離れたものになってしまう。真理はすべての人に属し、しかも誰にも属しない。学問の人は、真理を承認することしかできず、真理を構成している諸関係を明晰にみるなら、それを疑う手段すら彼には残されていないのである。彼の全体を支配する内的な光につらぬかれて、彼は、発見された定理に、さらにそれによって世界の秩序に、承認を与えることしかできない。かくして、「二と二を加えれば四である」とか「われ考う、ゆえにわれ在り」とかいう判断は、私がそれを肯定する限りにおいてしか価値をもたないが、しかし私はそれを肯定することを自ら禁ずることはできないのである。もし私が、「私は存在せぬ」というならば、私はひとつの擬制をつくり出すというのですらもなく、ただ私は互いに破壊しあう意味をもった言葉をよせ集めているにすぎない。それはあたかも私が四角の円とか三面の立方体とかというに等しい。それゆえ、デカルトの意志は肯定することを強要されることになる。彼はそれをこういっている。「例えば、私がここ数日、なにかあるものが真に世界に存在するかどうか、を考察し、そして、私がこの問題を考察するというだけのことからも、私自身は存在する、ということがはなはだ明証的に帰結することを認めたとき、私がかくも明晰に理解するものは真実である、と判断することを私は自ら禁じえなかったのである。その際、私は何か外的原因によって強制されたのではなくて、ただ、私の悟性において存する大きな光から私の意志において大きな傾向が生まれたからにほかならぬのである[6]」。

そしてもちろんデカルトは、明証性へのこの不可抗的な同意を、自由と呼ぶことをやめない。しかしそれは彼がここで自由という言葉に全く異なる意味を与えているからである。同意が自由であるといわれるのは、それが何かわれわれに外的な拘束の支配の下になされるのではないからである。換言すれば、それが身体の運動とか心理学的必然性とかによって惹き起こされるのではないからである。すなわちわれわれは心の情念《パッション》〔受動〕の領域にいるのではないからである。しかしながら、たとえ心が明証性の過程において身体から独立しているとしても、さらに、『情念論』の定義の言葉を使って、明晰判明に理解された関係の肯定を、全体として解された《考える実体》のひとつの働き《アクション》〔能動〕と呼びうるとしても、これらの言葉は、意志を悟性と区別して考えるときには、もはや何の意味も持ちえない。なぜならば、ついさきほどわれわれが自由と呼んだものは、悟性が理解するもろもろの観念を前にして意志が然りというか否というかを自分自身で決定する可能性、であり、その意味は、別の言葉でいうと、勝負は決して終わってしまったのではなく未来は決して予見しうるものではない、ということだったのであるが、それに反して、今や明証性を問題とするに際して、悟性の意志に対する関係はひとつの厳格な法則――そこにおいては観念の明晰性と判明性とがその観念を肯定するための決定的因子の役割を演ずるのであるが――の形式の下で理解されるのである。一言でいえば、デカルトはここではスピノザやライプニッツのようなひとびとに非常に近いのである。これらのひとびとは、ある存在の自由を、それの本質があらゆる外的作用から独立に展開されること――もっともその展開の諸段階そのものは互いに厳格な必然性をもって連なるのであるが――と定義するのである。ここまでゆけばデカルトは、「無差別の自由」を否定するにいたるか、あるいはむしろそれを自由のもっとも低い段階たらしめるにいたっているのである。すなわち、「私が自由であるためには、ふたつの反対物のどちらを選ぶかに私が無差別であることは必要でない、そうではなくむしろ、善と真理とがその一方に存在することを私自身が明白に認識するにせよ、あるいは神がそのように私の思惟の内部を規定するにせよ、いずれの場合にも私がその一方に傾くこと多ければ多いほど、それだけますます自由に私はそちらを選択するのであり、それらに加担するのである」[7]といわれる。上の二者択一のうち「神がそのように私の思惟の内部を規定するにせよ」という第二項は、狭い意味での信仰の問題である。この領域にあっては、悟性は信仰の働きの充足理由ではありえないから、意志は恩寵と呼ばれる内的超自然的な光によって全体的に捉えられ照明されているのである。そしてかの自律的な無限な自由が神の恩寵によって突然変容せられ、自分が明晰に見ていないものを肯定するように傾かされるのをみて、読者はおそらく躓かせられるであろう。しかし要するに、自然の光といわゆる恩寵なるこの超自然的な光との間には大きな相違はないのである。なるほど超自然的な光という第二の場合には、肯定するものはわれわれ人間ではなく、神がわれわれの意志を通じて肯定するのである。しかし、自然の光という第一の場合にも同じことではないのか。実際、もろもろの観念が現実に存在をもつならば、それはそれらの観念が神から由来する限りにおいてである。明晰性と判明性とは、観念のもつ存在の内的な凝集力と絶対的な密度とのしるしにほかならぬ。そして、もし私が観念を肯定するように不可抗的に傾けられるなら、それはまさしく、その観念がそれの存在の全体とそれの絶対的積極性の全体とをもって私の上に重くのしかかる限りにおいてである。断層も空隙もないこの純粋な濃密な存在が私のなかでそれ自身の重さによって自らを主張しているのである。かくて、神が存在の全体と積極性の全体との源泉である限り、いわゆる真実な判断たるこの積極性、この存在の充実は、その源泉を、無にほかならぬ私においてもつことはできず、その源泉を神においてもつのである。しかもこの理論のうちに、単に理性主義的形而上学をキリスト教的神学と妥協させるための努力のみを見てはならない。この理論は、それまで学者がつねにもち続けたかの意識、すなわち、学者とは彼のながめる真理の不動な永遠な堅固さと無限の重さを前にして単なる無、単なる眼、にすぎない、という意識、を当時の言葉で表現しているのである。もちろんデカルトは三年後の一六四四年には、ふたたびわれわれに「無差別の自由」を許しはした。曰く、「われわれは、われわれのうちにもっている自由と無差別とを、それ以上明晰にわれわれが認識しうるようなものは何もないほどにかたく信じているのである。従って、神の全能といえどもわれわれがそれを信ずることを禁じえないのである[8]」と。しかしながら、これは単なる用心のための主張にすぎぬ。ジャンセニウス[2]の著書『アウグスチヌス』のおそるべき成功が彼に不安を与えており、彼はソルボンヌにおいて罰せられるという危険を冒すことを欲しなかったからである。しかしこんな歴史的事情よりも、むしろ次のことを注意せねばならぬ。すなわち、「自由な決定権」即ち「無差別の自由」のないこの新たな「自由」の概念は、今やデカルトが自由の反省を行なうあらゆる領域に広げられているということである。現に彼はメルセンヌにいっているではないか、

「あなたは私の申したこと、すなわち、よく行為するにはよく判断するだけで十分である、ということ、を否定される。しかしながら、学院哲学の通常の説は次のごときものであると私には思われる。すなわち、意志が悪に陥るのは、ただ、その悪が悟性によってある善の見地において示される限りにおいてのみであり、それゆえに、すべて罪を犯すものは無知なるものである、といわれるのである。従って、もし悟性が意志に対して実際は善でないものを善として示すことが決してないならば、意志はその選びにおいて仕損ずることはあり得ないであろう」と。今やデカルトの主張は全く明らかである。善の明晰なる直観は、真理の判明なる直観が同意を強制するように、行為を強制する。なぜならば、〈善〉と〈真理〉とはただひとつのもの、すなわち〈存在〉にほかならぬからである。そこでデカルトがわれわれは善をなすときほど自由であることは決してない、と言うような場合には、彼は、行為の価値による自由の定義、すなわち、最も自由な行為とは最も善い行為であり、宇宙の秩序に最も適合するところの行為である、という定義を、自律性による定義の代わりにおいているのである。そして、彼の学説の当然の帰結としてもしわれわれがわれわれ自身の善をわれわれ自身で作り出すのではなく「善」というものが先天的に独立したひとつの存在をもつのならば、われわれが「善を見」ながら「善を為さ」ないでいることが、どうしてわれわれにできるのか、と問わねばならないだろう。

しかしながら、われわれは以上の「善の追求」において見失った「人間の真の自律性」を、これからとりあげる「真理の探究[3]」において、再び発見するであろう。ただし、それは単に人間が無である限りにおいてだけである。人間が神から逃れうるのは、人間の空しさによってであり、人間が〈無〉、〈悪〉、〈誤謬〉にかかわりあう限りにおいてである。なぜなら、神は存在の無限の充実であるから無を理解することも統御することもできぬからである。神は私のうちに積極的なるものを置いた。神は私のうちに存在するすべてのものの責任ある作者である。しかし私は、私の有限性とさまざまの制限とによって、すなわち、私の影の部分によって、神から身を引くのである。もし私が無差別の自由を保持するとすれば、それは、私が認識しないもの、あるいは私が間違って認識するもの、すなわち、切りとられ毀損され混乱した観念、に関してである。これらすべての無に、私もその無のひとつなのだが、これらに私は否ということができる。すなわち、私は行為し肯定する決心をしないことができる。もろもろの真理の秩序は私の外に存在するのであるから、今や私の本質たる自律なるものは、創造的発明ではなく、拒否である。われわれがもはや拒否しえなくなるまで拒否することによってこそ、われわれは自由なのである。かくて方法的懐疑は自由なる行為の模範そのものとなる。「それにもかかわらず……われわれはわれわれのうちに自由があることを経験する。その自由とは、十分に確実でなくまた探究されていないものを信じることをつねに控える自由である」とデカルトはいっている。また他のところではこうもいっている。「精神は、自分自身の自由を用いて、少しでもそれの存在について疑いうるようなすべてのことがらを全く存在せぬものと想定する」と。

身を引き責任を回避し後へひきさがることの能力のうちには、いわばヘーゲル的な否定性を予示するものが認められるであろう。懐疑は、われわれの思惟の外に何かあるものが存在することを肯定するところのすべての命題に及ぶのであり、換言すれば、それは、私は存在するものすべてを括弧に入れることができる、ということである。すなわち、私自身が空虚であり無であることによって、その私が存在するものすべてを無にするときに、私は自らの自由を完全に行使していることになるのである。懐疑とは存在との接触を断つことである。懐疑によってこそ、人間は、存在する宇宙から自己を解き放し、宇宙を突然高みから幻像の単なる継起として眺める不断の可能性をもつのである。この意味において、懐疑は人間の支配のもっともはなばなしい肯定である。〈悪しき霊〉の仮設は、実際、人間があらゆる欺瞞あらゆる陥穽を逃がれうるということを明らかに示している。人間が自由であるから真理の秩序が存在する。さらに、たとえこの秩序がまだ存在しないとしても、いつの日にか誤謬の支配が消滅するためには、人間が自由であるということだけで足りるであろう。すなわち、かの純粋な否定、純粋な判断中止、である人間は、いわば息を止めて、じっとしているという条件の下では、誤まった誤魔化しの自然から絶えず身を引いていることができるのであり、さらに人間は、自らにおいて自然であるところのものすべて、つまり、記憶や想像や身体、からさえも身を引いていることができるのである。人間は時間そのものから身を引いて瞬間という永遠性のうちへ避難することができる。そして、このことほど、人間が《自然》の存在者ではないことをよく示すものはない。しかし、人間がさらに〈悪しき霊〉の全能にさからい神そのものにもさからって、この比較を絶した独立に達するときには、人間はひとつの純粋なる〈無〉として現われる。そしてこれに対し完全に括弧に入れられた万物すなわち〈有〉があるが〈無〉は〈有〉に対しもはや身体をもたず記憶をもたず知識をもたず人格をもたず、ひとつの単純な〈否〉を言うことしかのこされていない。そして、このすべてに対する曖昧な拒否こそ、「われ疑う、ゆえにわれ在り。あるいは同じことであるが、われ考う、ゆえにわれに在り」[9]という繰り返しの文章が示すように、結局は「われ考う（*Cogito*）」という一句のうち表現されることになるものである。たとえこの学説がストア派の判断中止（*Επόχη*）をうけついでいるとしても、デカルト以前には、自由意志と否定性との関係を強調したものは誰もいなかったのである。自由は、存在するものとしての人間、すなわち、いわば空隙のない世界において他の充実者とならぶひとつの充実した存在者としての人間、から生ずるのではなく、反対に、存在しないものとしての人間、有限であり制限されているものとしての人間、から生ずるのである、ということを、デカルト以前には誰も教えはしなかった。しかしながら、この自由は無であるから、いささかも創造的であることはできないであろう。この自由は観念を生産する能力を具えてはいない。なぜなら、観念というものは実在であり、換言すれば、私が自由に与えることのできぬある種の存在を所有するからである。しかしながら、デカルト自身はそういう自由の範囲をせばめている。というのは、結局のところ存在――絶対的で完全な、無限な存在――があらわれるときには、われわれはそれに同意することを拒否しえない、と彼はいっているのだから。ここにおいて、デカルトが彼の否定性の理論を最後までおしすすめなかったことが気づかれる。何となれば、彼によれば、「真理は存在から成り立ち、虚偽はただ非存在からのみ成り立つのであるから」[10]。人間の手許にある拒否の力は、もっぱら、誤謬を拒否すること、つまり、非存在に否をいうこと、に存するのである。従って、われわれが「悪しき霊」の業に対する同意を差し控えることができるとき、それは、その悪しき霊の業が存在するものとしてではない。すなわち、真実にせよ虚偽にせよ、それが少なくともわれわれの表象であることによって最小限の存在を有するものとしてではない。そうではなくて、その悪しき霊の業が「存在しないもの」としてである。すなわち、それが「存在しない対象を偽って目指しているもの」としてである。また、われわれが「世界」から身を引くことができるとき、それは、世界が絶対的な肯定としてその高く全き威厳のうちに存在するものとしてではなく、それがわれわれに感覚の仲介によって雑然とあらわれるものとしてであり、われわれが世界を、その基礎がわれわれには見えない何らかの観念によって、不完全に思惟するものとしてである。かくてデカルトは、自由と否定性すなわち存在の否定との同一化――このことは「無差別の自由」となるであろうが――と、単なる否定の否定としての「自由意志」の概念との間を、永久に動揺するのである。一言でいえば、デカルトは否定性を生産的なものとして考えることができなかったのである。

奇妙な自由だ。結局、デカルトの自由はふたつの場合に分解される。第一の場合には、彼の自由は否定的であり、それが自律的である。しかしその自由は、誤謬すなわち混乱した思想に対するわれわれの同意を拒否することに帰する。第二の場合には、彼の自由は意味を変じ、それは積極的な同意であるが、しかしそのためには意志はその自律性を失い、悟性のもっている大きな光が意志をつらぬき決定する。しかし、それがはたしてデカルトの欲したことであろうか。また、彼の立てた学説は、この束縛を好まぬ傲慢な人間が自己の自由意志についていだいた最初の感情に、真に一致するであろうか。そうとは思われぬ。自らの思想の歴史を『方法叙説』において跡づけている点からみても、彼の懐疑の道を行くうちに自己自身を不変の事実として見出したという点からみても、その哲学において彼自身の人格に大きな役割を演ぜしめているところの、この個人主義者は、さしあたりまず、肉体をはなれ個性をはなれる自由を考えたのであった。なぜなら、彼のいうところによれば、考える主体は、さしあたり、純粋な否定、すなわち、それだけが懐疑の手からのがれ、しかも懐疑そのもの以外の何ものでもないところの無、風のそよぎ、にほかならない。そして彼がこの無を脱するときには、彼は存在の純粋な受容になってしまうのである。要するに永遠真理の単純な直観にすぎぬデカルト的科学者と、わが肉に死しわが生に死して、もはやもろもろの形相の観想にすぎず、結局は学問そのものに同化してしまうところのプラトン的哲学者との間には、大きな相違はないのである。しかしながら、デカルトにおける人間は他の野心をもっていた。彼は自分の生涯をひとつの企画と考え、そして、学問が現実化せられること、しかも彼によって現実化せられること、を欲していたのである。しかるに彼の自由は彼にそれを《現実化する》ことを許してはいなかったのだ。彼は、情念をうまく用いうるのならば、それを自分のなかでむしろ育てるべきだと考えた。彼は、自由な情念というものがあるというこの逆説的な真理を、何かの仕方で感づいていた。彼は、何よりもまず、真の高邁の心を高く評価していて、それを次の言葉で定義した。曰く、「私の考えでは、ひとりの人間をして正当に自尊しうる極点まで自尊せしめるところの真の高邁の心というものは、ただ、一面にはその人が、自らの意志のあの自由な統御のほかには真に自分に属しているものは何もないこと、また、この意志をよく用いるか悪しく用いるかによるほかは賞讃されまた非難さるべき理由は何もないこと、を知っているという点にあるのであり、また一面には、その人が、この意志をよく用いるという堅い不断の決意、すなわち、自ら最善なりと判断するすべてのことを企て実行するための意志を決して失うまいという堅い不断の決意を、自己自身のうちに感ずる——それが完全に徳に従うことであるが——という点にあるのである[11]」と。ところで、デカルトが発明したものであり、善の明晰な直観が意志の決意を決定するにいたるまでただもろもろの欲念をおさえ得るにとどまるところの、かの自由は、自己の行為の真の作為者であり自由な企画の不断の創造者であるという高ぶりの感情を、満足させることはできないであろうし、ましてやかの自由は、方法の一般的規則に従って操作の図式をつくり出す手段を、彼に与えることはないのである。それゆえ、独断的な学者でありよきキリスト教信者であるデカルトは、永遠真理の予定された秩序によって、また神により創造された価値の永遠の体系によって、圧倒されてしまうのである。もし彼が自らの善をつくり出すのでないならば、また、もし彼が学問を自ら構成するのでないならば、デカルトの人間はもはや単に名目的に自由であるにすぎぬ。そしてここで、デカルトの自由は誤った自由であるキリスト教的自由と合一する。デカルト的人間、キリスト教的人間は、悪に対して自由であって善に対して自由でなく、誤謬に対して自由であって真理に対して自由でない。神は彼らの手をとって、神が彼らに付与する自然の光と超自然の光との協同によって、神が彼らのために選んだ認識と徳へと、導くのであり、彼らの方はただ神のなすがままにまかせるほかはないのである。向上の功はすべて神に帰することになるであろう。しかし、彼らが無である限りにおいては、神から逃れるわけである。彼らはその道程において神の手をはなし罪と非存在の世界へ沈むことができるのである。もちろん、この反面に、彼らはつねに知的な悪や道徳的な悪から身をまもることもできる。すなわち、身をまもり、自己を保存し、判断を中止し、欲望をおさえ、ちょうどよいときに行為を止めることができる。要するに、彼らにはただ神の摂理を妨害しないことが要求されるだけである。しかしながら、究極において誤謬と悪とは非存在である。従って人間は、こういう世界では、何かあるものをうみ出す自由すらをもたないのである。もし人間がその悪徳ないしは偏見を固執するなら、彼の創り出すものは無であるにすぎないであろう。宇宙の秩序というものは人間の強情さによって濁されることすらないであろう。されば、クローデル(4)はいっている、「最悪のことは必ずしも確実に実現されるとは限らない」と。存在と知覚とを同視する学説においては、人間が主導権をもつ唯一の領域は、プラトンのいう《不純》(bâtard)〔私生児的な〕領域、すなわち、《夢においてしか認められることのない》領域、存在と非存在との境界、のみである。

しかしながら、神の自由は人間の自由以上に完全ではなく、一方は他方の映像であるとデカルトはわれわれに注意するのであるから、彼が自分のうちにもっていた要求、しかも哲学的要請が彼にそれを満足させることを許さなかった要求、をより正確に規定するための新たな探究の手段を、われわれはもっているのである。彼が神の自由を彼自身の自由に全く同等なものと考えたとき、実は、彼は神の自由を描くにあたって、カトリック教と独断論との桎梏がなければ彼が考えたであろうような、彼自身の自由を語っているのである。ここに、明らかに、昇華と転置との現象がある。ところで、デカルトの神は、人間の思惟がつくり出した神々のうちでもっとも自由なものである。創造的な神といえるのはデカルトの神だけである。実際、この神は原理にも――それが同一性の原理であろうとも――従属せず、また最高善に従属してそれの単なる執行者となるようなこともない。デカルトの神は、単に、その意志に外からおしつけられる規則に従って存在者を創造したのではなく、もろもろの存在とその本質とを、世界と世界の法則とを、個体と第一原理とを、同時に創造したのである。

デカルトはのべている。「あなたが「永遠な真理」と呼ばれるところのもろもろの数学的真理は、その他のすべての被造物と全く同様に、神によってもうけられたのであり、完全に神に依存します。これらの真理が神から独立しているなどと言うのは、実際、ジュピテルとかサテュルヌとかの異教の神について語るように神について語ることであり、神を三途の川や運命に服従させることです……神は、国王がその国の法律をもうけるように、自然におけるこれらの法則をもうけたのです……[12]。もろもろの永遠真理については、さらに私は次のごとく申しましょう。それらは、ただ神がそれらを真実なるものもしくは可能なるものと認めるからこそ、真実でありもしくは可能であるのであり、反対に、あたかもそれらが、神から独立に真実であったかのように、神によって真実なるものとして認められるのではない、と。さらに、もしひとびとが自分の言葉が何をいっているのかよくわかっていれば、何かあるものの真理は神がそれについていだく認識に先行するなどとは、冒瀆なしにいうことは決してできないでありましょう。と申しますのは、神にあっては、欲することと認識することはひとつのことにほかならないからであります。従って、神があるものを欲するというまさにこのことによって、神はそれを認識するのであり、まさにこのことによってのみ、そのものは真実であるのであります。それゆえ、たとえ神がいないとしてもそれにかかわりなくこれらの真理は真実であるであろう。などと申してはいけないのであります……[13]」。

「これらの真理を創造することを何が神に強いたのか、とあなたは問われる。そこで私はこう答えましょう。神は、中心から円周へひかれる直線はすべて相等しいということが真実でないようにさせることも、世界を創造しないということと同様に、自由にできるのだ、と。さらに、これらの真理が、神の本質に、他の被造物よりもより必然的に結びつけられているわけではないということは確実であります……」[14]。「そして、たとえ神が、ある真理が必然的であることを欲したとしても、それは、神がそれらを必然的に「やむをえず」欲したというわけではありませぬ。と申しますのは、それらが必然的であることを欲することと、必然的に欲することと、すなわち、そう欲することを余儀なくされること、とは全く別のことだからであります」[15]。

ここにおいて、デカルト説の意味するところは全く明らかとなる。自由の概念は絶対的自律性の要求を含んでいること、自由な行為とは、その胚種が世界の前の状態のうちに含まれ得ないところの絶対的に新たな生産であること、従って自由と創造とはただひとつのものにほかならぬこと、これらのことをデカルトは完全に理解していたのである。神の自由は、たとえ人間の自由に似てはいても、それが人間的外衣の下にとっていた否定的様相を失い、それは、純粋な生産であり、それによって神が、ひとつの世界、ひとつの善、もろもろの永遠真理、を存在せしめるところの、超時間的な永遠な行為である。ここにおいて、すべての理性の根は自由な行為のうちに求められるべきであり、真理の基礎をなすものは自由であり、さらに、真理の秩序の中にあらわれる厳格な必然性はそれ自身、ひとつの創造的自由意志の絶対的偶然によって支えられているのであり、かくて、この独断的理性主義者は、ゲーテのように「はじめに言葉ありき」ではなくて「はじめに行為ありき」ということができるのである。真理以前に自由があるという主張に含まれる困難に関しては、デカルトは、あたかも自由意志によって創り出されたものが、ある仕方で、それの存在を支えている自由に対して独立し、同時に理解作用をゆだねられると同様に、同時に理解作用でもあるようなひとつの創造作用を想定することによって、その解決を感づいていた。神にあっては、意志と直観とはただひとつのものにほかならず、神の意識は構成的であると同時に観想的である。同様にして神は善を創った。神はその完全性によって、最善であるものを決定するように傾けられるのではなくて、神が決定したものこそ、神の決定そのものの作用によって、絶対的に善なのである。理性と善とをつくり出し、自己自身および自己自身への忠実ということ以外には他に何の制限ももたぬところの絶対的自由、かくのごときものが結局デカルトにとって神の特権なのである。しかしながら、他面からいえば、この神の自由においても人間の自由における以上のものは何も存しないのであり、デカルトは、自らの神の自由意志を描くにあたっては自由の観念の含む内容を展開したにすぎないことを、意識しているのである。それゆえ、問題をよく考慮すれば、人間の自由は、いわば永遠なる《もの》、存在の必然的構造、としてあらわれてわれわれの同意を求めるような、自由と価値とのひとつの秩序によって、制限されるのではない。神の意志こそこれらの価値と真理とをたてたのであり、神の意志こそそれらを支えるのである。われわれの意志は神の意志によって限られるだけである。世界は、それを無際限に維持するひとつの自由の創造物以外の何ものでもない。真理なるものは、もしそれが神の無限の力によって欲せられるのでなければ、そしてしかも、もしそれが人間の自由によってとりあげられ、引き受けられ、確認せられるのでなければ、何ものでもない。自由な人間がひとりで、絶対的に自由なひとりの神の前に立っているわけである。自由な存在者の基礎であり、彼の隠れた次元である。この厳粛なデカルトの体系にあって、結局、自由は必然性の深い意味であり真の姿である。

かくして遂に、デカルトは神の自由の叙述の中に彼自身の自由に関する彼の最初の直観を結合し明瞭にするわけである。彼自身の自由についてデカルトは、それは「証明なしに、われわれがそれについてもつ経験のみによって、知られる」といったのである。デカルトが、彼の時代によって、その上さらに彼の出発点によっても、人間の自由意志を、ついにそれが神の配慮に屈服しそれに自らをゆだねるにいたるまで拒否するという単に否定的な力に還元することを、強制されたということは、われわれにとって大したことではない。また、デカルトが、彼のわれ考う（*cogito*）そのものによってそれの無限の実在を把握していたところのかの根源的な構成的な自由を、神のうちに実体化したということは、われわれにとって大したことではない。神的にしてかつ人間的なる肯定のひとつの驚くべき力が、畢竟、デカルトの宇宙をつらぬき支えているのである。デカルトが神に在りとしたこの創造的自由を人間が取り返すためには、そして、ついに、ユマニスムの本質的基礎であるこの真理が気づかれるためには、危機の二世紀――信仰の危機、科学の危機――が必要であろう。人間というものは、それの出現によってひとつの世界をあらしめるところの存在者である。しかし、われわれは、デカルトが本来われわれに属するものを神に与えた、ということを咎めはしないであろう。むしろわれわれは、デカルトが、権力の時代にあってデモクラシーの基礎をおいたこと、自律性の観念の要求を最後まで追求したこと、さらに存在の唯一の基礎は自由であることを『根拠の本質について』を書いたハイデッガーよりもよほど以前に理解したこと、を讃えるであろう。[16]

唯物論と革命[1]

I　革命の神話

こんにちの青年たちは不安な日をおくっている。彼らは若いという権利をもう自分にみとめていない。青春は、人生の一時期としてよりも、一つの階級現象として一般に通っている。つまり、青春とは幼年期を不当にひきのばしたものであり、一つの猶予《モラトリアム》、良家の子弟にゆるされた責任のがれだというのである。一方、労働者たちは青春をす通りしてたちまち大人となっているのに……。そして、ヨーロッパ・ブルジョアジーの清算に手をそめているわれわれの時代そのものが、この抽象的でたぶんに形而上的な一時期をも清算しようとしているらしい。「青年期は消滅しなければならぬ」とはよくきく声である。自分の若さを恥じ、かつてはやりであったこの待機状態を恥じ、わたしのむかし教えた生徒たちは大部分はやくから結婚してしまっている。彼らは学業をおえないさきからもう一家の父なのだ。彼らは月の終わりにはまだ家から為替を送ってもらっている。だが、それだけではたりない。で、家庭教師をし、翻訳をやり、あるいは「臨時雇」もしなければならぬことになる。彼らはある面では妾にくらべられ、他の面では家で請負仕事をする女工にもくらべられる半労働者である。われわれが彼らの年ごろには、一つの観念を取り入れるまえにまず多くの観念をもてあそんだものだが、彼らはそうした暇を持ちあわせていない。彼らは市民であり父親である。彼らは一票を投ずる。彼らは社会的行動《アンガージュマン》をとらねばならない。なるほどそれは悪いことではなかろう。ひとが彼らにたいし《人間のためにか人間にそむいてか》《大衆のためにか大衆にそむいてか》のいずれかを即座にえらぶよう要求するのも結局もっともなことなのだ。しかし、もし彼らが最初の立場をとるとなると、そこから多くの困難がはじまる。君たちの主観性のカラを破らねばならぬ、といわれるからだ。ところが彼らはなお自己の内部にとどまっているので、たとえそうしようと考えたにしろ、それはやはり主観的な諸動機から出たことなのである。彼らは水にとびこむ〔自分を水に投げ入れる〕まえに自分と相談しているのだ。そしてとどのつまりは、主観性をすてようとまじめに考えれば考えるほど、彼らの眼に、その主観性がいよいよ重大なものと映ってくる。客観性なる自分たちの概念そのものがやはり主観的なのだ、といらいらした気持で彼らは確かめる。こうしてどちらとも態度のきめられないまま、彼らは自身のうちに舞いもどるのだ。彼らが決断するとすれば、それは辛抱しきれなくなってか、疲れはててか、とにかく両眼を閉じてとびこんだ結果にほかならないだろう。しかもそれで事がすんだわけではない。今や、彼らは唯物論と観念論のいずれかを選ぶよう迫られている。中間などはない、これでなければあれだ、とひとは彼らにいう。ところが彼らの大部分は、唯物論の諸原理は哲学的に誤っていると考える。いかにして物質が物質という観念をうむことができるか、彼らには理解できない。しかし、彼らはまた観念論をも極力排斥するとはっきりいう。観念論が支配階級のために神話の役割をはたしていることを彼らは知っているのだ。それに哲学としても厳密な哲学ではなく、現実をおおい、現実を観念のなかに解消してしまう働きをするかなり曖昧な思想だということを彼らは承知している。「そんなことは大したことじゃない」と、ひとは彼らに答える。「君は唯物論者ではないのだから、不本意だろうがけっきょく観念論者であるわけだ。君が教授連の気のぬけたトリックに胸をムカムカさせていたところで、やはりもっと気のきいた、それだけにもっと危険な迷妄にとらわれているのだ」。

こうして彼らは、根もとのくさった彼らの思想の内部にまでたちいって追いつめられている。わが意に反し、こころひそかに決意をかためて、彼らのさげすんでいる一つの哲学に奉仕しなければならぬ。とうてい信ずることのできぬ一つの主義を訓練によって身につけねばならぬ。彼らはそれを余儀なくされているのである。彼らの年ごろなら、ふつうはわずらいを知らぬものだが、彼らはそんな性質を失ってしまった。かといって大人のゆるぎない確信は、まだ彼らにない。彼らはもう待機中でない。だが、まだ自分を賭ける〔社会的行動に出る〕ことはできずにいる。彼らはコミュニズムの戸口をうろうろしていて、思いきってそこに入ることも、そこから遠ざかることも、できずにいる。でも、彼らに罪があるわけではない。こんにち、弁証法を引き合いにだしている連中は、彼らに、むりに二者択一を迫ろうとし、彼ら青年たちを味方にしようとする綜合を「第三党」と蔑称し、しりぞけているが、これは彼ら青年の側がわるいのではない。彼らはしんそこから誠実である。彼らは社会主義体制の到来を切望しており、全力をあげて「革命」のために働こうと考えている。だから、はたして唯物論が、また客観性の神話が、真に「革命」の立場から要求されているかどうか、革命者の行動とそのイデオロギーとのあいだに少しのくい違いもないかどうかを彼らと一しょになって検討してみると、それだけが彼らを助けうる唯一の方法なのだ。そこで、以下わたしは唯物論をとりあげ、あらためてこれに検討を加えたいと思う。

おそらく、唯物論の第一歩は神の存在ならびに超越的な終極目的を否定することにあり、第二は精神の運動を物質の運動に還元することにある。その第三は、世界およびそれに住む人間を、普遍的な諸関係によって互いにむすびつけられている諸物質の体系に還元することによって、主観性を消しさろうとすることにある。このことからわたしは、はっきりつぎのような結論をひきだす。唯物論とは一つの形而上学であり、唯物論者たちは形而上学者なのだと。するとすぐわたしをさえぎり、こういう人があるだろう。いや、君がまちがっている。形而上学ほどわれわれが軽蔑しているものはほかにないのだ。哲学そのものもわれわれの眼にこころよく映っているのかどうか、それがあやしいくらいであると。弁証法的唯物論とは、ナヴィル(1)氏によると「世界の相互作用についての漸進的発見をあらわすものであり、しかもその発見たるや、けっして受身のものではなく、逆に発見者の、探究者の、闘争者の主体性をも中にふくむもの」なのである。ガローディ(2)氏にしたがうと、唯物論の第一歩は科学的知識をおいては他にいかなる正当な知識もないことを主張することにある。そしてまたアングラン夫人(3)によると、ア・プリオリのあらゆる思弁をまず捨ててかからないことには絶対にひとは唯物論者になれないだろう。

　形而上学にたいするこうした非難は、それじたい古い認識である。すでに前世紀、実証主義者たちの筆になるものにこうした非難が見いだされよう。だが、実証主義者たちは今の唯物論者たちよりもっと首尾一貫していた。彼らが神の存在についての発言をこばむのは、このことをめぐってたてられるあらゆる臆測を立証不可能とみなしていたからである。彼らは精神と肉体の関係について、われわれは何ごとも知りえないと考えていた。だから、この関題について思索することをきっぱりやめてしまったのだ。ナヴィル氏やアングラン夫人の無神論が「漸進的発見の表明」でないことは、彼らが何といおうと実際には明らかなことである。これは、われわれの経験を無限に超える問題にかんする明確な、ア・プリオリの態度なのだ。この態度はまたわたしの態度でもある。わたしも神の存在を否定している。だが、それでも神の存在を肯定したあのライプニッツ同様の形而上学者であると、これまでわたしは考えてきたのだ。唯物論者は観念論者にむかい、君たちは物質を精神に還元して形而上学をつくると非難しているが、そういう唯物論者自身、精神を物質に還元しながら、どういう奇蹟によって形而上学をつくらずにすましているのだろうか。経験はこの学説に都合のいいことをいいはしない——もっとも、もう一つの学説にも都合はよくないが。経験はただ、生物的なものと精神的なものとの密接な関連を明らかにするにとどまる。そしてその関連たるや、幾千のちがったやり方で解釈されるのではないかと思われる。唯物論者がその諸原理を確かなものと称するとき、その確信はひたすら直観とア・プリオリの推論から、すなわち彼の非難する思弁そのものからでているのである。そこで、わたしは次のごとく理解する。唯物論とは実証主義で偽装した一形而上学であり、しかもみずからを破壊する形而上学である、と。なぜなら、唯物論は原則的に形而上学を根こぎにしており、ために、唯物論の肯定の基盤となっているすべてのものをとり除いてしまっているのだから。

と同時に、唯物論はじぶんのきている実証主義の着物をも破壊している。コントの弟子たちは謙虚に人間の知識をただ科学的認識にかぎって考えていた。彼らは、理性を、われわれの経験のせまい範囲内に押しとどめておいたのである。なぜなら、理性はその範囲内においてはじめて効力をあらわすものなのだ。科学の成果は彼らにとって一つの事実であった。が、あくまでも人間的事実だったのだ。人間の観点にたつと、そして人間のためには、たしかに科学は成果をもたらしている。しかし即自的宇宙が、はたしてこうした科学的合理主義を支え、かつ保証するものかどうかは、彼らは考えようとさえしなかった。なぜなら、かくあるがままの宇宙を、科学によってわれわれがえた宇宙の表象とくらべるためには、彼らは彼ら自身から、人間性から脱出し、人間にたいし世界にたいして「神」の観点に立たねばならなかったからである。唯物論者はどうかというと、彼はそんなに臆病ではない。彼は科学からと主体性からもぬけでる。彼は人間的なものからぬけ出し、その否定する「神」にとって代わり、そうした宇宙の光景をながめるの

新　刊

マルクス哲学入門

——動乱の時代の批判的社会哲学

ミヒャエル・クヴァンテ著
桐原隆弘／後藤弘志／硲智樹訳

重鎮による本格的入門書

マルクスの思想を「善き生」への一貫した哲学的倫理構想として読む。複雑なマルクス主義論争をくぐり抜け、社会への批判性と革命性を保持しつつマルクスの著作の深部に到達する画期的読解。

購入はこちら

四六判並製240頁　定価3080円

顔を失った兵士たち

——第一次世界大戦中のある形成外科医の闘い

リンジー・フィッツハリス著
西川美樹訳　北村陽子解説

戦闘で顔が壊れた兵士たち

手足を失った兵士は英雄となったが、顔を失った兵士は、醜い外見に寛容でなかった社会にとって怪物となった。塹壕の殺戮からの長くつらい回復過程と形成外科の創生期に奮闘した医師の実話。

購入はこちら

四六判並製324頁　定価4180円

お土産の文化人類学

——地域性と真正性をめぐって

鈴木美香子著

身近な謎に丹念な調査で挑む

「東京ばな奈」は、なぜ東京土産の定番になれたのか？　そして、なぜ菓子土産は日本中にあふれかえるようになったのか？　調査点数1073点、身近な謎に丹念な調査で挑む画期的研究。

購入はこちら

四六判並製200頁　定価2640円

である。唯物論者は悠然とつぎのようにかく。「世界の唯物論的概念とは、ただ、何ひとつ異質のものの附加されていないあるがままの自然の概念のことにすぎない[2]」。

このおどろくべき一文において、彼が問題にしているのはまさに人間の主観性、この「自然への異質的附加物」を絶滅することである。唯物論者はその主観性を否定することでそれをほろぼしたと考えている。しかしトリックはたやすく見破られる。主観性をほろぼすために、唯物論者は自分を客体、すなわち科学の素材であると主張している。だが、ひとたび客体をもち上げるために主観性をほろぼした後は、みずからを諸物体のあいだにある物体とはみず、また物質的宇宙の激浪に翻弄されているものとはせず、逆にじぶんを客観的凝視者とし、自然をあるがままのまったき姿において眺めていると称するのである。一方ではみられる客体なる受動的性質を意味し、また一方では主観的弱みから脱却した一凝視者の絶対の価値を意味するということは客観性について冗談を言っているのである。こうして唯物論者はあらゆる主観性をのりこえ、純粋の客観的真理と同化し、人間＝客体（hommes-objets）の住まう客体の世界を逍遙する。さてその旅からもどり、そこで学んだところをわれわれにつげる。「理性的なものはすべて現実的であり、現実的なものはすべて理性的である[4]」。いったいどこからかような合理主義的オプティミズムをひき出してきたのか？　カント派の哲学者が自然についてのこうした主張をわれわれにするのならそれはわかる。カント哲学では理性が経験を形成しているからだ。しかし唯物論者はわれわれの構成的活動が世界をうみだすとはみとめていないではないか。いや逆に、彼らによれば世界がわれわれをうみだすのだ。われわれが現実をつくったのではなく、われわれはどうにかこうにか現実のしがない一部分を反映しているにすぎぬ以上、ではどうしてその現実が理性的であるなどとわれわれにしれようか。それでもしいていうなら、科学の成果を考えるとあるいはこうした合理性もありえぬことではないとは考えられよう。しかしそれも局部的の、統計表にあらわれる合理性にかんしての話である。それはある段階の効力をもっているとはみとめられよう。だが、その限界以上でも以下でもおそらく瓦壊してしまうものなのだ。かるはずみな一つの結論、いいかえれば一つの仮定とわれわれに思えるところを、唯物論は確かだとするのである。「理性」は人間の中にありそして人間の外にある、として唯物論は少しの疑いもはさまぬ。そこで唯物論の大雑誌は平然としてつぎのような名前で自分をよぶのだ、「『思想』(la Pensée) 現代合理主義機関誌……」。ところが、はたして予見したとおり弁証法はここで裏返り、唯物論的合理主義は非合理主義に「移行している」。自己破壊をやっているのだ。精神的事実は、生物学および生物学的事実によってきびしく制約され、生物学的なものもまた世界の物理的状態によりきびしく制約されていると彼らはいう。とすれば明らかに、人間の意識が宇宙を表現しうるのも、思考がその対象を表現するといったやり方で、ではないのである。それとは逆に、結果がその原因を表現するというやり方で、なのだ。外界にとらわれ、外界に支配され、盲目の因果の鎖にあやつられながら、はたしてこれがなお理性とよばれるかどうか？　わたしがいろいろ推断しても、もしそれら推断をわたしの中に置き定めたものが、たんに外的事件にすぎぬのなら、またヘーゲルのいったように「理性とは一片の骨である」なら、どうしてそこから出てくる原理など信ずるわけにいこう？　そもそもいかなる幸運によって環境のナマな産物が同時にまた自然をとく鍵となるのか？　レーニンがわれわれの意識についてどう語っているか、さらにみよう。彼はいう、「意識は存在の反映、最もよい場合でも近似的に正確な反映にすぎない」と。しかし、この場合、すなわち唯物論の場合が「最もよい場合」であると、いったい誰がきめるのだろう？　比較するためには、われわれは自己の外におり、しかも自己の中にいなければならぬだろう。このことばじたいが矛盾していて、これは問題にはならぬ。だから、こうした《反映》がどこまで正当な効力をもっているかをきめるのは、ただ内的な主観的な基準だけである。他の《反映》とくらべた場合のその妥当性とか、その明晰さとか、その判明さとか、その永続性とか……。要するに観念論的基準なのだ。さらに、この基準が決定するものは人間にとっての、一真理にすぎず、その真理とは、カント哲学のそれのように構成されたものではなく、受動的に与えられたものなのだから、真理といっても、じつは根もない一信仰、一つの習慣にすぎない。唯物論は宇宙が思想をうみだすと断ずるときには独断的だが、その舌の根の乾かぬさきにこのとおり観念論的懐疑主義に移っているのだ。唯物論は片手で「理性」の不滅の諸権利をもちあげながら、もう一方の手でそれを払い落している。それは独断的合理主義によって実証主義を破壊しているが《人間は物質的客体である》という主張によって合理主義をもあわせて破壊しさっている。さらに、あらゆる形而上学を根こそぎ否定することによりこの主張をさえこわしているのだ。唯物論は形而上学に反対し科学をたてているが、じつはしらずしらず科学に反対して一つの形而上学をたてているのだ。あとに何がのころう。のこるのは廃墟だけである。これで、どうしてわたしが唯物論者になりえよう？

　これに答えていうひとがあるだろう。君にはなにも分っていないんだ。君はエルヴェシウスやドルバック[5]の単純な唯物論と弁証法的唯物論とを混同しているのだ、と。さらにそのひとはいう。自然のなかには弁証法的運動があり、それによって相反するものがたがいに抵抗しながら不意に止揚され、そうしてあたらしい綜合に統一されてゆく。このあたらしくできたものはまたその反対のものに「移行」し、いま一つべつの綜合のなかでそれと融合する、と。そういわれてすぐ考えつくのは、「理念」のディナミスムにすべての基礎をおいているヘーゲル弁証法独自の運動である。わたしは思いだす、ヘーゲル哲学において一つの「理念」がいかにして他の理念を呼びよせるか、いかにしておのおのの理念が反対の理念をうみだすかを。未来が現在にたいして働きかけ、全体が――たとえまだそれが存在しなくても――その諸部分に働きかける誘引力こそ、たしかにこの巨大な運動の原動力となっているのだ。このことは部分的な綜合についても絶対的な「全体性」――結局それは「精神」のことだが――についても同様に真実である。この「弁証法」の原則は、だから、全体がその部分を支配し、一つの理念が自発的にみずからを充足させ、みずからをゆたかにするように動いてゆくことにある。それはまた、意識の進展が原因から結果へといたる直線的なものでなく、綜合的かつ多次元的なることを意味する。なぜかといえば、おのおのの理念はそれに先立つ諸理念の全体をみずからの中にふくみ、それらを同化しているからである。その概念の構造は、不変の要素をたんに並べただけのものではないからである。不変の要素をたんに並べただけなら、他の要素と連合してべつの配合を生むにすぎないが、そうではなく概念の構造は一つの有機体組織であって、副次的構造も全体と切りはなして考えられるときには「抽象的」となりその本性を失ってしまうていいの緊密な統一をかたちづくっているのである。

今いった弁証法は、理念にかんするかぎり、難なく受けいれられる。理念はもともと綜合的なものだからだ。ただヘーゲルはこの弁証法をさかさにしてしまったのであり、弁証法とは実際には物質の特性であるとされるのだ。そこで、ここでいう物質とはどういう物質なのかときいてみよう。ひとは答えるだろう。物質に二つはない。科学のいう物質のことだ、と。ところが、物質の特長はそれ自身では動けない点にある。という意味は、物質はそれだけでは何ものも生みだせない、ということだ。物質は運動とエネルギーの伝導物であるが、この運動、このエネルギーはつねに物質の外部からやってくる。物質はそれらを受けとり次に渡すだけである。しかし、いかなる弁証法でもその原動力は全体性の観念である。そこでは諸現象はけっして切りはなされ孤立したあらわれ（apparitions）ではない。こうした諸現象が一しょに生まれるとき、それはかならずある全体のより上位の統一のうちにおいてである。諸現象は内的関係によりたがいに結びつけられている。すなわち、ある現象がそこに在るということで他の現象はその本質的な性質に修正をうけるのだ。これに反し、科学の世界は量の世界である。そして量とは、まさに弁証法的統一とは正反対のものである。ある総和が一つの統一とみえても、たんに外見だけのことであって、その和を組みたてている諸要素は、じつはただ《隣接》と《同時生起》の関係を保っているにすぎない。諸要素が一しょにかたまってそこにある、それだけの話なのだ。ある数の集まりは、それと共にべつの数の集まりがあることでなんの影響もこうむりはしない。それは動かずにジッとしている。他のものと一しょになって作っている数のなかにあって切りはなされているのである。そして数が《数えられる》ためには、じっさいそうあるべきなのだ。なぜならもし二つの現象が息のかよった結合のなかでうみだされ、たがいに相手を修正しあっているのなら、それがはたして別々の二項であるか、それともただ一つか、どちらともきめられないからだ。こうして、科学でいう物質とは、いわば量を具体的にあらわす役をはたしており、ゆえに科学は、そのふかく関心をよせるところからして、またその原理や方法からして、弁証法とは正反対のものなのだ。物質のある一点にはたらく諸力についてのべるとき、科学はまず第一にそれら諸力の独立性、つまりおのおのの力があたかも単独であるかのようにはたらいていることを確証する。諸物体がたがいにはたらきかける牽引について考察するときは、科学はそれを厳密に外的な一関係として定義しようとする。すなわち、牽引をそれら物体の運動の方向と速度における諸変化にまで還元しようとするのだ。ときには「綜合」ということばを科学が利用することもあろう。たとえば化学で化合についていう場合である。だがヘーゲル的な意味においてでは絶対ない。化合する分子はおのおのその特性を失ってはいない。酸素の一原子は、たとえ硫黄および水素の原子と結合して硫酸をつくっても、あるいはただ水素だけと結合し水をつくっても、いずれにせよやはり酸素の原子としてとどまる。水にしても硫酸にしてもそれを構成する諸原子を変質させ支配する真の全体ではなく、受動的な単純な合成物、すなわち状態にすぎないのだ。また生物学の努力はあげて、生きた綜合と称しているものを物理化学の過程に還元することにむけられている。そしてナヴィル氏は、氏は唯物論者であるから、科学的心理学を行使する必要に迫られると、人間の行為を条件反射の総和なりと見なす例の「行動主義《ビヘイヴィアリスム》」に助けを求められる。科学の世界のどこを歩いても、われわれは有機的全体性にでくわすわけにいかない。科学者の武器は分析である。その目的は、いずれの部門においても複雑なものを単純なものに還元するにある。そしてその還元に続いて行なう再構成は模写にしかすぎない。これにひきかえ弁証法論者は、原則的に複雑なものは還元不可能として考えている。

なるほど、エンゲルスはつぎのように主張する。「自然科学は……自然が究極の段階では形而上的にではなく弁証法的に進展すること、また自然は、はてしもなく繰り返される永遠に同一な一つの圏内で動くのではなく、それ自身一つの現実の歴史を経験していることを証明した」。さらに彼は自分の命題を支えるためにダーウィンの例を引いている。「ダーウィンは、全有機界が……何百万年このかた続いているある発展過程の産物であると証明し、それによって自然にたいする形而上的概念に致命的な一撃をあたえた」と[3]。

しかしまず明らかなのは、自然の歴史なる概念そのものがバカげているということだ。歴史は、過去のあったがままの変化によって、あるいはあったがままの行為によって、成立するものではない。現在の立場に立ち、ある意図をもって過去を再把握し、はじめて歴史はその意味を明らかにする。したがって人間の歴史以外にはどのような歴史もないはずである。のみならず、もしダーウィンが、生物の種があるものから他のものへと次々と派生して来ていることを示したとするならば、彼の試みた説明は機械論的なものであって弁証法的なものではない。彼は各個体のあいだにある差別を些少変異の理論によってわれわれに説明する。こうした変異のおのおのは、彼の考えでは、ある「発展過程」の結果ではなく機械的な偶然の結果なのだ。同一種属のグループにおいて、中のあるものが身長、体重、力、あるいは何らかの特異な細部において他のものより優れていることも、総計的にみてありえぬことではない、というのである。生存競争についていえば、相反するものを融合させ、あたらしい綜合を生みだすことはできないだろう。生存競争によってえられるところは純粋に否定的なものである。なぜならそれは最弱者を決定的に切りすててしまうからだ。生存競争のもろもろの結果と階級闘争なる真に弁証法的な理想とをくらべてみれば、以上のことは十分に理解できる。階級闘争の場合においては、実際にプロレタリアートは、階級なき社会という統一の中にブルジョア階級を吸収するだろう。生存競争の場合には、強者は一も二もなく弱者を消滅させてしまう。つまり偶然のもたらす優越は発展しないのである。それ自身で動こうとせず、遺伝によりなんの変化もなくつぎへと移る。それは一つの状態であって、とうてい、内的活力《ディナミスム》によってみずからを変革し、すぐれた有機体のある階級を生みだせるものではない。ただ、いま一つべつの偶然の変化が外部からやってきてじぶんに加わるだけのことである。そして切りすての過程が機械的に繰り返し行なわれるのである。エンゲルスは不注意からああしたことをいったのだ、と結論すべきだろうか？　いやそれとも、嘘を承知で言ったのか……。要するに、自然が歴史をもっていることを証明するため、エンゲルスは科学上の一つの仮設を利用しているのだが、その仮設なるものは、博物学全般を機械的連繋にまで連れもどす抜きさしならぬ宿命を背負っているのだ。

　ではエンゲルスは、物理学の領域ではもっと本気になって事を語っているか？　彼はつぎのようにのべている。「物理学にあっては、あらゆる変化は量から質への移行、物体は固有（？）の、あるいは他からその物体に伝えられる運動――何らかのかたちの運動の量から質への移行である。すなわち、たとえば、水の温度ははじめのうちは水の液体状態にたいし何の意味ももっていないが、温度を上昇あるいは下降させると、ある瞬間に水の凝集状態が変化し、ある場合にはそれは水蒸気に、他の場合には氷にかたちをかえる……」。エンゲルスは、しかし、われわれを鏡面反射の手品で欺いている。じっさい、科学的研究は量から質への移行を証明しようなど、けっして思っていない。科学的探究はまず、感覚に訴える質（qualité sensible）から出発する。つまり主観的な錯誤の多い外見から事をはじめ、徐々にその背後にある量、宇宙の真理と見なされる量を探ろうというのだ。ところがエンゲルスは、無邪気にも温度を誰でも最初から純粋の量として受けとっているかに考えている。ところが事実は、はじめのうちは質として現われるのだ。われわれがマントの前をかきあわせたり、あべこべにそれを脱ぎすてたりするのも、寒気がするとか、いい工合だとかいう感覚的な状態によってそうするのである。こうした感覚に訴える質を、科学者は一つの量に還元した。それは、感覚によって漠然と知るよりも、ある液体容積の膨脹の測定に依った方がいいと思われたからである。水が蒸気に変化するのも、科学者にとっては、やはり量的な現象である。いってみればその変化は彼には量としてしか存在しないのだ。科学者は蒸気を圧力によって——あるいは動力学の一理論によって定義する。その理論にしたがうとき、蒸気は各分子のある種の量的状態（位置、速度）にまで還元されるのだ。そこで、われわれはつぎのいずれかを選ばねばならぬ。すなわち、五感に訴える質の領域にとどまるのがその一である。この場合蒸気はエンゲルスのいうように質である。だが、同時に温度も質なのだ。われわれは科学的操作をやっているのではなく、ただある質が他の質にはたらきかける運動を眺めているにすぎない。もう一つの立場はこうだ。温度を一つの量として考える……。そしてこの場合は、液状から沸騰状への移行は量的変化として科学的に定義される。いいかえれば、ピストンの上にはたらく測定可能の圧力、もしくは諸分子のあいだの測定可能の諸関係により定義されるのだ。

科学者にとっては量が量を生む。科学的法則は量的な関係をあらわすもので、科学は質を質としてあらわすいかなる記号も持ちあわせていない。エンゲルスが科学の歩みとやら称してわれわれに示しているものは、じつは彼の精神の往還そのものにほかならず、それは科学の世界より出て素朴実在論の世界におもむき、やがてキビスをかえして科学の世界に舞いもどり、そこでふたたび純粋感覚の世界にふれんとするのだ。それに、たとえ彼のいうがままにいわせておくとしても、この思考の往還運動の、どこにいったい弁証法的プロセスに似たところがあるのか？　どこに、進展がみられるというのか？　かりに一歩をゆずって、量的と考えられる温度が水の質的変化をうみだすものと仮定しよう。さあ、水が蒸気にかわった。で、それから？　それから排気管に圧力を加えるだろう、排気管を持ち上げるだろう。それは空にのぼるだろう、ふたたび凍え、ふたたび水となるだろう。どこに進展がある？　わたしがそこに見るのは循環であって、これは進展とはたいした違いだ。なるほど事はなしとげられた。なるほど水はもう排気鐘の中におさまっていない。が、露となって、そとに、草の上に、地面に水はあるのだ。にもかかわらず、ひとがこの《場所転換》を見るのは、いかなる形而上学にもとづいてのことか？[4]

　ひとは反対してこういおうとするだろう。現代のある種の理論——たとえばアインシュタインのそれのごとき——は綜合的ではないか。アインシュタインの理論体系においては、周知のように、もはや孤立した要素はなく、おのおのの実在は宇宙との関係において意味を与えられていると。これには多々議論の余地があろうが、今はつぎの点を指摘するにとどめておこう。彼の理論では綜合なるものは問題になっていない。なぜなら、ある綜合をつくるさまざまの構造のあいだに打ちたてられる諸関係は内的かつ質的であるが、これにたいし、アインシュタインの諸理論にあっては、ある位置ある質量をかくかくと定義させる諸関係は量的かつ外的にとどまっているからだ。それに、もともとそんなところに彼の理論の問題点はないのだ。ニュートンにせよアルキメデスにせよ、ラプラースにせよアインシュタインにせよ、科学者が研究するのは具体的な全体ではなく、つねに宇宙の普遍的かつ抽象的諸条件である。ある夏の日の木の間がくれの陽のきらめき、と名づけられるもの、いいかえれば光を、熱を、自身のうちにとらえ融けこませているこの特定の出来事を研究するのではなく、光一般、カロリー現象、生の普遍的諸条件をそれは研究するのだ。一片のガラス――それ自身の歴史をもち、ある見方からすれば宇宙の具体的綜合とも考えられるこの破片を通るこの屈折を検討するのでは決してなく、屈折一般を可能ならしめる諸条件を検討することが問題なのだ。科学は、ヘーゲルのいった意味での悟性（concepts）から成る。弁証法は、これに反し、その本質上、概念（notions）の運動である。周知のごとく、ヘーゲルにとって概念とは、悟性のことごとくを、具体的現実の有機的な生命ある統一の中に、組織し融合するものである。「土地」とか「ルネッサンス」「十九世紀の植民地運動」「ナチズム」とかは概念の対象である。存在、光、エネルギーとかは抽象的な悟性である。弁証法がゆたかになるのは、抽象から具体へのこの移行のうちにおいてである。すなわち、基本的な諸悟性から、しだいにゆたかになる諸概念への移行においてなのだ。こうして弁証法の運動は、科学のそれとはむしろ逆の方向にはたらいているのである。

「そう、なるほど」とあるコミュニストの知識人がわたしに打ちあけていった。「たしかに科学と弁証法とは反対の方向に動いている。でもそれは、科学がブルジョアの観点を代表しているからなので、つまり分析的なのだ。われわれの弁証法は、それとは逆に、プロレタリアートの思想そのものである」。そのとおりだろう。これはよいとしよう――ソビエトの科学は、その方法において、ブルジョア諸国の科学と大したちがいはないようだが、それはさておくとして。……だが、そうだとすると、なぜコミュニストたちは、彼らの唯物論を基礎づけるため、その科学から立論・証明を借りているのか？　科学の奥にひそむ精神は唯物的である。わたしはそう信ずる。だが、たった今、その科学を分析的かつブルジョア的と彼らはきめつけたのだ。そこで、不意に位置は逆転し、わたしは眼前に相争う二階級をありありと見る。一つはブルジョアジーで、これは唯物的である。その思考方法は分析で、そのイデオロギーは科学的である。——他はプロレタリアートで、これは観念的である。その思考方法は綜合で、そのイデオロギーは弁証法である。そして階級間に闘争がある以上、そのイデオロギーにも相容れないものがあるはずだ。ところが、事実はけっしてそうではない。どうやら弁証法は科学を桂冠でかざり、その業績を利用しているらしい。どうやら、ブルジョアジーは分析を武器とし、したがって高次なものを低次なものに還元し、かくて観念的であるらしい。それにひきかえ、プロレタリアートは——綜合的にものを考え革命の理想にみちびかれているプロレタリアートは——綜合を各要素に還元できない、といってはいるが——それでも唯物的であるらしい。……さあ、これでは何のことやら誰にも分るまい。

さて、話を科学にもどそう。科学はブルジョア的であろうとなかろうと、少なくとも、すでにその技倆を示したのである。われわれは今や、物質について科学がどう教えるか知っている。つまりこうだ。外部から息吹を与えられ、世界の全的状態により条件づけられ、つねに外からやってくる力に屈服する物的客体、相浸透することなく合体し互いにいつまでも無縁であるような諸要素によって構成されている物的客体——この客体は、それ自身にたいしても外的（extérieur）である。その最も明らかな諸特性はすべて統計によって知られる。すなわち、物質の特性はそれを構成する諸分子の運動より生ずる合力にしかすぎないのだ。「自然」とは、ヘーゲルがふかく本質をついていったように、外面性（extériorité）である。この外面のうちにどうして弁証法なるこの絶対的内面化（intériorisation absolue）の運動の入りこむ余地があろう？　綜合という観念そのものによっても、生は物質に還元できず、人間の意識はまた生に還元できないことは明らかではないか？　先刻われわれが、唯物論者のいう実証主義と彼らの形而上学とのあいだにみとめたあのくい違い、それと同じくい違いがここにも現われているのだ。つまり、唯物論が熱愛し信仰している現代科学と、彼らがその武器とか方法とか称している弁証法とのあいだのくい違いが……。彼らはさきほどと同様に平然として、あるときは生は物理化学現象の複雑な関係であるといい、また他のときは生は自然弁証法の還元不可能の（irréductible）一契機であるという。いや、そうではなくその両者を《同時に》考えようと、誠意も何もあったものではなく力んでいるのだ。彼らがしどろもどろに語るところを聞いていると、彼らが還元可能な還元不可能性（irréductibilité réductible）というまことにあいまいで矛盾にみちた概念を考えだしていることが分る。ガローディ氏はこれで満足しておられる。しかし氏が語るのをきくと、その動揺ぶりにひとはおどろく。一方において氏は、機械的決定論の時代はもはや過ぎた、いまやそれは弁証法によってとって代わられねばならぬ、と《抽象的》に断定しておられるかと思うと、また他方、《具体的》状況を解明しようとする段になるとあわてて因果関係へととって返しておられる。ところが、因果関係とは直線的なものであって、結果にたいする原因という絶対の外面性を仮定しているのだ。おそらく、この原因なる概念ほど、唯物論者たちが陥っている思想の大混乱をよく現わしているものはないだろう。わたしがかつてナヴィル氏に、氏がこのんで使われるこの令名高き因果律なるものが、はたして弁証法の範疇に入るものかどうかと問うて、あけすけに氏に挑戦したとき、氏はろうばいの色をしめし、黙ってしまわれた。わたしには氏の心の中がじつによく分る！　わたしに言わせてもらえばこういうことだ。原因なる概念は科学的諸関係と弁証法的諸綜合とのあいだに宙ぶらりんになっているのである。さきにみたごとく、唯物論は一つの説明的形而上学である。（それはある種の社会的現象を他の社会的現象によって、すなわち精神的なものを生物学的なものによって、生物学的なものを物理学的なものによって説明しようとする)。だから原則的に唯物論は因果的図式を利用しているわけなのだ。さてところが、科学の中には宇宙の説明があるというので科学の方に向きなおり、そしておどろきつつ認める……因果律の関係は科学的ではないということを。ジュールの法則の、マリオットの法則の、アルキメデスの原理の、カルノーの原理の、どこに原因なるものが見あたるか? 科学が一ばんよくやるのは諸現象のあいだに函数関係をたて、そしてその時々にしたがって独立変数をえらぶということである。それに、因果律の質的関係を数学用語により表現することは、げんみつには不可能である。物理学の法則は、大部分たんに y=f(x) 型の函数形式をもつにとどまる。そうでない法則は恒数をたてている。また、べつの法則は非可逆現象の諸相をわれわれに示している。だがそれとても、それら諸相中のある相が次の相の原因であるとはいえない性質のものである(間接性細胞核分裂において核の分裂は原形質小繊維の分裂の原因であるといえるだろうか?)。こうして唯物論的因果律は宙にまようのである。それはこの論が、精神を物質に還元し、精神的なものを物質的なものによって解釈しようとする形而上学的目的より出発しているからなのだ。唯物論者は、その因果律ふうの説明を支えるためには科学ではあまりにすくなすぎるのを見てとり、がっかりしてこうべを弁証法の方にめぐらすのである。ところが弁証法ではあまりに多すぎるのだ。因果律のつながりは直線的であり、原因はその結果にたいしどこまでも外的である。のみならず、原因より結果の方がゆたかであることは絶対にない。さもなければ、結果から原因を引いたその《余り》は、因果律の眺望にたっては説明されずに終るだろう。これに反し、弁証法的進展は包括的である。あたらしい段階ごとに、過ぎさった地点の全体をふりかえり、そのすべてをみずからの中に取りいれる。そして一段階から他へと移行するごとに、必ずゆたかになっている。綜合の中には、命題およびそれと統一された反命題の中にあるより必ずより多くのものが存在するのだ。唯物論者たちの称する原因なるものは、かくて、科学によりかかることもできず、弁証法にぶらさがるわけにもいかず、けっきょく卑俗な実用向きの概念たるにとどまる。そして、そのさし示すところは、一を他の上にねじまげ、たがいに相容れぬ二つの方法をむりやりに結合させようとするいつにかわらぬ唯物論の努力である。これはまちがった綜合の典型であり、かようなものを利用するのは人間の信義にもとる。

以上の事実は、「上部構造」をきわめるため、マルクス主義者たちのおこなう試論のうちに、とりわけいちじるしく現われている。《一方では》上部構造なるものは、彼らにとって、生産様式の「反映」である。スターリンはこうかいている。「もしドレイ制の下にかくかくの社会思想、社会的理論、かくかくの政治的見解、政治制度がみられ、封建制の下にはべつの、資本主義の下にはさらに異なるそれらがみられるとすれば、それは、そうした思想、理論、見解、政治制度そのものの「本質」あるいは「諸特性」によってではなく、社会発展の種々の段階における社会の物質的生活の雑多の諸条件によって説明されるのである。社会の状態、社会の物質的存在の諸条件、これこそその社会の思想、理論、その政治的見解、その政治制度を決定するものである」[5]。

この一節ぜんたいの感じもそうだが、とくに「反映」とか「決定する」とかいうことばの使ってあるのは、かなり示唆にとむ。すなわち、ここでは決定論が支配しているのだ。上部構造は一から十まで社会的状態により支えられ条件づけられている、上部構造とは社会的状態の反映にすぎぬ、生産様式と政治制度との関係は原因対結果の関係にひとしい、というのである。こういうわけで、かつてある無邪気な男は、スピノザの哲学にはオランダにおける穀物取引の正確な反映がみられる、と想像をたくましくした。しかし同時に《他方では》、マルクシズムのプロパガンダの必要からして、イデオロギーは、それを条件づけている社会状態にたいし反撃に出られるだけの、いわば存在と行動との能力をもっていなければならぬ。

要するに、下部構造にたいする一種のオートノミーということである。そこで、マルクス主義者たちは弁証法に助けをもとめ、上部構造を一つの綜合なりとする。――なるほど、上部構造は生産と物質的生活の諸条件からうまれるものではあるが、しかしその本質と発展の法則とは真の「独立」を保っている、……これすなわち綜合だというのだ。スターリンは、おなじ小著のなかで、つぎのようにかいている。「あたらしい社会的思想ならびに理論は、社会の物質的生活の発展が社会にたいしあたらしい任務を課した場合にのみうまれてくる。……あたらしい社会的思想や理論がうまれてくるのは、それら思想、理論が社会にとって必要［ないしは必然］(nécessaire) だからであり、また、その組織作用、動員作用、変革作用なしには社会の物質的発展にともなう緊急諸問題の解決はまったく不可能だからである」[6]。

だれしも気づくことだが、この文中においては nécessité なることばがひじょうに違った意味に使われている[7]。ある思想がふいにうまれるのは、あたらしい任務の遂行にそれが nécessaire だからだ。つまり、任務なるものは、遂行されるまえにまず、その遂行を「容易ならしめる」思想を呼びおこすというのである。思想は、ある空白により求められ、ひきおこされ、そうして空白をうずめんとする。いやじっさいに「ひきおこされ」という表現をスターリンはもうすこし後の方で使っている。未来的なこの行動、終極目的性となんら異なるところのないこの必然性 (nécessité)、思想のこの組織力、動員力、変革力、すべては明らかにわれわれをヘーゲル弁証法の領域にみちびくものである。しかし、スターリンの二つの主張、一方では思想は「社会状態により決定され」、他方では「達成されるべきあたらしい任務によりひきおこされ」るとするこの二つの主張がどうして同時に信じられよう？ 「社会の精神的生活は客観的現実の一反映、存在の一反映である」[8]、すなわちそれ自身個有の存在をもたぬ派生的の、仮の一現実、ストア学派の「レクタ」にも似た何ものかであるとスターリンにならって考えねばならないのか？ それとも反対に、

「思想は大衆の意識の中に生きるとき、生きた現実となる」とレーニンと共に主張しなければならぬのか？　因果的な直線的な関係をとるべきか——その場合には、結果あるいは反映は、それ自身では動けない。それとも弁証法的綜合的な関係をとるべきか——その場合には、究極の綜合はそれをうみだした部分的綜合の方をふりかえり、それらをみずからの中にとりいれ、溶かしこむ。したがって精神的生活〔精神的生命〕は物質的生活より発するものではあるが、やがてはそちらに向きなおりそれを完全に吸収してしまうのである。このいずれか、どちらとも唯物論者たちははっきり態度をきめない。彼らは一方から他方へと揺れうごいている。抽象的には弁証法的進展を主張しているが、いざ具体的研究となると多くの場合、環境と時代との決定論によるふるめかしいテーヌ(9)ふうの説明に終始しているのだ。

そればかりでない。いったい弁証法論者の用いる物質という概念は正確にはなにを意味するか？　もしそれが科学より借り来ったものならば、最も貧弱な概念というべきで、それは他の諸概念の中にみずからを解消し、具体的な最もゆたかな一つの観念に到達せんとするのだ。ここに観念というのは、けっきょく、自身の中に、それを構成する一分子として、物質なる概念をふくむのであって、物質によってその観念が説明されるとは思いもよらぬこと、この観念こそ物質を説きあかすものである。以上承知の上なら、最も空虚な抽象概念として物質から出発してもよし、あるいはヘーゲルのやったように存在から出発してもよし、いずれにしろ大したちがいではない。もっとも、ヘーゲルの出発点は最も抽象的でありながら最もよく選択されたものである。しかるに、もしヘーゲル弁証法を裏返しにし、それを「たてなおす」ことが真に必要だというなら、弁証法運動の出発点としてえらばれた物質は、マルクシストの眼に、最もまずしい概念としてでなく、最もゆたかな観念として映っているとみとめざるをえない。その場合、物質は全宇宙とひとしくなり、森羅万象の統一体となる。もろもろの思想・いのち・各個人は物質の諸様式にすぎず、要するに、物質とはスピノザのいう大いなる全体性である。ただ、もし事情がかくのごときであり、マルクス主義者のいう物質はヘーゲルのいう精神とまさに対照的だとするなら、つぎのごとき逆説的な結果にいたる。つまりマルクスは、弁証法をたてなおすために、最もゆたかな観念を出発点においたことになる。なるほど、ヘーゲルにおいても、精神が出発点に位している。だが、虚体として、呼びかけとして存在しているのであって、彼の弁証法はかかる精神のあゆむ歴史以外のなにものでもない。マルクス主義者たちにとっては、これとは逆に、まず与えられているのは、全的な、活動している物質である。そして種の歴史あるいは人間社会の進化に適用される弁証法とは、この物質なる現実の諸様式のあるものの部分的発展のひき写しにしかすぎないのである。しかし、弁証法が世界の発生そのものでなく、また漸進的にゆたかになる運動でもないから、弁証法など無にひとしいものである。このようにマルクスはご親切に弁証法をもちあげながら、かえってそれに止めの一撃をくわえたのだ。ちょうど寓話のクマとその煉瓦とを思わせるのではないか(10)。彼ら自身、どうしてそのことに気づかなかったのか、とそれが疑問になろう。しかしそれは、われわれの唯物論者たちが、もともと誠意をぬきにして、「物質」なるつかみどころのない矛盾した概念をつくりあげたからなのだ。彼らの都合しだいで、物質とはあるときは最もまずしい抽象概念であり、他のときは最もゆたかな具体的全体性のことである。彼らは前者から後者へと飛躍し、後者により前者を偽装している。そしてけっきょく、どたん場まで追いつめられ、もう逃げ場がなくなると、彼ら唯物論者は唯物論とは一つの方法、精神の一方向であると主張する。さらに一押しおせば彼らはいうだろう。それは一つの生き方（un style de vie）である、と。ここまでバカげたことをさえいわねば、わたしの方からすすんで唯物論を、取るにたる精神の諸形式の一つとして、つまり自己に直面したさいの逃亡の一形式として扱ってやっただろうに。しかし、かりにも唯物論が、その主観的なところ、矛盾したところ、感傷的なところすべてをひっくるめて要するに一つの人間的態度にすぎぬのなら、それを厳密な哲学として、客観性の学説としてわれわれに押しつけるのはやめてくれたまえ。唯物論への改宗をわたしはあまた見てきた。じっさい、なにか宗教にでも入るようにしてひとは唯物論に入るのである。そこで、わたしは、唯物論を定義するに、自己の主体性を恥じている連中の主体性を以ってしたいと思うのだ。もちろん、唯物論はまた、肉体的にくるしんでいる人たち、飢えの、病の、筋肉労働の、さらに人間をむしばむ一切のものの現実を知っている人たちのうめきであり不満である。一言でいえば衝動の教義だ。この最初の衝動はまったく正当である。とくにそれが、抑圧された者の、そのおかれた状況にたいする自然発生的反動をあらわしているとき、正当である。――だが、だからといって運動ぜんたいがよいとはならぬ。観念論にはむかい、物質世界の有無をいわせぬ現実を確認し、主張すること、これは必ずしも唯物論者たらずともなしうることである。この問題については、のちほど再説しよう。

それはさておき、天上から地上へと墜落した弁証法が、なおその必然性を保っているのはどうしたわけか？　ヘーゲルにあっては、意識は、弁証法の仮説をたてる必要をもたない。意識は、理念の生成に外部から立ち会う純粋に傍観的な証人ではなく、それ自身が弁証法的であり、綜合的進展の諸法則にしたがいみずからを生みだしてゆく。諸関係の中に必然性を想定する必要など少しもない。意識はこの必然性そのものである。意識は、この必然性を生きている。したがって、その確実さの由来するのは、多少とも批判の余地をのこすなんらかの明証からではなく、意識の弁証法の意識とのしだいにふかまる同一化からである。これに反し、もしも、弁証法をもって物質世界の発展の様態をあらわすものとし、意識をもって――それが弁証法と完全に同一化するなどとは思いもよらぬこと――「存在の反映」、部分的産物、綜合的進展の一契機にすぎぬとするならば、さらにまた、意識なるものは、自己生成に内部から立ち会うのではなく、意識外に根をもつ感情やイデオロギーにより外部から浸透され、したがって、それら感情やイデオロギーを作りだすのでなく、たんにそれらに屈従するものだとするならば、そのとき意識とは、初めと終りとがはるかにかけはなれている鎖の中の一つの環にすぎなくなる。そして、鎖ぜんたいでない以上、意識が、その鎖について確かなことを何ひとついいえるわけがないではないか。そして、若干の結果をみずからの中に定着させつつその運動をすすめてゆく。そして、それらの結果をわれわれが考察し、けっきょく、進展の綜合的一様式がおそらく存在するであろう、と結論しうるかもしれない。あるいは、外的現象を考察するためのいくつかの推測がたてられるかもしれない。だが、いずれにしろ、弁証法をば、一つの作業仮説、まずやってみて、しかるのち結果によりその妥当さが計られる一方法と見なすことで満足せねばならないのではないか。にもかかわらず、唯物論者たちが、この探究の方法を宇宙の構造なりとするのはいかなる理由によるのだろうか？　「弁証法的方法により確立された諸現象間の相互関連と相互制約とは運動する物質の必然的法則をかたちづくる[8]」と主張してゆずらないのはなぜだろう？　自然科学はこれとは反対の精神から発し、まったく逆の方法を用いているではないか。さらに、史的〔人文〕科学もまだはじまったばかりではないか。

それというのも、あきらかに、彼ら唯物論者たちが一の世界から他の世界へ〔観念のそれから物質のそれへ〕弁証法を持ちこみながら、はじめの世界でえていた利点をよう捨てきれなかったからである。一方、弁証法の必然性と確実性を保存しながら、他方ではそれを統制する手段をすてている。こうして彼らは、もともと観念の世界でしか通用せぬ綜合的発展の様式を物質に与えんとしたり、純粋に観念を観念として考えるところからうまれるある種の確実性——現実世界の経験とはなんのかかわりももたぬ確実性を借用におよんだりしたのである。だが、そうこうするうち、ついに物質はそれ自身が観念となる。とにかく物質とよばれるからには表むきはその不透明性、その不動性、その外面性をたもっている。しかし、そればかりでなく、完全な透明性をも、もつのである――なぜなら、あやまることなく、かつ原則的に、万事が物質の内的過程により決定されるからである――かくて物質は綜合である、物質はたえずゆたかになることにより進展する。……さて、これにだまされてはいけない。これは唯物論と観念論との同時止揚ではけっしてない。[9]

不透明性と透明性、外面性と内面性、不動性と綜合的進展、これらはただ「弁証法的唯物論」なるいつわりの統一の中に並置されているにすぎない。物質は、いぜんとして、科学が教えるがままの物質である。相反するものをみずからのうちに真に融合させるあたらしい一概念、正確には物質でも観念でもない一概念、これの欠けているため相反するものの化合も起こりえなかった。すなわち、一方の性質を他方にひき写したところで、それではその対立を克服することにならないのである。唯物論は、弁証法的と称することにより、じっさいは観念論に「移行」しているのだ。これはよく認識しておく必要がある。マルクシストたちは実証的と自称しながら、ひそかに形而上学を用い実証主義を破壊している。と同様に、合理主義を宣言しながら、思想の発生についての彼らの考え方からしてその主義を破壊しているのだ。さらにおなじく、唯物論なる彼らの原理そのものも、それをたてるまさにそのとき、観念論にひそかに助けをもとめ、したがってそれをも否定しさっているのである。[10]

こうした混乱は自分たちの学説にたいする唯物論者の主体的な態度のうちに反映している。唯物論者はその原理を確かだと称している。が、彼は証明しえないことまで主張しているのである。「唯物論者は……とみとめる」とスターリンはいう。しかし何によってそれをみとめるのか。神は存在せず、精神は物質の一反映であり、世界の発展は相反する二つの力の闘争によって行なわれるということ、客観的な一真理があるということ、この世には認識せられないものは一つとしてなく、たまたままだ認識されるまでにいたっていないだけだというようなこと、これらは何によってみとめられるのか。誰もさようなことを説明しはしないのである。「社会の物質的生活の発達のもたらしたあたらしい任務がうながした場合、あたらしい社会的思想、社会的理論はみずから道を切りひらき、人民大衆の資産となって彼ら大衆を動員し、組織し、社会のほろびゆく諸力に対抗せしめ、そうして、社会の物質的生活の発展をはばむこれら諸力の顛覆を容易ならしめるのである」、と以上がかりに正しいとしても、この思想がプロレタリアートに採用されたのは、あきらかに〔正しいからというのではなく〕この思想によるとプロレタリアートが彼らの現状、彼らのもつ要求を明瞭に知りうるからなのだ。それは、この思想がブルジョア階級と戦ってゆくうえに最も有効な武器を提供するからのことである。スターリンはさきに引用した著書の中でいっている。「ユートピア主義者たち――ナロードニキ、アナーキスト、革命的社会主義者を中にふくめて――の没落の理由として、とりわけ、社会発展において社会の物質的生活の諸条件の演じた第一義的役割を彼らが認識していなかったという事実があげられる。彼らは観念論におちこみ、そのため実践的活動の基礎を、社会の実践的生活の発達による諸要求におこうとせず、かえってこれら要求を無視し、それにそむいて、社会の現実生活とは遊離した『理想的プラン』や『普遍的計画』にその基礎をおいたのである。マルクス＝レーニン主義の力をうみいのちをうむもの、それは、この主義が社会の現実生活から断じて遊離せず、その実践活動をまさしく社会の物質的生活の発達にともなう諸要求のうちに基礎づけているという事実である」と。もし唯物論が行動のための最上の武器だとするなら、この論の真理は実用向きの真理である。それは労働者階級に役立つゆえに、そのかぎり彼らにとって真理である。そして、社会の進歩が彼らの労働者階級により遂行されねばならぬ以上、唯物論は観念論よりずっと正しい。一時、ブルジョアジーが勃興階級であったときその階級に役立った観念論も、いまでは社会の物質的生活の発達をさまたげるより能はないのだ。とはいえ、プロレタリアートがついにブルジョア階級をその腹中に吸収し、階級なき社会を実現した暁には、またしてもあたらしい任務があらわれ、あたらしい社会的思想、社会的理論の成立を「うながす」であろう。すなわち、唯物論はその命数を終えるであろう。なぜなら、唯物論とは労働者階級の思想であり、その未来の社会には労働者階級なるものはないからだ。一階級の要求と努力との表明として客観的にとらえられるとき、唯物論は一つの意見（opinion）にすぎなくなる。いいかえれば、動員力、変革力、組織力がすなわち唯物論であって、それら力の客観的現実性はひたすらその実践力の大小により計られる。そして、この意見なるものは確実性を誇称してはいるが、じつは自身のうちに自己破壊のもとをふくんでいる。何となれば、唯物論の諸原理にてらしてみても、それはみずからを客観的事実、存在の反映、科学の対照と見なさねばならず、しかも同時に、すくなくとも意見とよばれる以上、それはかかる意見を分析し定着すべき科学を破壊するものだからだ。循環の環は一目瞭然、なにもかもが宙にまよい、存在と虚無とのあいだを小止みなくただよいつづけている。スターリン主義者は信仰によってここから脱出する。スターリン主義者が唯物論を「みとめる」のも、彼が行動し世界を変革せんとのぞんでいるためである。すなわち、かかる広大なくわだてに参加するとき、ひとは、そのくわだてを正当化する原理の選択に、とやかくむつかしいことをいう暇を持ち合わせていないのである。彼はマルクスを信じ、レーニンを信じ、スターリンを信ずる。彼は天降り的原則をみとめる。要するに彼は、唯物論とはゆるぎない真理であるとの盲目的な、したがっていともやすらかな信念を堅持するのだ。この確信は逆に、すべて思想を検討してみようと彼にもちかけるとき彼がしめす一般的態度に影響を及ぼしている。彼の学説の一つ、あるいは彼の具体的主張のあるものを、も少し追及してみよ。彼は君にいうだろう。ムダな時間は持ち合わしていない。事態は急をつげている。なにをおいてもまず実践である。焦眉の急にそなえ、革命のために働かねばならぬ。いずれ時がくればゆるゆると原理のあれこれを論議もできよう――というより、自然にそれらの原理が問題になって来よう。だが今のところは、すべての争いをしりぞけねばならない。なぜならそうした争いは運動をよわめるおそれがあるからだ、と。なるほどじつにもっともである。しかしいざそちらが攻撃する立場になり、ブルジョア的思想を批判しインテリ的態度を反動的ときめつける場合になると、今度は真理を保持していると称するのである。おなじ原理、たった今とかく論議する時期ではないといった当の諸原理が、忽然として明証となるのである。唯物論の原理は有用な意見の段階から真理の段階へ飛躍するのだ。彼スターリン主義者に君がこういうとしよう。「トロッキストは過ちを犯している。それはそうだ。しかし彼らは、君がいうように警察のイヌではない。君だって彼らがイヌでないとは十分承知しているのだ」と。「とんでもない」彼は答えるだろう。「彼らがイヌだということこそ明々白々である。彼らの本心がどうあろうとそんなことはわたしの知ったことではない。主体性なるものは存在しないからである。ただ客観的にみるとき、たしかにトロッキストはブルジョアジーの御用をつとめ、アジテイターとして、イヌとしてたちまわっている。なぜなら、しらずしらず警察のご用をつとめようと、おおぴらに警察に協力しようと、どのみちおなじことになるからだ」と。そこで彼にいってやる。「まさにそれこそおなじことにならない。純粋に客観的にみて、トロッキストのやることと警察のやることは似ていない」。それでも彼はいいはる。「あれにしろこれにしろ負けず劣らず有害である。二者いずれにせよ結果は労働階級の前進をさまたげるばかりである」と。そしてもし君がおいそれと引きさがらず、「その前進をさまたげるにもいくつかやりかたがある。結果においてさえ、それらは等価値でない」と主張するならば、彼はそりかえって答えるだろう。「君のいう区別もあるいは本当かもしれない。が、わたしには興味のないことだ。今やわれわれは闘争の時期にいる。情勢はかんたんで、陣営の色分けはまことにあざやかである。なぜこまかい違いをあげつらわねばならぬのか？　コミュニズムの戦士はそうしたニュアンスのあれこれにかかずらうべきではない」と。またしても有用ということに戻ったわけだ。このようにして「トロツキストはイヌなり」というこの命題は、ときには有用な意見であり、ときには客観的真理となって、そのあいだをいつまでも動揺しつづけている。[11]

マルクス主義者が真理についてもつ概念のこの曖昧さは、科学者にむかうコミュニストの態度のアンビヴァランス(12)が最もあらわにしめしている。コミュニストたちはなにかといえば科学者を引き合いにだし、その発見を利用している。その思想を価値ある唯一の認識形式であるとしている。にもかかわらず、科学者にたいする不信の念はいっかな休まろうとはしないのだ。彼らコミュニストは、客観性という厳密に科学的な概念に依っているかぎり、とうぜん批判的精神を要求し、探究欲にもえ、論議をこのみ、そして天降り的原則をはねつけ、たえず経験と合理的明証にたよるだけの聡明さをねがわねばならない。ところが、彼らの信心のふかまるにしたがい、また科学がすべての信仰を問題視するにしたがって、今いったこれらの美点を彼らはないがしろにするのである。もしも科学者がこうした科学的性格を党に持ちこみ、原則を検討する権利を主張すれば、科学者は一介の「インテリ」になりさがるのである。そして、こうした科学者の精神の自由《リベルテ》――物質的半独立性の表現たる危険きわまる精神の気儘《リベルテ》はしりぞけられ、かわって、その現状からして指導者の訓令を信ぜざるをえぬ労働戦士の信仰心が強調されるのだ。[12]

わたしがこんにち選択(14)をせまられている唯物論とは、ざっとこうしたものである。一個の怪物、正体のとらえがたいプロテウス、あいまいで矛盾にみちた巨大な一風貌――唯物論とはこれである。この唯物論を、たった今、まったき精神の自由をもって、一点のくもりものこさぬ聡明さで選ぶようわたしはせまられている。すなわち、《思想》の最善をつくして自由に聡明にわたしが選ばねばならぬもの、それは何かといえば、ほかならぬ《思想》を破壊している一学説である。わたしとて、労働階級の解放をよそにして人間のための救いはありえない、とは百も承知している。わたしはそのことを唯物論者になる以前から承知しているのであり、たんに事実をしらべるだけでそのことはわかるのだ。精神にかんする事がらはプロレタリアートと利害を共にしている、それもわたしは知っている。だからといって、それが今までわたしをみちびいてきた思想にたいし、自己破壊を命ずる理由となるであろうか？　思想に命じて、今後、その諸基準を放棄させ、つじつまのあわぬことを考えさせ、たがいに相容れぬ命題のあいだで八つざきになれといい、すすんで明澄な意識までも失わせ、信仰への目くるめく道に手さぐりでよろけこませる、それが理由となるであろうか？　「まずひざまずけ、すれば汝は信ずるであろう」とパスカルはいう。唯物論者のくわだてもきわめてこれに近い。もしわたし一人がひざまずけばよく、この犠牲により人類の幸福が保証できるのなら、それに同意するのがおそらく正しい。しかし唯物論は、万人が自由な批判の権利を、明証性を、つまりは真理を放棄することを要求しているのである。もっと後になればそれらが返される時がくる、とひとはいう。しかし証拠はどこにもない。みずからを破壊しているような原理にもとづいてなされる約束など、信ずるわけにゆかぬではないか。わたしの知っているのはただ一事である。それは、たった今よりわたしの思想はしりぞけられねばならぬということだ。わたしは、次の受けいれがたいディレンマにおちいっているのであろうか。真理の名のもとに被抑圧階級の利益を裏切るか、それともプロレタリアートに力をかすために真理を裏切るか、というディレンマに。

唯物論の信仰を、もしその内容からではなく、一つの社会現象としてその歴史から考えるならば、知識人の気まぐれでも、一哲学のたんなる誤ちでもないことは明らかである。いかに遠くまでさかのぼろうと、やはり唯物論は革命的態度とむすびついている。人間を恐怖とくさりとから解放することを、とくに念願とした最初のひと、囲いのうちにありながらドレイ制を廃さんとした最初のひと、エピキュロス(15)は唯物論者であった。また、偉大な啓蒙哲学者《フィロゾーフ》たちの唯物論にせよ、「ソシエテ・ド・パンセ」の唯物論にせよ、一七八九年の大革命に少なからぬ貢献をした。さらに、コミュニストたちにいたると、彼らはその主張を守るべく、カトリックが信仰を守るために用いるのと奇妙なほど似通った論法をすすんで採用している。つまりこうである。「もし唯物論がまちがっているのなら、唯物論が労働者階級を団結させ、彼らを闘争へとみちびき、はげしい弾圧の嵐をくぐって過去半世紀にわたり続々とわれわれに勝利をもたらしているこの事実を君はどう説明するのか？」と。この論法は「教会」の論法であり、成果によりア・ポステリオリに証明するたちのものではあるが、それでもぜんぜん的がはずれているわけではない。唯物論は、こんにち、プロレタリアートが革命的であるのにおうじて、そのかぎりにおいてまさしくプロレタリアートの哲学である。この苛酷でいつわりの多い学説は、それでも、最も熱烈な最も純粋な希望のかずかずをになっている。人間の自由《リベルテ》を徹底的に否定するこの理論が、最も徹底的な人間解放《リベラシオン》の武器となっているのだ。この事実によって、唯物論の内容が、ほんらい革命の諸力を「動員し組織する」ものであることがわかる。さらにまた、被抑圧階級の状況とこの状況の唯物論的表現とのあいだにあるふかい関係があることがわかる。しかし、だからといって、唯物論が一つの哲学であると結論するわけにいかない。まして唯一の真理であるとはとうてい考えられぬ。

唯物論がある一貫した行動を可能ならしめるかぎり、具体的状況を表現しているかぎり、また幾百万の人々がそこに希望を見いだし、そこに彼らの状態の描写を発見するかぎり、その範囲内において唯物論はたしかにいくばくかの真理をふくんでいるにちがいない。しかしこのことは、それが学説として全部正しいということを意味しない。唯物論のふくむいくつかの真理は、その姿をおおいかくされ、過ちの中でおぼれているかもしれないのである。焦眉の急にそなえるため、革命的思想がそれらの真理をつきあわせ、やっつけ仕事で急場をしのぐ仮建築をつくりあげたということもありえぬことではない——つまり仕立屋でいう仮縫である。もしそうだとすると、唯物論の中には革命者が必要とする以上の余計なものがある。と同時にその必要を満たしておらぬ。なぜなら、それらの真理は、いそいでムリやりに漆喰でつぎあわされたため、自発的にみずからを有機化することができず、真の統一をかちうることもできないからだ。この唯物論が今のところ革命の要求にかなう唯一の神話であることには異論の余地がない。そして政治家というものはこれ以上には進もうとしない。この神話は政治家の役にたつ。だからそれを採用するまでの話である。しかし、いやしくもそのくわだてが永続する性質のものなら、必要なのは神話ではなくて真理である。唯物論のふくむ真理のあれこれを全体として秩序づけ、しだいに、この神話とまったくおなじくらい革命の要求にかなう一哲学を建設すること、それは哲学者の課題である。ところで若干の真理を、その浸っている過ちの沼からとりあげる最良の手段は何か。それは、革命的態度を注意ぶかく検討することにより、真に革命が要求するものだけを見きわめ、この具体的要求が唯物論的世界観を必要とするにいたった過程をそれぞれの場合に当たってたどってみ、それらの要求がいずれの場合にも最初の方向からはずれたり横にそれたりはしなかったかどうかを確かめてみることである。革命のこの要求は、今や、革命の神話によりおしつぶされ、自分の正体をもつかめなくなっている。だがもしも、この神話から解放されることがあれば、革命の要求は、おそらく、一貫した一哲学——自然ならびに人間的諸関係の真の叙述という点で、唯物論よりはるかにすぐれた一哲学の偉大な数行をかきしるすこととなろう。

II　革命の哲学

ナチ及びその協力者たちの仕事はさまざまの観念をかきまぜることであった。ペタン[16]政府は自ら「革命」と称し、遂には「ジェルブ」紙の大見出しに《維持すること、これこそ「国民革命」の標語である》と書かれるほど、それほど事態は不可解を極めるに到った。従ってまず幾つかの根本的真理を思い起しておくことが適当である。いっさいの先入見を避けるために、われわれは、歴史家のマティエス[17]が革命について与えている後天的《アポステリオリ》な定義を採用しよう。すなわち彼によれば、諸制度の変化が所有制度の深い変革を伴うとき、そこには革命があるのである。

われわれは、このような革命を意識的に準備する党あるいは党の中の個人を革命的と呼ぼう。そしてまず注意しなければならないことは、自らを革命者とすることは誰にでも許されているわけではない、ということである。確かに「革命」を目的とする強力な、組織された党の存在は、あらゆる生まれの個人ないし集団を引きつけることができる。しかしこの党の組織はある一定の社会的条件を具えた者でなければ立ち上がらせることができない。換言すれば、革命者は状況内にあるのだ。明らかにそれは被抑圧者のあいだにのみ見出される。だが、革命者であろうと意志するためには、抑圧されているだけでは充分ではない。われわれは同化ユダヤ人を被抑圧者の中に算えることはできる――ある国々における少数民族《マイノリティ》についても同様である――がしかし、彼らの多くはブルジョワ階級の内部で抑圧されており、彼らを抑圧している階級の特権に彼らも与っているために、彼らは矛盾なくしてはこれらの特権の破壊を準備することはできないのである。同様にわれわれは、植民地の封建的民族主義者あるいはアメリカの黒人を、たとい彼らの利害関心が革命を準備する党のそれと一致することがあるとしても、革命的とは呼び得ないだろう。つまりこの場合、社会に対する彼らの総体的参加が完全ではないのである。前者が要求するのは昔の状態への復帰であり、彼らはその首長権を再び見出し、彼らを植民地的社会に縛りつけている鎖をたちきることを願うのだ。アメリカの黒人が願い、またブルジョワの同化ユダヤ人が願うところは、共に権利の平等であり、それは所有制度における構造の変革を少しも含んでいない。すなわち彼らはただ抑圧者たちの諸特権に自分たちも与ることを望んでいるだけであり、言い換えれば結局、彼らは、社会へのより完全な総体的参加を求めているのである。

革命者はこれらの特権にいささかも与り得ない状況の中にある。彼が要求するものを獲得し得るのは、ただ彼を抑圧する階級を破壊することによってのみなのだ。このことは、この抑圧が、ユダヤ人あるいはアメリカの黒人の場合のように、その社会制度の附随的な、いわば側面的な性格のものではなく、反対にその社会制度を構成している性格のものであることを意味する。従って革命者は被抑圧者であると同時に彼を抑圧する社会を支える要石でもある。より端的に言えば、抑圧されているかぎりにおいて彼はこの社会に不可欠なのだ。つまり革命者は支配階級のために労働する人々に属しているのである。

革命者は必然的に被抑圧者であり労働者である。そして労働者であるかぎりにおいて抑圧されているものである。生産者であって同時に被抑圧者であるというこの二重の性格は革命者の状況を明らかにするには充分であるが、しかし革命者そのものを明らかにするには決して充分ではない。〔一八三二年十一月の〕リヨンの絹織物工や一八四八年六月の日傭労働者は、革命者ではなく暴民であった。つまり、彼らが闘ったのは境遇の細部の改善のためであって、その徹底的変革のためではなかった。このことは彼らの状況が彼らの上に閉ざされていたこと、彼らはその状況を全体として受け容れていたことを意味する。すなわち彼らは賃銀で働くこと、彼ら自身の所有ではない機械で働くことを受け容れ、所有階級の諸権利を認め、その道徳に服従していたのであって、ただ、彼らが超越もせず認識さえもしなかった事態の中で、賃銀の値上げを要求しただけだったのである。これに反して革命者は、そのおかれている状況の超出（dépassement）によって定義される。そして彼は徹底的に新しい状況に向かって現在の状況を超越するのであるから、状況を綜合的全体として捉え、あるいはいわば、状況を自分にとって全体性として存在せしめるのである。従って彼が状況を実現するのは、将来へのこの超出から出発してであり、将来の観点から、である。状況は、諦めて屈従している被抑圧者にそう思われるように、先天的（a priori）かつ決定的な構造としてあらわれるのではなく、彼にとってそれは宇宙の一時期にほかならないのだ。状況を変えようと欲する以上、彼はただちにそれを歴史の観点から考察し、自己自身を歴史の動因と見なすのである。かくして、将来へと向かう自己のこの投企により、彼は彼を抑圧する社会を最初から離脱しているのであり、そこから振り返って現在の社会を理解しようとするのである。つまり、彼は人間の運命と不可分に結びついた人類の歴史を見るのであり、彼が実現しようとしている変革はこの歴史の、目的ではないにしても少なくとも本質的な段階なのである。彼にとって歴史は進歩としてあらわれる。なぜなら彼は、彼がわれわれをそこに導いて行こうとしている状態を、現にわれわれがある状態よりもいっそうよいものと判断するのであるから。と同時に彼は、人間の諸関係を労働の観点から見る。なぜなら労働が彼に定められた運命なのだから。ところで労働は、他のいろいろなものとならんで、宇宙に対する人間の直接的な結びつきの一つ、自然に対する人間の支配であり、また同時に、人間相互の関係の原理である。従ってこれは人間の現実の本質的な在り方であり、同一の企ての一致のうちに同時に《実存》し、また自然に対する関係と他人に対する関係とを相互依存的に実存せしめるものである。そして彼が労働者として自己の解放を要求すればするだけ、それだけいっそう強く彼は、単に自分が特権階級に加わることだけでは解放は実現され得ないことを知るのだ。彼が願うのは、まさにこの反対に、彼が他の労働者たちと共に保っている連帯の関係が人間関係の型そのものとなることである。つまり彼は被抑圧階級全体の解放を願うのだ。すなわち単独である単なる暴徒とは逆に、革命者は、自分の階級との連帯関係においてのみ自己を理解するのである。

かくして革命者は、自分が依存している社会の構造を意識する故に、その状況を考察する哲学を必要とする。そして彼の行為は人間の運命にかかわるかぎりにおいてのみ意味をもつのであるから、この哲学は全体的なものでなければならない。換言すれば、それは人間の条件の全体的解明を齎《もたら》すものでなければならない。そして労働者であるかぎりにおいて彼自身社会の本質的構成部分であり、かつ人間と自然とのあいだの蝶つがいであるから、世界に対する人間の根源的関係をまずその中心において明らかにしないような哲学は彼には用がない。この根源的関係とは世界に対する人間の組織的行為にほかならないのである。結局、この哲学は歴史的な企図から生まれ、そしてそれを求めている者に彼が選んだ歴史化のある方式を示さなければならないのであるから、それは当然歴史の過程を方向づけられたものとして、あるいは少なくとも方向づけられ得るものとして示さなければならない。さらにこの哲学は実践から生まれ、またそれを明らかにするためにこの哲学を必要とする実践へと帰るのであるから、それは単に世界の観想ではなく、それ自身が一つの実践でなければならない。この哲学は革命への努力に外から来て付け加わるのではなく、この努力そのものと不可分に結びついているものであることを充分に理解する必要がある。この哲学は革命の党に加入する労働者の最初の意図の中に含まれているのだ。それは、その革命的態度の中に暗々裡に初めから含まれている、なぜなら、世界を変革しようという意図はすべて、実現せられるべき変革という観点から世界の被いをとるある理解と不可分だからである。革命的哲学者の努力は、従って、革命的態度の根本的指導原理を導き出し、説き明かすにあろう。そしてこの哲学的努力がそれ自身一つの実践なのだ。なぜなら、この哲学がそれらの原理を導き出すことができるのは、ただ、これらの原理を生み出す運動すなわち革命的運動そのものの中に身をおくことによってのみだからである。さらにまた、一度この哲学が明らかにせられるならば、それは闘士に、彼の運命、世界における彼の位置、彼の目的をいっそうよく知らしめるという理由によっても、この哲学は一つの実践なのである。

かくして、革命的思想は状況にある思想である。すなわちそれは抑圧に対して共同して反抗するかぎりでの被抑圧者の思想である。それは外側から作られ得るものではない。それが作られている場合、人はただ、自己のうちに革命的運動を再現することによって、そしてこの哲学を生み出した状況から出発して考察することによって、この哲学を学ぶことができるだけである。支配階級出の哲学者たちの思想もまた実践だということに注意しなければならない。ニザン(18)は彼の『番犬たち』の中でこのことをよく示している。支配階級出の哲学者たちの思想は防禦し、保守し、反攻しようとするのだ。しかしこの抑圧の哲学はその実用主義的性格を隠そうと努めるのであり、ここから革命的思想に比してのその弱点が生じてくる。つまり、それは世界を変革することではなく維持することを目的としているために、世界をあるがままに観察すると言うのだ。それは純粋な認識の立場から社会と自然とを眺めるのであり、宇宙は変革されるのではなく認識されるのだと主張し、少なくとも、宇宙を変革しようと思えばまずそれを認識しなければならぬ、と説くことによって、この態度が宇宙の現状を保持しようとするものであることを認めようとしない。認識優位の理論は、対象を利用しつつ変革する実践を通して対象を把握するすべての労働の哲学とは反対に、純粋かつ静的な本質を事物に附与することによって、消極的かつ抑制的な実践をするのである。しかしそれは、認識の優位を主張し、真理の実用主義的理解をいっさい斥けるまさにその故に、自己の行なう実践の否定をそれ自身の中に含んでいるのだ。これに対して革命の思想が優っているのは、それが何よりもまず自己の実践的性格を宣言する点にある。それは自己がそれ自身一つの行為であることを知っている。そしてそれが自ら宇宙の全体的理解であると称するのは、抑圧されている労働者の企図が全宇宙に対する全体的態度にほかならないからである。しかし、革命者は偽から真を見分けなければならないのであるから、思想と実践とのこの分つことのできない統一は、真理の新しい体系的な理論を要求する。実用主義的理解はこれには不都合だろう。なぜなら実用主義は純粋かつ単純な主観主義的観念論だからである。そうであればこそ唯物論の神話が考え出されたのであった。唯物論の神話は、思想を、宇宙のエネルギーの諸形態の一つに過ぎないものに還元し、これによって思想から鬼火のように蒼ざめた相貌を取り除くという長所をもっている。のみならず、これは思想をそれぞれの場合に、他のものと同様の客観的行動として、換言すれば、世界の状態によってよび起こされ、かつこれを変えるためにこの状態へと帰ってくるものとして示すのである。しかしわれわれはさきに、条件づけられた思想という概念は自分で自分を裏切る、ということを見た。決定された行為という概念についても同様であるということを私は後に示すだろう。大切なことは、思想―行為を象徴的にあらわす宇宙開闢論的神話を無理につくり出すことではなく、いっさいの神話を放擲して、実践と真理、思想とレアリスムとを統一するという革命の真の要求に帰ることである。簡単に言えば、人間の現実は実践であること、宇宙に対する実践はあるがままのこの宇宙の理解と一つに結びついていることを示す哲学的理論が必要なのであり、言葉を換えて言えば、実践は現実の剝被(dévoilement)であると同時にこの現実の変革であることを示す哲学的理論が必要なのである。[13] ところがわれわれがすでに見た唯物論の神話は、その上、宇宙論、歴史の運動、人間と物質の関係、また人間相互の関係等、要するにあらゆる革命的主題を一つにした空想的表象なのである。従ってわれわれは再び革命的態度の考察に帰り、それを詳しく検討することによって、はたしてそれが神話的形象以外のものを何ら必要としないか、それとも反対に厳密な哲学の根拠づけを要求するかを見なければならない。

　支配階級に属するすべての人は神聖な権利をもった人間である。上流の階級に生まれ、彼は子供のときから、自分が生まれてきたのは命令するためであると確信する。そしてある意味で、これは本当である。というのは、命令者であるその親たちは、その後を継がせるために彼を生んだのだからである。ある社会的役割が将来において彼を待っており、成長すれば彼はその中を歩んで行くだろう。将来に待っているこの役割は、いわば彼という人間の形而上学的現実のようなものなのだ。彼自身の眼からみても、彼は一個の人格、つまり事実と権利との先天的（a priori）な綜合である。同族の者から期待され、必要なときに彼らの地位を高めるように定められ、彼は存在する権利がある故に存在する。ブルジョワのためのブルジョワというこの神聖な性格は認めあう（reconnaissance）という儀式（お辞儀、名刺、挨拶状、訪問の交換等というような）によってあらわされるのだが、彼らはこれを人間の尊厳と呼んでいるのである。支配階級のイデオロギーは徹頭徹尾この尊厳という観念に貫かれている。人間は《被造物の王》だと彼らが言う場合、この言葉は最も強い意味に、つまり、人間は神聖な権利によって万物の帝王なのだという意味に解されなければならぬ。世界は彼らのために作られ、彼らの存在は絶対的な、宇宙に意味を付与する精神にとってまったく申し分のない価値をもっているのである。客観に対する主観の優位、並びに思惟の働きによる自然の構成を主張するすべての哲学体系がもともと意味しているのはこのことなのだ。ここから当然、こういう次第だから人間は超自然的な存在だということになる。つまり、人が自然と呼んでいるのは、存在する権利なくして存在しているものの総体なのである。

　これら神聖な人々にとっては、被抑圧階級は自然の一部である。彼らは命令してはならぬ。他の社会にあっては、たとえば奴隷が《お屋敷》に生まれたという事実は彼に神聖な性格を付与するかもしれない。すなわちそれは奉仕するために生まれた者であり、神聖な権利をもつ人間に対して、神聖な義務をもつ人間なのだ。しかしプロレタリアの場合はこういうふうに言うわけにはいかないだろう。ごみごみした場末に生まれた労働者の子は支配階級のおえら方と何一つ直接に関るところがないのである。法律によって定められていることの他には、彼は個人的には何一つ義務をもっていない。いわゆる功績という神秘な恩寵を蒙るならば、ある事情ある制約の下で支配階級に成り上がるのを拒まれてさえもいないのだ。つまり、彼の息子あるいは孫が神的権利をもった人間になることもあろう。従って彼は単なる生きもの、最もよくつくられている動物以外の何ものでもないのである。植民地の土着民をさして《自然人》という場合、誰もがこの言葉の中にある軽蔑的なものを感じた。本国の銀行家、実業家あるいは教授は、どこの国の自然人でもない。彼らは決して自然人ではないのだ。ところが反対に、被抑圧者は自分を自然人だと感ずる。すなわち、彼は存在する権利をもっていないということを、その生活の出来事一つ一つが彼に繰り返し告げに来るのだ。親が彼をこの世に生み落としたのは、何ら特別な目的のためではなく、偶然にであり、何のためでもない。せいぜい子供が好きだったからであり、ある種の宣伝に従順だったからであり、あるいは多人数の家族に与えられる利益に与ろうとしたからに過ぎないのだ。彼を待っている特別な役割というようなものは一つとしてない。もしも誰かが彼を傭ってくれたとしても、それは彼が職業という貴い役目を果たせるようにするためではなく、ただ彼が誕生以来背負っている不当な生存の継続を許すために過ぎないのだ。彼は生きるために働くだろう。そして彼はその労働の生産物の所有権を奪われているという言うだけでは充分ではない。つまり彼はこの労働の意味までも奪われているのだ。なぜなら、彼は社会のために生産するが、その社会との連帯をすこしも感じないのだからである。機械工にせよ人夫にせよ、彼は自分がかけがえのないものではないということをよく知っている。つまり労働者を特徴づけるのは交換可能性ということですらある。人が仕事を評価する場合、医者や法律家の仕事は質によって評価するが、《よい》労働者の仕事はただ量だけで評価するのだ。そのおかれている状況のいろいろな場面を通して、彼は、人間という動物学上の一種の一員として自分を意識するのだ。彼がこの平面に留まっているかぎり、自分のおかれている条件そのものが彼には自然的と思われるのだ。つまり、彼はその生存を、始めたと同様の仕方で、続けてゆくだろう。圧迫がいよいよ堪え難く感じられるときにはとつぜん反抗するが、この反抗は直接的なのだ。革命者はこの状況を変えようとするのであるから、この状況を超越する。そしてこの変革の意志の観点から、この状況を考察するのである。彼がこれを変えようとするのは、その階級全体のためであって、自分一個のためではないことにまず注意しなければならない。もしも彼が自分のことだけしか考えなかったなら、確かに彼は自然的種の場所を離れて支配階級のもっている価値にありつくことができるであろう。従って当然、自分もまた利益に与るという目的だけのために、彼は神的権利をもつ人間の神聖な性格を先天的(a priori)に受け容れるということになるだろう。しかし彼は、まさに彼が破壊しようとしている抑圧にもとづくこの神的権利を得るためにその階級全体を棄てようと考えるわけにはいかないから、彼は支配階級の諸権利と戦うために第一歩を踏み出すだろう。彼から見れば、神的権利をもった人間というようなものは存在しないのだ。彼は彼らに近づいたわけではない。しかし彼は、彼らもやはり彼と同じく無意味で不当な存在をもっていることを見てとるのだ。抑圧階級の成員とは異なって、彼は自分とは別の階級の者を人間界からしめ出そうとはしない。しかし何よりもまず彼は、支配階級の者たちから、彼らが抑圧している者に彼らを怖ろしい者に見せている魔術的相貌の被いを剝奪しようとするのである。のみならず当然の動きとして彼は、彼らが初めに設定した諸価値を否定する。もし彼らの

「善」が本当に先天的（a priori）なものであるならば、「革命」はその本質において毒せられていることとなろう。つまり、抑圧階級に反抗することは「善」一般に反抗することとなるだろう。しかし革命者はこの「善」に代えるに他の先天的（a priori）「善」をもってしようとは思わない。なぜなら彼は建設的位置にはいないからだ。つまり彼はただ、支配階級が作りあげた一切の価値や行動の規則から自己を解放しようとするだけなのである。というのは、これらの価値や規則は彼の行動にとっては束縛にほかならず現状（statu quo）を維持することを本来目的とするものだからである。また彼は社会組織を変革しようとするのであるから、「神」がその創設を司ったという観念をまず斥けなければならぬ。もしも彼がこれを事実と考えるにしても、それはただ、この事実をもっと彼に好都合な事実に置き換えることができると期待し得るかぎりにおいてである。同時に、革命の思想はユマニスムである。あらゆる革命の根底には、われわれも同じく人間だ、という主張がある。だから革命者は、彼を抑圧する人たちも人間だということをよく知っているのである。確かに彼らに対して暴力を用い、彼らの桎梏を打ち破ろうと努めるだろう、しかし、たとい彼らの生命の幾つかを破壊しなければならないとしても、彼はつねにこの破壊を最小限にとどめようと努めるだろう。なぜなら彼には技術家や専門家が必要だからである。つまり最も血腥《ちなまぐさ》い革命もなお併合を許すのだ。それは何よりもまず、被抑圧階級による抑圧階級の吸収であり同化である。特権階級と同じ水準まで自分を高めようとする脱落者や虐待を受けている弱小民族とは反対に、革命者は特権の効力を否定することによって特権階級を自分のところに引きおろそうとするのだ。そして自分が偶然的だということをいつも感ずることによって自己の存在を不当な事実として認めようとするように、彼は神的権利をもった人々をも自分と同様の単なる事実と考える。従って革命者は権利を要求する人間ではなく、逆に、権利という概念そのものを破壊する人間であり、彼はそれを習慣と権力との産物として見るのである。彼のユマニスムは人間の尊厳にもとづくのではなく、逆に、人間に何ら特別の尊厳を認めないのであり、彼がいっさいの同族と彼とを一つにしようとする一致は、人間の支配としての一致ではなく、人間という種としての一致なのである。あるのは正当化し得ぬ偶然的なあらわれである人間という一つの種である。その発展の諸事情が人間の内部に一種の不均衡を齎したのだ。革命者の努力は、人間をして再び、その現在の状態の向こうに、より理性的な均衡を見出さしめるにある。種が神的権利をもつ人々をもその中に含み吸収したように、自然は人間をその中に含み吸収する。すなわち人間は一つの自然的事実であり、人類は他の生物と並んで一つの種である。このような仕方でのみ革命者は特権階級のごまかしから逃れることができると考える。つまり、自分を自然的なものだと知っている人間は、もはや決してア・プリオリの道徳によってごまかされ得ないのだ。このとき、唯物論が彼に援助の手をさしのべるためにあらわれる。それが事実の叙事詩である。確かに唯物論的世界を通してたてられる連関は必然的ではあるが、しかしこの必然性はもともとの偶然性のただ中にあらわれるのだ。宇宙が存在しているならば、その発展とその諸状態の継続とを法則によって規則づけることができる。しかし宇宙が存在することも、一般に存在が存在することも必然性ではない。宇宙の偶然性はあらゆる連関を通して、最も厳密な連関を通してさえも、すべての個々の事実に伝えられるのである。一つ一つの状態はその前の状態によって外から支配されており、人がその原因に働きかける場合には変化を受ける。しかも新しい状態はそれ以前の状態とまったく同様に自然的である、もしもこの自然的という言葉の意味を、権利にもとづかないこと、その必然性が単に相対的であることと解するならば。同時に、人間を世界の中に捕えておくことが肝要なのであるから、唯物論は、生命の最も単純な形態から最も複雑な形態を生み出させる大雑把な神話を種の起源に関して提供する便宜を与える。大切なことは、一つ一つの場合に結果を原因に置き換えることだけではなく、到るところで原因が結果にとって代わった世界の、エピナル版画〔エピナルはロレーヌ地方の町。通俗的な伝説や歴史を題材とした色刷り版画で有名〕のような紋切型を与えることである。唯物論がいつもこの役割を果たしてきたことは、偉大な唯物論者たちの中の最初の最も素朴な人の態度の中にすでにあらわれている。すなわち、エピキュロスは、多くの相異なった説明が唯物論と同様に正しいかもしれない、つまり諸現象を同様に正確に説明し得るかもしれないことを認めながら、しかも彼は、唯物論以上に完全に人間をその煩悩から解放するものを一つも認めようとしなかったのである。そして人間の本質的な煩悩は、それが不幸な人間の場合はとくに、死でもなく峻厳な神の存在でもなく、ただ、彼が苦しんでいる事態が彼には知られない超越的な目的のために作り出され保たれているということである。つまりその場合には、事態を変えようとする努力はすべて罪となり徒労となるだろう。そうなれば気付かぬうちに意気阻喪が彼の諸判断の中にまで入りこみ、彼が変革を願い、変革を思うことをすら禁じてしまうだろう。地下の裁判という作り話によって与えられた道徳的意味を死から取り除くことによって、エピキュロスは死を単なる事実に還元した。彼は幽霊を否定しなかったが、それを厳密に物理的な現象としたのである。彼はあえて神々を否定しようとはしなかった、しかし彼はそれらをわれわれとは関りのない単なる神という種に還元し、自己自身を創造する能力をそれから奪い、それらもわれわれと同様に原子の流れから作られたものだということを示したのである。

唯物論の神話はかく役立ち鼓舞しえたが、しかしここでもまた、はたしてこれは本当に必要不可欠のものかどうかを問わねばならない。革命者の意識に必要なのは、抑圧階級の特権が不当であること、彼自身のうちに見出される根源的偶然性はまた彼の抑圧者たちの存在をも構成するものであること、要するに彼の主人たちによって作られ、事実上の利益に権利としての存在を与えることを目的とする価値体系がまだ存在していない社会状態、権利においても事実においてもいっさいの特権を排除する社会状態に向かって超えられ得るものであること、である。しかし彼が自然的なものに対して同時に対立的な態度をとることも容易に見てとる。ある点では確かに彼はその主人たちを一緒に引きずって自然の中に飛びこむ、しかし他面において彼は、自然によって盲目的につくり出されている結合を人間的諸関係の理性的な組織におきかえようとするのである。将来の社会を示すためにマルクス主義が用いる表現は反自然の表現である。このことは彼らが人間的秩序を建てようとしていること、この秩序の法則はまさしく自然法則の否定にほかならないということを意味している。無論、人がこの秩序を作り得るのはまず自然の命令に従うことによってのみであるということを理解しなければならぬ。しかし結局、事実は、この秩序は、それを否定する自然のただ中においても考えられねばならぬということであり、今日の唯物論が言うように、人が法則について抱く表象は法則によって条件づけられているのではなく、反自然的社会においては法則の表象が法則の設定に先立つであろうということである。要約して言えば、反自然への移行は法則の社会を目的の国に置き換えることを意味するのだ。ところが疑いもなく、革命者は諸価値をしりぞけ、自分が人類社会の最良の組織を追求していると認めることを拒む。つまり彼は、たとい逆の道からであっても再び価値に帰ることは、新しいごまかしに門を開くことになるのを怖れるのだ。しかし他方、彼が決してその到来を見ることはできないと思っている一つの秩序のために甘んじてその生涯を犠牲にするという事実は、それだけで当然、この将来の秩序、彼のすべての行為に理由を与えるものでありながらしかも彼自身は享受することのない将来の秩序が彼によって一つの価値として働いていることを意味する。実際、価値とは未だ存在していないものの呼びかけでなくていったい何であろうか。[14] これらさまざまな要求を明らかにするために、革命的哲学は唯物論の神話を斥け、次のことを示そうと努めなければならないであろう。第一に、人間は正当化され得ないものであり、その存在は彼自身が作ったものでもいかなる神がつくったものでもないという意味で偶然的なものであること。従って第二に、人間によって設けられた社会秩序はすべて他の秩序に向かって超えられ得るものであること。第三に、ある社会に行なわれる価値体系はその社会の構造を反映し、それを維持しようとするものであること。従って第四に、この価値体系はつねに他の体系に向かって超えられ得るものであり、新しい体系は、それによって言い表わされる社会がまだ存在していないのであるから明らかには知られないが、しかし現在の社会の成員が現在の社会を超えて行こうとする努力そのものによって予感され、いわば案出されるものであること。被抑圧者は根本的偶然性を生きているのであり、革命的哲学はこのことを明らかにしなければならない。しかし被抑圧者は、その偶然性を生きることによって、抑圧者たちの権利的存在及び彼らが作り出したイデオロギーの絶対的価値を受け容れるのだ。彼は、ただ、これらの諸権利並びにこのイデオロギーを問題にする超越の運動によってのみ革命者となるのである。革命的哲学は何よりもまずこの超越の運動の可能性を明らかにしなければならない。そしてこの運動は個々人の純粋に物質的かつ自然的な存在から源を汲むことはできないことは明らかである。なぜならこの運動がこの存在に向かうのは将来の観点からそれを判断するためだからである。ある状況に対して観点をとる（この場合の観点とは純粋な認識でなく理解と実践との分離しがたい結合である）ためにその状況を剝ぐ（décoller）可能性、これこそまさに自由と呼ばれるものにほかならない。いかなる唯物論も決してこれを明らかにしないだろう。なるほど原因結果の連鎖は私にある動作を強いることはできる。この行動はそれ自身結果であるが、しかもまたそれが世界の状態を変化せしめるだろう。つまり因果の連鎖は私を私の状況に帰らせて状況をその全体性において理解せしめることはできないのである。約言すれば、それは革命的階級意識を説明し得ないのだ。たしかに唯物弁証法があるのは将来へのこの超越を説明し理由づけるためには違いない。しかしその努力は結局、自由を人間の中にではなく物の中におこうとするのであり、これは明らかにばかげている。世界の状態が階級意識を作り出すことは決してできないだろう。そしてマルクス主義者たちもこのことをよく知っていればこそ、大衆を急進化し彼らの中にこの意識を生ぜしめるために闘士を——すなわち意識的計画的実践を——重んずるのである。よろしい。だが、この闘士たち自身はどこからその状況の理解をひき出してくるのか。なんらかの時に彼らが状況を剝ぎ一度そこから離れて見たのでなければならないのではないか。結局、革命者が以前の主人たちによってごまかされるのを避けるためには、設けられた諸価値が単に与えられたものに過ぎないことを彼に示すのがよい。しかしこの諸価値が与えられたものであり、従って容易に超えられるものであるのは、それらが価値だからではなく、それらが設けられたものだからである。そして革命者が自分で自分をごまかすのを避けるためには、彼が追求している目的——言うところの反自然、階級なき社会、あるいは人間の解放——もまた一つの価値であること、そしてこの価値が超えられ得ないのはただそれがまだ実現されていないからに過ぎないことを理解する道を彼に与えなければならない。それに、マルクスが共産主義の彼岸について語ったとき予感したのはこのことであった——またトロッキーが恒久的革命について語ったとき予感したのも。偶然的であり正当化され得ないがしかも自由な存在、彼を抑圧する社会の中にすっかり投げこまれていながらしかも変革しようとするその努力によってこの社会を超えることのできる存在、これこそ革命的人間と称し得るものである。観念論は既成の権利と価値とで縛ることによって彼をごまかす。それは自分自身の道を開いてゆく能力を彼から覆いかくしてしまうのだ。しかし唯物論もまた、彼から自由を奪うことによって、彼をごまかす。革命的哲学は超越の哲学でなければならないのである。

しかし革命者自身は——あらゆる論議に先立って——自由を信じない。そして彼は正しいのだ。彼が自由であると教えた予言者たちはいつの時代にもあった。が彼らがそう教えたのはいつも彼を欺くためだったのだ。ストアの自由、キリスト教の自由、ベルクソンの自由等々は鎖を隠すことによって彼を縛る鎖を強化しただけであった。それらはすべて、人がどのような状況の中ででも保つことのできるある内的自由に帰するものであった。この内的自由はまったく観念論的欺瞞であり、実践に必須の条件として示されてはいないのである。実際それは自己自身との単なる戯れに過ぎないのだ。エピクテートスが鎖につながれながら反抗しないのは、彼が自己を自由と感ずるからであり、自由と戯れているからである。そうなれば一つの状態は他の状態と同じであり、奴隷の状態は主人の状態と同じことになる。そうなればどうして変革を意志する必要があろう。要するにこの自由は、思惟の自律性の多少とも明瞭な主張に還元される。しかしこの自由は、思惟に独立性を与えることによって、思惟を状況から引き離し、——真理は普遍的である以上、いかなる場合にも真理を考えることはできることになる——また思惟を実践から引き離す——われわれに依存しているのは意図だけである以上、実現される実践は世界の現実的諸勢力の圧力に従うことになり、外界の諸勢力は実践を変形してその実践の当事者自身にも認められないものとしてしまうことになる。抽象的思惟と空虚な意図、これが形而上学的自由の名のもとに奴隷に与えられるものなのである。と同時に、主人たちの命令あるいは生きんがための必要は、彼を苛酷で具体的な行為にひきいれ、彼をして材料や道具の細部に関する思惟を形成せしめるのである。じじつ、被抑圧者を解放する地盤は労働なのだ。この意味で労働こそ何よりもまず革命的なのだ。たしかにそれは命令されるのであり、初めは労働者の隷従をあらわしている。つまり、もしもおしつけられなかったとしたならばこの労働者はこの賃銀のために、この条件で、この時間、この労働をすることを選びはしなかったであろう。古代の主人よりもより厳格に、傭い主は労働者の行動が日常を前もって決定しようとまでするのだ。彼は労働者の行為を要素に解体し、そのあるものを奪って他の労働者に処理させ、労働者の意識的綜合的な活動を、無限に繰り返される動作の単なる集計に過ぎなくしてしまう。かくして彼は、労働者の行動を自分の所有物と同一視することによって、労働者を純然たる単なる物の状態に還元しようとするのである。このことの著しい一例をスタール夫人は、彼女が十九世紀初葉にしたロシア旅行に関する記述の中で述べている。すなわち「二十人の楽士（ロシアの農奴のオーケストラの）はそれぞれただ一つの同じ音を、その音を出すべき時がくると、聞かせる。このようにして、この人たちはそれぞれ演ずべき音の名前をもっている。彼らが通るのを見ると人は、あそこにナリシュキン氏のソが通る、ミが通る、レが通る、と言うのである。」これは原子量とか熔解温度とかと同じく、一定の性質に定められた個人である。今日の労働合理主義〔テーラー主義〕もこれと異ならない。労働者は毎日同じ操作を百回も繰り返す人間になってしまう。もはや彼は物体にすぎず、靴のミシン工やフォードの自動車の速度計に針をつける女工に向かって、彼らが働いている最中に、思惟の内的自由を語って聞かせるなどということは馬鹿げており憎むべきことであろう。しかし同時にまた、この極端な場合にあってすら、労働は具体的解放への通路を提供する。なぜならそれは何よりもまず主人の命令である偶然的で気紛れな命令の否定だからである。労働において、被抑圧者はもはや主人の御機嫌をとる必要がない。彼は舞踏や礼儀や儀式や心理学の世界を逃れている。彼は、上役の眼の背後で起こっているものを読みとる必要がない。もはや彼は気分のままに動かされることはない。つまりたしかに労働は初め彼に押しつけられたものであり、そして、結局彼はその生産物を奪われてしまう。しかしこの二つの極の間で、労働は彼にものを支配する力を賦与する。労働者は、ある普遍的法則に従って対象に働きかけることによって、材料の形態を無限に変化せしめる可能性として自己を把握するのである。言葉を換えて言えば、彼にその自由の最初のイメージを与えるのは物質の決定論にほかならないのである。労働者は科学者と同様の意味では決定論者ではない。すなわち彼は決定論を明瞭に定式化された法則とするのではない。彼は自分の行動の中で、鋲を打ちあるいは梃をおす腕の運動の中でそれを生きるのである。彼はあまりに決定論に貫かれているので、予期の結果が出てこないときには、ものの中に気紛れがあるとか自然の秩序がとつぜん偶然に破れたなどとは決して考えず、この結果が出てこないのはいかなる原因が隠れているからだろうかをしらべようとする。そして、ほかならぬ彼の奴隷状態のどん底において、主人の専横が彼をものに変ずるまさにその瞬間において、行為が彼のものの支配力と、主人にはどうすることもできない専門家の自律性を与えることによって彼を解放するのであるから、彼にとっては解放という観念は決定論という観念に結びついているのである。主人あるいは抑圧階級にとって彼は正にものであるが故に、じじつ彼はその自由を、世界の上を飛翔する自由としては把えることはできないだろう。彼は反省的に自己自身に帰ることによって自分が自由だとは思い得ないのである。しかし、彼は諸現象に対する行為によってその奴隷状態を超えるのであり、諸現象はその連鎖の厳密さそのものによって彼に、諸現象を変化せしめるという具体的な自由のイメージを与えるのである。そしてこの具体的自由の萌芽は決定論の鎖の中で彼にあらわれるのであるから、専制的自由と奴隷的服従との関係として彼の眼にあらわれる人間と人間との関係を、彼が人間とものとの関係に置き換えようとすることは不思議ではないし、さらに結局、ものを支配する人間はまたものなのであるから、見方を変えて言えば、ものとものとの関係に置き換えようとすることは不思議ではない。かくして決定論は——それが礼儀の心理学に対立するかぎりにおいて——彼にとって浄化的思想として、一つのカタルシスとしてあらわれる。そしてこれによって彼が自己を決定されたものと見なすとき、彼は同時にただちにその主人たちの恐ろしい自由から解放される。なぜなら彼は主人をも共に決定論の鎖の中に引きずりこみ、主人をもまたものと見なすからである。その際、彼は主人たちの命令をその状況、本能、歴史から出発して説明するのであり、すなわちそれを宇宙の中に投げこむのである。すべての人間がものであるならば、もはや奴隷というものはなく、あるのはただ事実上の被抑圧者だけである。ペリシテ人が自分と共に滅びるならば自分も神殿の廃墟の下に埋まることを拒まなかったサムソンのように、奴隷は主人たちの自由並びに彼自身の自由を否定することによって、また主人たちと共に自分も物質の中に呑み込まれることによって、自らを解放するのだ。このとき、彼が心に抱く解放された社会はカントの目的の国とは正反対である。それは自由の相互承認にもとづくものではない。そうではなく、解放の関係はものに対する人間の関係である以上、この関係がこの社会の基礎構造をなすであろう。大切なのはただ人間のあいだの抑圧の関係を廃し、それによって、互いに力を尽くして戦いあう奴隷の意志と主人の意志とが、共に全面的にものの方に向かうことである。解放された社会は世界の開発の調和的経営であろう。この社会は特権階級を吸収してつくられ、労働すなわち物質に対して働きかける行為によって定められるのであるから、またそれはそれ自身決定論の法則に従うのであるから、円環は完結し、世界は閉じられる。実際、革命者は単なる反抗者とは異なってある秩序を欲するのだ。そして彼に与えられる精神的秩序はつねに、多かれ少なかれ、彼を抑圧する社会のまやかしの影像であるから、彼は物質的秩序を選ぼうとするのだ。物質的秩序とは、彼が同時に原因ともなり結果ともなる有効性の秩序である。ここでもまた唯物論が彼に助けの手をのばす。この神話は自由がまったく排除された社会の最も正確な姿を提供するのだ。オーギュスト・コントはこれを、劣者によって優者を説明しようとする主義と定義した。当然この場合、優者とか劣者とかいう言葉は道徳的意味で言われているのではなく、複雑な組織形態をもっているかいないかを意味している。ところでまさしく労働者は、彼が養い守っている者から劣者と見なされ、抑圧階級は初めから優者の階級として振舞っている。その内部構造がより複雑繊細であることによって、イデオロギーや文化や価値体系を作り出すのは抑圧階級である。社会の優者層の傾向は、劣者の中に優者の没落を見るにもせよ、また劣者は優者の必要に仕えるために存在するのだと考えるにもせよ、優者によって劣者を説明することである。この目的論的な説明の仕方は当然宇宙解釈の原理にまで高められる。これとは逆に、《下から》の説明、すなわち経済的、技術的、さらに生物学的条件による説明は、被抑圧階級が採用する説明である。なぜならこの説明は彼を社会全体の根底とするのだからである。被優者が劣者の派生物に過ぎないとすれば、《上流階級》はもはや一つの従現象に過ぎないわけである。被抑圧者が仕えるのを拒めば、上流階級は衰弱し滅亡する。上流階級はそれだけでは何者でもないのである。正確なこの見方を拡大し、これを一般的説明原理としさえすれば唯物論が生まれる。そして宇宙の唯物論的説明、すなわち物理―化学による生物学的なものの説明、物質による思惟の説明もまた革命的態度の理由づけとなる。つまりこの説明は、組織的な神話によって、被抑圧者が圧迫者に対してなす反抗の自然な動きから、現実の普遍的な存在方式を作りあげるのである。

ここでもまた唯物論は革命者が要求する以上のものを与える。なぜなら革命者が必要とするのは、ものとなることではなくて、ものを支配することだからである。たしかに彼は労働において自由の正しい評価を獲得した。ものに対する彼の行為によって自覚された自由は、思惟するというストア主義者の抽象的自由からは極めて遠い。この自由は、労働者がその生まれによって、またその主人の気紛れや利己心によって偶然投げこまれた特殊な状況の中で明らかになる。それは彼が自分の意志で始めたのではない仕事、また彼が終わらせることのない仕事の中であらわれるのだ。それは彼がこの仕事のただ中に縛られていることと区別され得ない。しかし結局、その奴隷状態のどん底で彼が自由の意識を得るのは、彼がその具体的行為の有効性を見出すからである。自律性を享受することのない彼は、自律性の純粋な観念をもっていない。しかし彼はその行為に応じた自分の力を知るのである。これこれの方法で処理するという正確な計画によって彼が物質の現在の状態を超えるということ、そしてこの計画は目的の見地からする方法の支配と結びついているのであるから、彼は実際欲したとおりに物質を処理することに成功するということ、このことを彼は行為自体を通じて確認するのである。彼が因果の関係を見出すのは、それに服従することによってではなく、将来の底から現在を照明し限定するある目的に向かって現在の状態（坑道の内壁の石炭の附着等々）を超える行為そのものにおいてである。かくして因果の関係は、企図であると同時に実現でもある行為の有効性において、かつこの有効性によって明らかにされるのだ。実際たしかに、因果の系列の恒常性と自己の自由のイメージとを同時に彼に与えるのは宇宙の従順さであると共にまたその抵抗なのであるが、このことは、彼の自由が自分自身の目的のために因果の系列を利用することから区別されないことを意味する。この目的が現在の状況に解明を与えない限り、この状況には因果関係もなく、目的に対する手段の関係もないだろう。あるいはむしろ、目的と手段、原因と結果の無限の渾沌があることとなろう、ちょうど数学者の産出的な行為がある法則に従って選ばれた点の系列を結びつけることによって図形を描かなかったならば、幾何学的空間には、円や楕円や三角形や多角形の無限の無差別があるように。従って労働において、決定論は自然の抽象的法則であるかぎり自由を人に示さないが、人間の企図が諸現象の無限の働きあいの中である部分的な決定論を切り取り照らし出すかぎりにおいて自由を人に示すのである。そして単に人間の行為の有効性によって証明されるこの決定論においては――ちょうどアルキメデスの原理はアルキメデスが概念的形式を与えるはるか以前から舟艇製作者によってすでに利用され理解されていたように――因果の関係は手段と目的との関係と見分けがつかないのである。労働者の企図の有機的統一とは、宇宙の中に初めはなかったがそれを獲得するために用いられる手段によってあらわれてくる目的の出現であり（なぜなら目的とはそれをつくり出すために用いられる一切の手段の綜合的統一以外のものではないから）、それと同時に、この手段を支え、それ自体も手段の駆使そのものによって見出される基盤、それが因果の関係にほかならないのである。それはちょうどアルキメデスの原理が舟艇製作者の技術の基盤であると同時に内容であったと同様である。この意味において原子は原子爆弾によって創られたと言い得るのであり、そしてそれは戦争に勝つための英米の企図の照明によって初めて考え出されたのであった。このようにして自由は行為のうちにのみ見出されるのであり、行為と分つことができない。自由は行為の内容構造をなす諸連関と働き合いとの基礎なのである。それは決して自己自身と戯れるものではなく、その生産物の中に、また生産物によって見出されるものである。それは最も切迫した状況から離れる許可を与える内的な価値ではない、なぜなら人間にとって外とか内とかというものはないからである。むしろ反対にそれは現在の行為に携わり将来を建設する能力である。この自由によって将来が生み出されるのであり、将来が現在を理解し変革することを許すのである。かくして労働者はものによって自己の自由を学ぶには違いないが、しかしまさにものが彼に自由を教える以上、彼は断じてものではない。そしてまさにこの点において唯物論は彼をごまかすのであり、この意に反して、抑圧者が使用する道具となるのだ。なぜなら、労働者は物質に対する人間の本来的関係と考えられる労働の中にその自由を見出すとしても、彼を抑圧する主人との関係において自己をものと考えるからである。そして労働合理主義あるいは他のあらゆる方法で彼を、常に同一な操作の総和に過ぎないものたらしめ、受動的な物体、恒常財産の単なる支えに変えるのは主人なのである。唯物論は人間を厳密に労働合理主義の作業の型にもとづいて考えられた行動に解体することによって、まんまと主人の手にひっかかる。奴隷を機械と見なすのは、主人である。奴隷が自己を単なる自然の産物と見なし、《自然物》と見なすとき、彼は主人の眼で自分を見ているのである。

彼は自分を「他者」と考え、「他者」の思想で考えるのだ。唯物論的革命者の考え方と抑圧者の考え方とのあいだには一致があるのである。もちろん、唯物論の帰結は主人をとらえて奴隷と同じくものに変ずるにあると人は言うだろう。しかし主人の方はこんなことは少しもしらず、頭から馬鹿にするだけである。つまり主人はそのイデオロギー、諸権利、文化のただ中で結構生きているのだ。主人がものとしてあらわれるのはただ奴隷の主観に対してのみである。従って、奴隷にその真の自由を隠し、主人がものであることを彼に示そうと苦心するよりも、奴隷をしてその労働を契機として世界を変革し、従って自分の状態を変革する彼の自由を見出させる方がはるかに正しくはるかに有益である。そしてたとい唯物論が、劣者による優者の説明として、われわれの社会の実際の構造の適切なイメージであるとしても、それがプラトン的意味での神話に過ぎないことほど明らかなことはない。なぜなら革命者は現在の状況の象徴的表現に用はないからである。彼は将来を打ち出すための思想を欲しているのである。ところで、もはや優者も劣者もいない無階級社会においては、唯物論的神話は一切の意味を失うであろう。

しかし、とマルクス主義者は言うだろう。もしも君が人間は自由であると教えるなら、君は人間を欺くことになる、なぜなら自由な人間はもはや自由になる必要はないのだから。生まれながら自由でいてしかも解放を要求する人間というものが考えられるか、と。これに対して私は答える、もしも人間が本来自由でなく、絶対的に決定されているとしたら、われわれは自分の解放がどういうものかを考えることすらできないであろう、と。ある者は私に言う、われわれは人間の本性を歪めているさまざまな束縛から人間の本性を解放するのだ、と。だがこれは馬鹿げている。具体的な現在の存在を外にして人間の本性とは一体何であり得ようか。現在はたまたま抑圧のために蔽われているに過ぎないといった人間の真の本性というものを、どうしてマルクス主義者は信ずることができるのだろうか。また他の者は人類の幸福を実現するのだと言う。しかし感じられ経験されないような幸福とは何であろうか。幸福は本質的に主観性なのだ。客観性が支配するところにどうしてそれがあり得るのか。実際のところ、普遍的決定論の仮説において、また客観性の観点からして、人が達しようと望み得る唯一の結果は、社会のより理性的な組織ということだけである。しかしこういった組織も、もしそれが自由な主体性によってそういったものと感じられ、新しい目的に向かって超えられるのでなければ、いかなる価値を保ち得ようか。事実において実践のこの二つの要求、すなわち主体が自由であるということと行為する世界が決定されているということとのあいだには何ら矛盾はないのである。なぜならこの二面がそれぞれ要求されるのは異なった観点からであり、異なった現実に関してだからである。すなわち自由は人間の行為の構造であり、参加の中にのみあらわれるが、決定論は外界の法則なのである。行為はまた部分的な連鎖と局部的な恒常性とだけを必要とする。同様に、自由な人間は解放されることを望むはずがない、ということは真実ではない。なぜなら彼が自由であるということと縛られているということとは次元を異にした事柄だからである。彼の自由はいわば彼が投げ込まれている状況を照らす光である。しかし他者の自由は彼に対して彼の状況を堪えがたいものとし、反抗あるいは死へと彼を追いつめ得るのだ。奴隷の労働は彼らの自由をあらわすとしても、だからと言ってこの労働が強制された、何にもならぬ、苦しいものでなくなるわけではない。依然として彼らは生産物を取り上げられ、労働によって孤立させられ、彼らを傭っている社会から閉め出され、その社会に連帯性をもたず、背後からの力（vis a tergo）によって物質におしつけられているのだ。たしかに彼らは鎖の一環であり、彼らはその鎖の始まりも終りも知らず、主人の視線やイデオロギーや命令は彼らに対して物質的存在以外のいっさいの存在を与えまいとする。そして彼らがその自由を最もよくあらわすのはまさに革命者となることによって、すなわち、彼らの主人たちの暴圧を打破するために同じ階級の他の成員と共に自らを組織することによってである。つまり抑圧は彼らに諦めか革命かという選択しか与えないのである。しかしこの二つの場合において、彼らは選択するというその自由をあらわすのである。そして結局、革命者の目的に人が何を見ようとも、彼はそれを超えるのであり、そこに一つの段階しか見ないのだ。彼が自分の安全を求めようと社会のよりよい物質的組織を求めようと、彼がこれらを求めるのはこれらを出発点として役立てるためなのである。そしてこれは、賃銀に関する些細な要求に関して《大衆のきたない唯物論》について語った反動家に対してマルクス主義者たち自身が答えたところであった。彼らは、この物質的要求の背後にはユマニスムの主張があること、労働者たちは単に何スーか多く得ることを要求しているのではなく、彼らの要求はいわば人間でありたいという要求の具体的な象徴なのだということを理解せしめたのである。人間とは自分の運命を支配する自由な者の謂である。[16] このことは革命者の究極目的にとって重要である。社会の理性的な組織の向こうに、階級意識は新しいユマニスムを要求するのであり、これは自由を目的と考えた狂おしい自由である。社会主義とは自由の支配を実現し得るための手段にほかならない。従って唯物論的社会主義とは矛盾である。なぜなら社会主義はユマニスムを目的としてたてるが、唯物論はこのユマニスムを不可解にするからである。

革命者とはとくに相容れない観念論の特徴の一つは、世界の諸変化を観念によって支配されているものとして、と言うよりはむしろ観念の中での変化として考える傾向である。死、失業、ストライキの弾圧、貧窮、飢餓、これらは観念ではない。これらは恐怖の中で経験される日々の現実なのだ。無論これらはある意味をもっている。しかしとくにこれらの背後には非合理的な不透明な深みがあるのだ。一九一四年の戦争は、シュヴァリエ[19]が言ったような《カント対デカルト》の戦いではなく、千二百万の青年たちの償い得ない死である。革命者は現実によって圧し潰されながら、現実を見失うことを飽くまで拒むのである。

彼は、革命が単なる観念の浪費ではなく、血と汗と生命の犠牲を要求するだろうということを知っている。彼は、ものが堅固な、ときには打ち克ちがたい障害であること、最もよく考えられた企図もしばしば抵抗にぶつかって挫折することを知ってにがい思いをさせられる。行為は思惟の都合のよい結果ではなく、宇宙の頑固な不透明性に対する全人的努力であることを彼は知っている。人がものの意味を読みとった場合にも、彼は、現実の他者性、非合理性、不透明性といった同化し得ぬ残余がやはりあること、そしてこの残余がついには窒息させ圧し潰すものであることを知っている。彼は観念論者の弛んだ思惟を告発し、観念論者とは異なって厳しく思惟しようとする。もっとよく言えば、彼はものに対して観念を対置しようとはせず、結局は努力、疲労困憊、渾身の努力に帰着する行為を対置しようとするのである。そしてこの点においても再び唯物論は、入りこみ得ない物質の観念に対する優位を主張するのだから、革命者の要求の最も満足すべき表現を彼に提供するように見える。唯物論にとってはすべてが事実であり、力の衝突であり、実践である。思想そのものが測定し得る世界の中の一つの現実的現象となる。思想は物質によってつくられ、エネルギーを消耗するものである。レアリスムの領域においてこそあの有名な客観の優越を認めなければならないのだ。しかしこの説明ははたしてそれほど深く満足すべきものであろうか。それはその目的を通り越し、それを生み出した要求をごまかすものではないであろうか。観念による観念の生成ということほど努力の印象を与えないものは確かにないとしても、努力はまた、われわれが宇宙をさまざまの力の均衡と考えるときにも同じく消滅するのである。物質的な点に働いている力ほど努力の印象を与えないものはない。つまり、その力はそれに可能な仕事をするのであって、それ以上のこともそれ以下のこともせず、そして機械的に運動のエネルギーあるいは熱のエネルギーに変化するのである。自然は、それだけではいかなる場所でもいかなる場合にも、克服された抵抗、反抗、服従、疲労といった印象をわれわれに与えない。いかなる場合にも自然はあり得るがままにあるものであり、それだけなのだ。そして相対立する力も力学の静かな法則に従っているのである。現実を労働によって征服すべき抵抗として明らかにするためには、この抵抗が、それに打ち克とうと努める主体性によって経験されるのでなければならない。純粋な客観性として考えられた自然は観念の逆であるが、しかしまさにその故に、それは観念に転化するのである。それは客観性という純粋な観念なのである。現実は消え失せてしまう。なぜなら現実とは主観に浸透しないものだからである。それはベルクソンが言うように、溶けるのを私が待っている一片の砂糖であり、いわば、主体をしてこういった期待を経験せしめる拘束である。溶けるのに《ながくかかる》ということを決定するのは、人間の企図であり咽喉の渇きである。人間的なものがなければ砂糖は早くも遅くも溶けず、ただその性質や密度がそれを浸している水の量などによって定まるある時間内に溶けるだけである。人間の主体性が、将来に向かって現実を超えるその投企において、また投企によって、現実の敵対性を見出すのだ。一つの山が登りやすいとか登り難いとかというためには、まずその頂上まで登ろうという企てがなければならないのである。観念論と唯物論とは共に現実を消滅させる、前者はものをなくしてしまう故に、後者は主体性をなくしてしまう故に。現実の被いが除かれるためには、それに対して人間が闘わなければならぬ。一口に言えば、革命者のレアリスムは世界の存在と主体性の存在とを同様に要求する。さらによく言えば、それは、世界の外に主体性を認めることもできず、また主体性の努力によって明らかにされないような世界を認めることもできないといったこの二つの相互関係を要求するのである。[17]

人間は本来、世界-内-状況にあるものであり、人間は現実との関係によって自己を限定しながら困難を冒して現実を学んで行くのだと考えることによって初めて、現実の最大限、抵抗の最大限が獲られるであろう。

さらにまたわれわれは、普遍的決定論をあまりにも強く固執すると現実のあらゆる抵抗を圧し殺す危険があることに注意しよう。その証拠を私はガローディ氏及び彼の二人の友人との会話において得たことがある。私は彼らに、スターリンが独露条約に署名したとき、またフランスの共産主義者がド・ゴール政府への参加を決定したとき、はたして賭はすでになされてしまっていたのか、この二つの場合、責任者は自分の責任にいたく戦きながらもあえて危険を冒したのではなかったか、と訊ねた。なぜなら現実の主要な性格は、決して確実な賭をすることができず、われわれの行為の結果はつねに蓋然的なものに過ぎぬということだと私には思われるからである。しかしガローディ氏は私を遮った。彼にとっては賭はあらかじめなされている。歴史の科学が存在し、事実の連鎖は厳密であるから、人は確実な賭をすることができると言うのだ。彼の熱心は非常なもので、最後には夢中になってこう語ったほどであった、《スターリンの知性が何だというのです? そんなものは問題じゃない!》もっとも、彼の友人の厳しい視線にあって彼は顔をあからめ、眼を伏せ、極めて敬虔な様子で次のように附言したことを附け加えなければならない、《無論スターリンの知性は非常に高いですがね》と。このようにして、どんなに小さな結果と苦痛の中で、最悪の不確実さの中で達せられると主張する革命的レアリスムとは逆に、唯物論的神話は、ある人々をしてその努力の結果についてすっかり安心させてしまう。自分たちは成功しないはずがない、と彼らは考える。歴史は科学であり、その結果はすでに書かれている。あとはそれを読みさえすればよい。この態度は極めて明らかに逃避である。革命者はブルジョワの神話を覆したし、労働階級は、屈辱や退却、勝利や敗北の無数の場面を通して、自己自身の運命を自由と不安の中で作りだそうと企てた。だがわがガローディたちは恐れている。彼らが共産主義の中に求めているのは解放ではなく、主義の強化なのだ。彼らは何よりも自由を最も恐れる。彼らを生んだ階級の先天的（a priori）な諸価値を彼らが否定するのは、先天的

（a priori）な認識と歴史の中にすでにひかれている道とを見出すためにほかならないのである。危険や不安は一つもなく、いっさいは確実であり、結果は保証されている。と同時に、現実は消え失せ、歴史はもはや自ら発展する観念に他ならない。この観念の真中にあってガローディ氏は自分が安全な場所にいると思っているのだ。共産主義者の知識人のある者は、私がこの会話を告げたところ、肩を聳やかして軽蔑的に言った、《ガローディは科学万能主義者（scientiste）さ、つまり彼の個人的な教化のために神の指を史的唯物論におきかえたプロテスタントのブルジョワさ》と。そうであることを私は願う、そして私はガローディ氏は光明とは思えなかったことをも告白する。しかし結局のところ彼はたくさん書いているし、誰も彼に反対していない。そして多くの科学万能主義者たちが共産党の中にその安全性を見出し、また異説に対してはあれほど厳格な共産党が彼らを非難しないのは偶然ではないのである。われわれはここで次のことを繰り返さなければならない、すなわち革命者は、行動しようとするかぎり、歴史の出来事を法則のない偶然の結果と考えることはできない、しかし彼は決して道があらかじめ定められていることを求めず、逆に彼は自分自身で道を拓こうとするのである、と。彼が予見するために必要とするのは、幾つかの不変の要素、ある部分的系列、一定の社会形態内の幾つかの構造法則といったものである。もしもそれ以上のものを彼に与えるならば、すべては観念の中に消え去ってしまい、もはや歴史を作る必要はなくその日その日に歴史を読むだけでよいこととなり、現実は夢となってしまうのである。

人はわれわれに、唯物論か観念論かを選ぶことを要求し、この二つの主義のあいだに中間を見出すことはできないと主張した。がわれわれは先入見なしに革命の要求をして語らせ、それが観念論と唯物論とを共に斥ける独自の哲学の姿をそれ自身描き出すことを認めた。何よりもまず、革命的実践は優れて自由な行為であることが明らかとなった。それは決して無政府主義的自由でもなく、個人主義的自由でもない。

もしもこういったものであったならば、実際、革命者は、その状況そのものからして、公然とにせよこっそりとにせよ、《上流階級》の諸権利を要求するにとどまる。すなわち社会の上層への参加を要求するにとどまるのだ。しかし革命者は被抑圧階級のただ中にあって、また被抑圧階級全体のために、いっそう理性的な社会の規則を求めるのであり、従ってその自由はその階級全体の解放、さらにひろく全人類の解放のための実践のうちに存するのである。この自由は、その源において、他人の自由の承認であり、また他人の自由によって承認されることを要求するものである。それ故それは初めから連帯性の面の上に位置しているのである。そして革命的実践はそれ自身のうちに自由の哲学を前提として含んでいるのであり、あるいはいわば、それはその存在そのものによって自由の哲学をつくり出しているのである。しかしまた同時に革命者は、その自由な投企によりまた投企の中で、被抑圧階級の中の被抑圧者として自己を見出すのであるから、彼のもともとの立場からして、抑圧について明らかにすることが必要である。このことはまた、人間が自由であることを意味し――なぜなら物質による物質の抑圧ということはあり得ず、そこにあるのはただ力の組み合わせだけであろうから――また自由なもの相互のあいだにも一方が他方を認めず外側から働きかけて物体を変えてしまうような関係があり得ることを意味するのだ。そしてまた逆に、被抑圧者の自由は力ずくで自らを解放しようとするのであるから、革命的態度は抑圧に対する返答としての暴力の理論を必要とする。ここにおいても唯物論的命題は観念論的概念と同様に、暴力を説明するのに不充分である。消化と同化との哲学である観念論は、互いに対立する自由なもの相互の絶対的な超えがたい多数性を考えてみることすらできない。つまり、それは一元論なのだ。しかし唯物論もまた一元論である。つまり、物質的統一の中には《相反するものの闘争》はないのである。実を言えば、そこには相反するもののそのものが初めから存在しないのだ。熱さと冷たさとは単に寒暖計の目盛の上の度数の差に過ぎず、明るさと暗さとは漸次的に連続する。すなわち、正反対の方向に働く同量の力は互いに消しあって均衡の状態をつくり出すに過ぎない。相反するものの闘争という観念は人間的関係を物質的関係の上に投影したものなのである。革命的哲学は自由なものの多数性を明らかにし、それ自身にとっては自由な各人がいかにして他人にとっては客体となるかを明らかにしなければならない。抑圧、闘争、挫折、暴力、これらの複雑な概念を説明し得るのは、ただ自由と客体性とのこの二重の性格のみである。なぜなら人が抑圧し得るのは自由なもののみであるが、自由なものが抑圧されるのはそれが、何らかの仕方で抑圧されるに適合している、すなわち「他者」に対してものとしての外面を提供する場合に限るからである。かくして、暴力によって社会を、自由なもの同士が対立している状態からその自由の相互承認にもとづく別の状態へと移行せしめる革命的運動と企図とが理解されるであろう。

同様にして、その肉において、その動作の一つ一つにおいて抑圧を生きている革命者は、自分の上に加えられる圧迫を看過しようとはしないし、またこの圧迫を観念の中に解消する観念論を許すことも欲しない。彼は特権階級のもっている諸権利に反抗すると同時に、一般に権利という観念そのものを破壊する。しかし、唯物論者のように、これはこの観念を純粋単純な事実におきかえるためだと考えるならば誤りであろう。なぜなら事実はただ事実を生むのみであって、事実の表象を生み出すことはできないからである。現在はまた別の現在を生むのであって、将来を生みはしないのである。かくして革命的実践は唯物論——これは社会の分裂を明らかにし得るが新しい社会の建設を明らかにし得ない——と観念論——これは事実に権利的存在を与える——との対立を超越して綜合的統一に齎すことを要求するのである。それは世界に対する人間の関係をこの二つのいずれとも異なった仕方で考察する新しい哲学を要求する。もしも革命が可能でなければならないならば、人間は、事実の偶然性をもちながら、しかも単なる事実とは異なって将来を準備する実践能力、従ってまた、現在を超え、自分の状況の被いを剝ぐ実践的能力をもっていなければならない。この剝被は、ストア主義者が自己自身の中に逃避する場合の消極的な運動とはいかなる点においても共通していない。革命者が現在を超えるのは、自らを前方に投げることによってであり、企ての中に自ら入りこむことによってである。そして彼は人間として働きをするのであるから、この剝被の能力は人間の全活動に帰せられなければならない。人間の行為はどんな些細なものであってもすべて将来という観点から理解されるのだ。反動的な者は過去と同一の将来を準備しようとするのであり、そのかぎり彼でさえ将来に向かっているのである。戦術家の絶対的レアリスムは、人間が現実の中に投げこまれ、具体的危険に脅かされ、具体的抑圧の犠牲となりながら、同様に具体的な実践によってこの抑圧から自らを解放することを要求するのである。つまり、血、汗、苦痛、死、これらは観念ではないのだ。人を圧し潰す岩、生命を奪う弾丸、これらは観念ではないのだ。しかし、バシュラールが適切にも《敵対性の系数》と呼んでいるものを事物があらわすためには、その事物が、たとい生きるという極めて単純な極めて陳腐な投企であっても、ともかく投企の光によって照らされなければならない。従って人間は、観念論者の言うように、世界と自然との外にあるのでもなければ、頭は空中にありながら、水にどっぷりとつかって泳ぐのを嫌う女性のように顔をしかめて足だけを世界と自然との中に浸けているのでもない。人間は徹頭徹尾自然に捉えられているのであり、自然は人間を刻々圧し潰し、肉体と魂とを滅ぼすことができるのだ。彼はそもそもの初めから自然の中にいるのであり、生まれることは彼にとって、実際、自分が選んだのではないある状況の中に、この肉体、この家族、さらに恐らくはこの種族と共に《世界に生まれる》ことなのである。しかしもしも人間が、マルクスがはっきりと言ったようにまさしく《世界を変革する》ことに努めるのであれば、このことは、人間にとって世界はもともと全体として存在すること、彼にとって世界は決して、働きかけてくる力を全体として理解することなくただそれに従うだけの、燐や鉛のような世界の部分にはならないだろう、ということを意味する。ということは、人間は現在の世界を超えて将来の状態に向かい、将来から現在の世界を考察することが出来るということにほかならない。なぜなら人が世界を認識し得るのは世界を変革しながらだからである。宇宙の上を飛翔するのみでそれに対して立場を定め得ない遊離した意識も、世界の状態を理解することなしにただ反映する物質的客体も、共に決して存在の全体を一つの綜合のうちに——単に概念的にもせよ——《捉える》ことはできない。それが出来るのはただ宇宙の中で状況にある人間、自然の力によって全面的に圧し潰されながら、しかもこの力を捉えようとするその投企によってこれを全面的に超える人間のみである。《状況》並びに《世界-内-存在》ということの新しい概念の解明こそ革命者が全行動を通じて具体的に要求するものなのである。そして革命者は権利義務という藪に踏みこんで観念論者に迷わされることを避けるが、だからと言って唯物論者によって厳格に引かれた狭い道に落ちこんではならない。たしかに知的なマルクス主義者たちは歴史のある偶然性を認めはするが、しかしこれはただ、もしも社会主義が失敗したならば人類は野蛮の中に落ちこむだろうということを言うために過ぎない。つまり、もしも建設的な力が勝利を占めるべきだとすれば、史的唯物論がその唯一の道を示す、と言うのである。しかしいろいろの野蛮があり得るし、いろいろの社会主義があり得るし野蛮な社会主義というものさえあり得るだろう。革命者が必要とするのは、人間が自分自身の法則を作り、出してゆく可能性である。これがそのユマニスムと社会主義の基礎である。彼は、追い剝ぎが棒をもって森の隅で待ち受けているように、社会主義が歴史の片隅で自分を待っているとは、心に——すくなくとも彼がごまかされていないかぎり——思わない。彼は自分が社会主義を作ると考える。そして彼はすべての権利を揺るがせ顚覆せしめるのであるから、彼は社会主義に対して、革命的階級がそれを考え出し、意志し、建設するという事実以外の存在資格を認めないのだ。そしてこの意味で、社会主義のこの長い辛苦にみちた勝利は、歴史の中での、また歴史を通しての、人間の自由の確認以外の何ものでもないのである。そして人間が自由であるというまさにそのことの故に、社会主義の勝利は少しも保証されてはいないのである。それは道の一番向こうにたっている標柱のようなものではなく、人間の投企そのものなのである。それを作るのは人間であり、このことは革命者が自分の行為を考える際の真剣さにおいて著しいことである。彼は単に自分を、社会主義社会の達成一般に責任があると感ずるのみならず、さらにこの社会主義の特殊な性質に対しても責任があると感ずるのである。

かくして革命的哲学は、ブルジョワのものである観念論的思惟をも、一時は抑圧された大衆に適合し得た唯物論的神話をも共に超え、人間そのものの哲学であることを必要とする。そしてこれは極めて当然のことである、つまりもしもそれが正しい哲学でなければならないなら、当然それは普遍的であるだろう。唯物論の曖昧さは、それがときには階級のイデオロギーであると言い、ときには絶対的真理の表現であると言う点にある。これに反して革命者は、その革命の選択そのものにおいて、特にすぐれた位置を占めている。すなわち彼は、ブルジョワ政党の闘士のごとく一階級の保存のために戦うのではなく、各階級の根絶のために戦うのであり、社会を神聖な権利をもつ人間と自然人ないし《人間以下》とに分けるのではなく、人種や階級の統一を、要するにすべての人間の一致を主張するのである。彼は叡智的天界にア・プリオリに宿っている権利や義務によってごまかされることに甘んぜず、むしろそれに反抗する行為そのものの中に人間の全的な形而上学的自由をおくのである。彼は人間が自由にかつ全的に自らの運命を引き受けることを欲する人間なのだ。かくして彼の立場は本質的に人間の立場であり、彼の哲学は人間に関して真理を述べるものでなければならない。しかし、と人は言うかもしれない、もしもそれが普遍的であるならば、すなわち万人にとって真理であるならば、それは党派や階級の彼岸にあるものにほかならないではないか、われわれは再び非政治的、非社会的な、根のない観念論を見出すことになるのではないか、と。私は答える、この哲学はもともと革命者にのみ、すなわち抑圧されている状況にある人々にのみ明らかにされるのであり、この哲学が世に示されるためにはこの人たちが必要なのである、と。しかし抑圧者であるブルジョワも自身その抑圧によって逆に抑圧を蒙るという意味で、この哲学があらゆる人間の哲学であり得るはずだ、ということは本当である。なぜなら、抑圧者が被抑圧階級をその権威の下に維持してゆくためには、彼は自分の身を危険にさらさねばならず、自分が作り出した権利と価値の枠で自分を縛らなければならないからである。もしも革命者が唯物論的神話を保持するならば、ブルジョワの青年は社会的不正義という観点からでなければ革命に達することが出来ず、それに達するのは個人的な義侠心によってであるが、これはつねに疑わしい。というのは義侠心の源は涸れ得るものであり、彼の理性にあわず、彼自身の状況を説明しない唯物論を丸呑みにすることは、彼にとっていっそう大きな試練となるからである。しかし一度革命的哲学が明らかにせられるならば、自己の階級のイデオロギーを批判したブルジョワ、自分の偶然性と自由とを認め、この自由は自由な他の人々からの承認によって初めて保証されることを理解したブルジョワは、彼がブルジョワ階級のごまかしの道具立てを剝ぎとろうとすればするほど、そして自分を他の人々と同列の人間として認めようとすればするほど、この哲学こそ自分自身のことを自分に語っているのだということを見出すであろう。このとき革命的ユマニスムは、被抑圧階級の哲学としてではなく、今まで真理を避けようとする人々によって踏みつけられ覆われ抑圧せられていた真理そのものとしてあらわれるであろう。そして真理こそ革命的なものであるということがすべての善意ある人々にとって明らかになるだろう。これは観念論の抽象的「真理」ではなく、人間の解放のために働く人々によって意志され、創造され、支えられ、社会的闘争を通じて獲得される具体的真理である。

恐らく人は、革命者の要求の以上の分析は抽象的である、なぜなら実際に存在する唯一の革命者は結局マルクス主義者であり、彼らは唯物論を奉じているのだから、と言って私に反対するであろう。たしかに共産党は唯一の革命的政党である。そして唯物論がこの党の主義だということは本当である。しかし私はマルクス主義者が信じていることを述べようとしたのではなく、彼らが行なっていることの内容を明らかにしようとしたのであった。そして共産主義者たちとの接触そのものが私に、彼らのマルクス主義と言われているものほど変化が多く抽象的で主観的なものはないことを教えたのだ。ガローディ氏の素朴で安易な科学万能主義とエルヴェ[20]氏の哲学ほど異なるものがあろうか。この差異はそれぞれの人の知性を反映しているのだ、と人は言うであろう。そしてそれは本当である。しかしこの差異は何よりも特に、彼らのおのおのがその根本の態度について抱いた意識の程度、また唯物論的神話に対するそれぞれの信仰の程度を示しているのである。今日人がマルクス主義精神の危険を筆にし、しかもガローディのような人々を代弁者と見做すことに甘んじているのは偶然ではない。これは共産主義者たちが唯物論的神話の老朽と、新しいイデオロギーを採ることによって彼らの陣営に分裂あるいは少なくとも躊躇を導入することの怖れとのあいだに追いつめられているということである。優れた人々は口をつぐんでいる。そして人々はこの沈黙を愚かな饒舌で満たしているのだ。指導者たちはきっとこう考えているに違いない、《要するに、イデオロギーはどうでもいいではないか。われわれの古い唯物論は今まで証明されてきたし、必ずやわれわれを勝利にまで導くに違いない。われわれの闘争は観念の上の争いではない。それは政治的社会的な闘争、人間対人間の闘争なのだ》と。今のところ、近い将来のところは、彼らは正しいに違いない。しかし将来彼らはいかなる人間を作るであろうか。彼らは誤謬の成功を教えて次の世代を形成することによって罰を受けずにはいないであろう。もしも唯物論が革命的企図を圧し潰すならば、どうなるであろうか。

（「レ・タン・モデルヌ」誌　一九四六年）

作家とその言語

P・ヴェルストラーテン——あなたと一般的にフランス語との関係、という問題の提起は、あなたにとって何かの意味をもっているでしょうか？

サルトル——明らかにある意味をもっています。なぜなら私は、われわれが言葉[1]（langage）のなかにいると見なしていますから。言葉は一種の巨大な現実で、私ならそれを実践的‐惰性態の一総体と呼ぶでしょう。私はたえず言葉にかかわっています。それは私がものを語るからそうだというのではなく、言葉が初め私にとって、まさしく自分をとりまくもの（objet）であり、そのなかで事物（choses）をとらえることができるからこそ、私はまず言葉とかかわりを持っているのです。私が言葉の持つコミュニケーションの機能を発見するのは、そのあとのことにすぎません。

——すると、最初の契機は外在性（extériorité）の契機ですか？

サルトル——そうです。私にとって言葉は自分のうちにはありません。人びとは、あとからどう意見を変えるにせよ、まず語が頭のなかにあるような気がすると言うだろうと思います。ところが私は、語が外部にあるような気がする。一種の巨大な電子計算機のように。その機械にさわってみる、と、それが結果を生むのです。以上のことが反省の産物だとは思わないでください。私はこれと似たことを書いたことがありますが、それを書いたのは、私が客観的であると同時に主観的でもあると言いたい一つの経験に拠っているのです。これが出発点です。つまり私は語を自分のうちに持ってはいない。語は外部にあるのです。

——そのような感覚について、何か解釈がおありですか？

サルトル——それについてはいくぶん『言葉』(Les Mots)のなかで述べました。私の考えでは、たぶん子供のころに、長いあいだ語とものとを混同していたのが原因でしょう。つまり、テーブルという語はテーブルだったのです。私がものを書きはじめた当時には、このようなおきまりの時期があったのですが、そこから私はぬけ出せなかった。私はいつでも、テーブルを所有するとはテーブルにかんする語を見出すことだと考えていた。つまり語と私のあいだには密接な関係があったのですが、それは所有関係だった。私は言葉に対して所有者としての関係をもっているのです。私がフランス人である以上、フランス語は私に属しています——フランス語を話すすべての者に属しているのと同様に——。私はこの言語にかんして所有感覚を持っている。ただしその意味は、これを外的な所有物として所有しているということなのです。私はこれしか所有していないとすら思われる。これは私のものなのです。ということは、これが同時に他の人のものではないという意味ではありません。問題はそこにはないのです。そうではなくて、私は自分の言語のなかにいると気楽だということです。私の遭遇する困難さは絶大なものですが、それは常に表現の困難さ、管理の困難さのように思われる。そしてたとえそれに成功しなくとも、成功し得るはずだということを私は知っている。言ってみればこれは一つの事業なのです。

——でもこれは、容易にブルジョワ的だと性格づけられそうな関係ですね？ 所有関係なのですから。

サルトル——もともとは——これを申し上げたのもそのためですが——明らかにブルジョワ的関係です。

——ではどうしてこの関係が、ブルジョワジーの精神にごく自然にあらわれるものにならないのですか？　大部分のブルジョワ構成員にとって、むしろ言語が一種の内的自律性としてあらわれることは、あなたも認めていらっしゃるではありませんか。

サルトル――いくぶん分析的に理由を説明する必要があるだろうと思います。つまり、われわれは幼いときにはっきりしない選択をするもので、それは転移（transferts）に対応するものだという意味です。私の言いたいのは次のことです。すなわち私が中産階級の子供であり、決して何ひとつ所有していなかったということです。子供として、私は絶対に何ひとつ持ったことがなかった。まずはじめに私は祖父母の家に住んでいた。だから人に与えられるものしか所有していなかったのです。次に私は――母が再婚したので――義理の父といっしょに生活した。その父が一家の金をかせいで、私にものをくれ、それを私は持っていた。あり余るほどで、絶対に何ひとつ不足することはありませんでした。が、絶対に何ひとつ《私のもの》ではなかったのです。このことから、私は所有一般にかんして完全に解放されました。というのは、一方で私は常に何もかも持っており、したがって何かが欲しくてたまらないという経験を知らなかったからであり、他方私は決して何ひとつ持ったことがなかったからです――いつもふんだんにあったけれども、それは私のものではなかったのです。そこで、思うに転移が行なわれたのでしょう。私がある時期、文学のなかに神をすえたのと同様に、私は語に所有権をすえたように思うのです。私はいつも、語はものを所有する一方法だと考えてきましたし、またそこに私有化〔自分のものにする〕という、元来ブルジョワ的な観念があると考えています――これは、集団的なコミュニケーションの方法である以前に、私有化の一要素として現れたものなのです。ところでこの場合、年齢を問題にする必要があるでしょう。今ではこういうことは終わりましたが、それが過ぎ去ったのは一面では年齢《とし》のせいなのです。だがこれはたしかに最初のものだった。したがって、言葉（langage）は私の所有するあるもので、半ば意味《シニフィエ》されるもの

（signifié）の側に、半ば意味するもの《シニフィアン》[2]（signifiant）の側にあるが、しかし常に外側にあるものということになりましょう。《テーブル》という語は半ばテーブルのなかにあり、半ば私の手段の用具的な延長なのでしょう。

——これはつまり、現在のあなたとフランス語との関係の描写ですが、同時に幼少期のあなたが言語に対して持たれた関係に相応ずるもののようにも思われます。そうだとすれば、この関係は乗り越えられなかった……。

サルトル——いや、むろん乗り越えがあり、これはコミュニケーションの時期に行なわれたのです。どんな作家にも、コミュニケーションを目指さない幼少期の側面があって、それはまさしくものをわが物とする創造（création-appropriation）です。語によって《テーブル》を作ろうというのです。つまりテーブルの等価物を作りあげ、テーブルはそのなかにとらえられてしまう。このとき人はこう想像する、もしいくつかの語、互いにうまく調和するいくつかの美しい語を書いたなら——フローベールは生涯それを信じていたのですが——人はある空間に適応したことになる、と。その空間はその人の所有する空間になると同時に、神につながるものともなる。あなたはテーブルの等価物を作り上げ、テーブルは罠にかかってしまう。それはテーブルそのものなのです。これらはすべて非伝達（non-communication）を想定しています。なぜなら、作家は常に他人のために書くと申しますが、それは結局長い目ではそうなるというにすぎないので、もともとそれが真実ではないのですから。語にかんする明らかに魔術的な考え方があり、その考え方によって、人は書くために書き、語を創り上げ、少なくともいくつかのまとまったものを創り出すのです。人が一つの語を作るというのは、ちょうど子供の頃に砂のお城を作るようなもので、それはお城の美しさのためにそうするのであって人に見せるためではないのです。あるいはまた、たとえあとから人に見せるにしても、読者はいずれにせよ非本質的であって、それは子供が両親を引張ってきて、「ほら見てごらん、きれいな砂のお城を作ったよ」と告げるようなものです。すると両親は、「ほう！　なんてきれいなお城だろう！」と感心するのですが、読者というものの役割は、はじめはこの機能しか持っておりません。だからこそ、あなたがたの出会う多くの人たちは、「書くのはコミュニケーションのためさ」と言うと気を悪くしてしまう。つまり彼らは言語上の幼年時代のある時期にとどまったままなのです。この人たちは——フローベールも書いていることですが——自分でちゃんと立っている言葉のお城を作ろうと考えている。私は、これが作家の第一歩だろうと思います。ある時期にこれをやろうと夢見たことのない者は、作家になりはしないでしょう。だがたとえ十五歳のときであれ、真の意味でものを書くためには、このような時期が越えられていなければならない。ある時期がくると、関係が明らかに現れてくるのです。そのとき少しずつ言葉の魔術的様相が消滅してゆきます。が、またそれはある幻滅をも示しているのです。語がテーブルを所有するためではなくて、他人にテーブルを指し示すために作られているのだと知る時期から、人は半透明な一種の集団的関係を持ち、それが当人を人間へ送りかえす一方、〈絶対的なもの〉をとり除いてくれるのです。ただ、一人の人間の発展のなかで、いつそれが現れるかを言うことはできませんし、またもとの信仰のなかのどのようなものがあとまで残るかを言うこともできません。たとえば私は、自分が二通りの書き方をすることがよく分かっていますけれど、奇妙なことに、この信仰の残りを余計に背負いこんだ書き方——つまり文学的方法[3]——の方が、この二通りのなかで明晰な書き方なのです。もとの信仰があらわれるのは、私が散文とでも名づけるものの水準においてです——お望みならば、散文家もやはり、ただひたすら〔対象を〕指示するのみの人間ではありえないという、この事実の水準において、と言ってもいい。散文家はあるやり方で、つまりあるタイプの語、いろいろな響きなどを用いて人をだましながら、〔対象を〕指示する人間です。ひと口に言えば、散文家とは何はともあれ描かれる対象を文のなかに入りこませる者なのです。散文家ないし作家は、一個のテーブルについて語るとき、そのテーブルにかんしていくつかの語を書き連ねますが、結局それは——彼の純粋に主観的な考えにもとづいて——この言葉の組合せ全体がテーブルの複製ないしはテーブルの製造であるような、テーブルがいわば語のなかに降りてくるような、そのような仕方で語を書き連ねているのです。こうして今あなたの目の前にあるこのテーブル、これをもし私が書くとすれば、この点々のある、割れた、ずっしりとした、その他いろいろに形容されるこの木製のものに応ずる何かを、文の構造自体のなかに与える必要があるでしょう。それは純粋なコミュニケーションの場合、何ら必要とされないことです。つまり文学的散文と呼ばれるものを書く場合には、必ずこのような側面があるのです。そうでなければこの文学的散文という言語（langue）で書くには及ばないことでしょう。それに対して哲学的コミュニケーションにとって至難なことは、問題が純粋コミュニケーションにかかわっているということです。私が『存在と無』を書いたとき、それはただひたすら記号（signes）によって思想を伝えるためだったのです。

——最初の信仰のなかから保存されてきたものについていま説明していただきました。ひたすらこの《昔の信仰》のみに固執してきた文章表現（écriture）に対して、技術的に新たに何がもたらされたかということも説明していただけませんか？

サルトル——新たにもたらされたのは一つの矛盾です。ご存知のように、現在では文筆家（écrivant）と作家（écrivain）の区別[4]が行なわれており——たとえば『テル・ケル』の連中がそうですが——こんなふうに言われています。説明したり、事物を示したり、対象を指示するために書いたりする者があり、これは文筆家だが、言葉が言葉自体で姿をあらわすために、とりわけ矛盾と修辞の動きのなかや、言葉の構造の内部にそれが姿をあらわすために書く者は作家である、と。私自身は、この二つの観点を越えることが、生命をもたらすことだと言いたい。私は、文筆家でなければ作家たり得ないし、作家でなければ文筆家たり得ないと思います。かくて、元来はコミュニケーションにかんする無知であったもの、あるいは私が語を作り砂のお城を作っていた当時のようにコミュニケーションの拒否であったものが、残存物として、またコミュニケーションのさまざまな仕組みの彼方にある一種のコミュニケーションとして、今なお残っているのです。つまり現在私に興味があるのは読者へのコミュニケーションであって、もはや語と語の関係によってテーブルの等価物を作ることには興味がない。そうではなくて、これらの語の相互関係や、語が相互に刺激しあうその仕方によって、読者の精神のなかに不在のテーブルを与える――単に記号としてのみでなく、喚起されたテーブルとして与える――ことが問題なのです。ここで指摘しておきたいのは、ものを書く目的が常にわれわれを文筆家へと送りかえすような何かであるということ、少なくとも私にとってはそうだということです。私は何かを言いたい、他人にそれを言いたい、それも明確に限定された人びとに、つまり種々の観念や行動――それとの関係で私自身が状況づけられている観念や行動――に賛成だったり反対だったりする人に向かって言いたいのです。何はともあれ、目的は他者との関係だと私は考える。しかしながら作家を特徴づけるのは何かといえば、作家が言葉を全的なコミュニケーション（communication totale）の対象であり、全的なコミュニケーションの方法だと考える者であること、それも言葉の困難さ――一つの語にさまざまな意味があるという事実や、シンタックスが曖昧であるといった事実――にもかかわらずそう考えるのではなくて、その困難さの故にそう考える者であることです。つまりこういうことになる。もし人がコミュニケーションのためにひたすら語を用いるとしても、明らかに「もとの信仰の」残存物があるのです。すなわちわれわれは不在の対象を指し示す記号を持っており、それらの記号は、対象が何らかの意味を持つかぎり、また対象が他の対象にかんして何らかの具体的な位置にあるかぎり、その対象を指し示すことができるが、しかしこのような記号は対象の生身《なまみ》とでも呼びうるようなものを表現することはなく、その結果、人は常に――少なくとも言語学的な一種のペシミズムは常に――こういう結論を下すのです、言葉の本性自体からして、伝達不可能性の残存物、伝達不可能性の余白というものが残り、それはさまざまな形をとりはするが、どうしても避けられないものである、と。たとえば、私は自分の感情を、かなりつっこんだ仕方で指し示すことができましょう。だがある時点から、それら感情の現実は、それにかんして私が行なう分節[5](articulation)と、もはや関係がなくなってしまいます。ここには二つの理由があって、一方では純粋記号としての言葉が、意味されるもの《シニフィエ》(signifié)を、厳密な概念としてでなければ指し示せないためであり、他方ではわれわれの根底に、言葉を条件づけるものが多すぎるためです。つまり意味(signification)と意味するもの《シニフィアン》(signifiant)の関係があり、それは背後の関係、語を変えてしまう求心的な関係なのです。われわれはいつでも、語の使用そのものによって言おうとすることと、多かれ少なかれ別のことしか言えないのです。

――意味と意味されるもの《シニフィエ》のあいだに区別を設けていらっしゃるのですか?

サルトル――そうです。私にとって意味されるもの《シニフィエ》とは対象のことだ。私は自分の用語(langage)を定義しますが、それは必ずしも言語学者のものと同じではない。〔私にとって〕この椅子は対象であり、つまり意味されるもの《シニフィエ》です。ついで意味があり、それは語によって構成される理論的総体です。一つの文の意味です。私が、「このテーブルは窓の前にある」と言ったとします。そのとき私は構成された文の総体である意味によって、意味されるもの《シニフィエ》、すなわちテーブルを目指しており、かつ私自身を、意味するもの《シニフィアン》と見なしている。意味とはノエマであり、発せられた音声要素の総体の相関物です。

——構造主義者の用語を使えば、意味とは意味するもの《シニフィアン》の分節の産物であり、その意味するもの《シニフィアン》自体は分節されていない構成要素と考えられています。つまり意味（signification）とは、言語物質の不連続な与件を統合する意義（sens）の統一でしょう。

サルトル——そのとおりです。意味するもの《シニフィアン》の分節が意味を与え、それが今度は意味されるもの《シニフィエ》を目指す。そして全体が、その起源ないしは基礎をなす一箇の意味するもの《シニフィアン》の土台に立っている。そこで、私は言うのです、意味の総体には、一方に、対象なしに（à vide）意味されるもの《シニフィエ》を目指す——概念的に目指す——ということがあり、これはそのこと自体によって一定数の事物をとらえ損ねてしまう。また他方、意味するもの《シニフィアン》とのあまりに過剰な関係があり、それが文の重層的決定[6]（surdétermination）をなしている、と。私は語を使用します。それらの語は、それ自身一つの歴史を持ち、言葉全体とのある関係——単純で純粋な関係でもなく、必ずしも厳密に普遍的記号体系のそれでもない一つの関係——を持っています。またそのほかに、これらの語は私との歴史的関係、これまた特殊な関係を持っているのです。だからこそ一般に、意味されるもの《シニフィエ》は外部にとどまらねばならないと言われるのです。つまり言語は意味の総体にすぎず、それらの意味は、一定の事物を外部に残してしまう。例を挙げれば、私は自分の抱く感情だとか、だれかにかんする感情の総体だとかについて、意味を積上げることはできます。が、実を言うと、自分が使用する語のなかで、私はすでに自分自身の歴史によって条件づけられているので、二重の使用といったものがここに生じる。つまり私は自分を指し示すべく語を用いるのですが、ところがこの語に対して私の歴史がすでに別な意義を与えている。それにこれらの語は、言語全体の歴史に関係してもさまざまな意義を持っているのです。そこから、完全な適合関係は存在しないと言われるのですが、しかし実のところ私の考えでは、作家とは、こういったすべてのことの故に、完全な適合関係が作られると考える者のことなのです。それが作家の仕事だ。そしてこれを人は文体と呼ぶのです。

――そのペシミズムを主張する人たちが、いわば文学的実証主義というものを示すことになるのでしょうか？

サルトル――これが文学的実証主義でしょう。ごく一般的に、言語による伝達の不可能性というブルジョワ的概念と言ってもいいでしょう。これはフローベールにおいてさえ見出される概念です。われわれにはコミュニケーションができないということをフローベールは書いているし、またそう考えてもいる。その結果、彼は、意味の一総体を創造することになり、それはそれ自体で文学的対象になるはずなのです。

――とすればミュチュアリテ会館の講演(7)で言われたように、この文学的対象の基盤は、〈神〉または〈死〉ということになりましょう。というのもこれは人間同士の直接のコミュニケーションを拒否する二つの願望なのですから。

サルトル――ところが実際には、文筆家である作家、本物の作家、つまり二つの次元をともに持っている者という意味ですが――いずれにしても、私にとって本物の作家はそのようなものに思われます――そういう作家はこの矛盾を自己の仕事の素材そのものにしてしまうはずなのです。実のところ私は、もし人が表現を創り出してゆくならば、何ものも表現不可能ではないと考えています。しかし表現を創り出すとは、文法を創り出すという意味でも、語を創造するという意味でもない。もちろん、ときにはそのようなことを敢えて実行することもできますが、問題はそこにはありません。これは常に二義的な事柄です。そうではなくて、実は語固有の歴史に人を送り返し、あるいは歴史としての意味するもの《シニフィアン》に人を向かわせるところの、語のそのような相と格闘することが問題なのです。こうなると、人はいくぶん暗闇で手探り仕事をやることになる。自分の作り出すものが何であるかもよく分からない。いわば二重の文学的な作業があるのです。それは、眼前に存在（présences）を出現させるような何ものかを意味に重くになわせながら、しかしやはり意味を目指すところに成立する仕事なのです。

――とすると、私は疑問に思うのですが、そのような立場と文学的実証主義とを、あなたはどの程度まできっぱりと区別できておられるのか。なるほど文学的実証主義を支持する人びとは、目標とする意味《シニフィエ》されるものに到達できるとか、したがってそれを伝達できるとかいった主張は錯覚にすぎないという結論を、直ちに引出すかのように振舞っています。じじつ、意味《シニフィエ》されるものが結局のところ常にある種の相対主義の産物である以上、つまり心理的ないしは心理分析的な相対主義、あるいは歴史－社会学的相対主義とさえ言ってもいい、要するに意味《シニフィエ》されるものを予め決定し、これを予め切りぬいてしまうような相対主義の産物である以上、これは錯覚です。したがって、この相対主義の危険を冒すよりも――つまりあたかもこれこれであるかのように行なうとか、ないしは、それが根本的にはコミュニケーションのプラグマティズムであることを忘れ去ったまま、われわれの意のままになるもののみを用いて行なう、という危険を冒すよりも――文学的実証主義を主張する人びとは、この主観性、ないしはわれわれと意味《シニフィエ》されるものとを結びつけるこの根本的な相対主義がいったん暴露されると、うっかり罠に陥る危険を冒さないように、またとくに文学そのものから何が保存し得るのかを測るために、むしろコミュニケーションを節約することを選ぶのでしょう。この意味において、たとえあなたのような展望で書かれた作品と、もう一つの展望で書かれた作品とが、非常に異なっているとしても、結局のところあなたはやはり文学的実証主義と同様の立場にとどまることになり、ただ文学的実証主義の方がもっと徹底したもの、そしてナイーヴでないものということになります。とすると、あなたはこの二つの立場のあいだに原理的な区別を確立することができるとお考えなのでしょうか。

サルトル——それは私が、ちょうど〈見えるもの〉についてメルロ＝ポンティが言っているように、こう考えているからです。つまり見るもの（voyant）は見えるもの（visible）である、見ること[8]（voyance）と見えること（visibilité）のあいだには存在関係がある、と。これは同じことなのだ。全く同じだと申したい。意味するもの《シニフィアン》は常に意味されるもの《シニフィエ》であるのです。またしたがって、意味作用（signification）のとらえ損なう意味されるもの《シニフィエ》と、意味するもの《シニフィアン》（これは己れの発する意味によって同時に意味されている）とのあいだには、一種の緊密な存在関係があるのです。

——ああ、それなら私は完全に同意見です。だがこのことをはっきり確立するには、存在論に頼る必要がありましょう。

サルトル——そのとおりです。だが私は主体性〔主観性〕（subjectivité）という概念を、ごく稀にしか使いません——ただし限定づけのために、たとえば「これは主観的（subjectif）なものにすぎない」、「これこれのための十分な基盤を私は持っていない」などと言うために使用する場合は別です。いや私にとって主体性は存在していない。あるのは内面化（intériorisation）と外在性ばかりです。意味されるもの《シニフィエ》はすべて意味するもの《シニフィアン》であり、意味するもの《シニフィアン》はすべて意味されるもの《シニフィエ》である。ということは、対象には言語を意味づける何かがある、言語をしてそれ自体を言語たらしめ、言語を要求し、そして語を定義する何かがある、と同時に意味には、つまり言語には、常に意味するもの《シニフィアン》に送り返し、これを歴史的にその存在において性格づける何かがある、ということなのです。したがって、言語は私にとって——ここでもご覧のとおり私の外にあるのですが——私が対象を指し示すべく努力するその度合いに応じて私を指し示すもののように見えるのです。

——この点でこそあなたは文学的実証主義と完全に区別されるのでしょうね。というのも、あなたはご自分の立場の根拠を、存在に対する人間の関係に由来する一つの理解の上に、言いかえれば一つの存在論の上におくことを、受け入れているのですから。ところが文学的実証主義の方はと言えば、直接与えられた経験の領域と考えられるものを反省が逸脱すると、あるいは少なくとも結果を確認できる経験の領域と考えられるものを逸脱すると、どんな実証主義もこれを拒否するのですから、そのかぎりでこのような存在論を拒否するでしょう。しかしながら、『テル・ケル』の代表する文学潮流のなかには――そしてより一般的に、ロブ＝グリエの地平に位置づけられるすべての作家には――文学的実証主義のこの理論（もっとも十分に磨かれた理論ではありませんが）、この理論を越えた一つの可能性があり、文章表現《エクリチュール》にかんする考え方の基盤をハイデッガーの哲学におこうとする一種の傾向さえもが存在しています。少なくとも、〈存在〉をしばしば文章表現自体ないしは言語（langage）として理解するハイデッガーの哲学の後年の方向に、基礎をおこうとしています。あなたはいま、意味と意味される《シニフィエ》ものの関係を――もっともメルロ＝ポンティ自身がハイデッガーに影響されていた時期の、そのメルロ＝ポンティに依拠しつつ――描かれましたが、このような描き方をうかがうと、あなたの立場と、〈存在〉にかんするハイデッガーの考え方との関係について自問させられます。その区別を確立するために、あるいは区別が成り立つ機会を与えるために、敢えて言うなら、たぶんあなたは、意味する《シニフィアン》ものと、意味される《シニフィエ》もののなかで意味するものを促すものと、この両者のあいだに完全な相互関係を打ちたてているように見える。ところがハイデッガーの場合には、言活動（parole）への呼びかけの完全なイニシアチブを持つのは結局のところ意味される《シニフィエ》もの、つまり〈存在〉なのではないか。

サルトル――そうです。したがってそれは私にとって、疎外をあらわすものなのです。これはある程度までメルロ＝ポンティの場合にも感じられる。〈存在〉へと逆行するどんな関係も、あるいは〈存在〉に向かって開かれたもの(9)(ouverture à l'Etre)、前にも後にも己れを条件づけるものとしての〈存在〉を想定しているところの、〈存在〉に向かって開かれているどんなものも、私には一つの疎外だと思われます。私が言いたいのは、〈存在〉に向かって開かれているものを〈存在〉自体が条件づけているかぎりにおいて、私は〈存在〉を拒否するということです。私はまたそれが自分の背後にあるかぎりで構造主義をも拒否します――というのも、このことから構造の理論を作り上げることもできますから――。私は何ひとつ自分の背後に持ってはいない。一人の人間は中央にあると私は思います。あるいはもし背後に何かがあれば、それを彼は内面化するのです。人間の前には何もない。なるほど動物はいるだろう、自分自身を作り出してゆく人間はいるだろう。が、背後にあって、それについて人間が証言せねばならないようなものは、何も人間の前に存在しないのです。私にとって問題はそこにはありません。いまお話しているこの領域においては、実際のところ対象と私とのどんな深化も不断の実践《プラクシス》から行なわれるのであって、その実践の用具と媒体は言語である、と私は見なしています。まず〈存在〉があってしかる後にそれを証言しなければならないのではありません。一つの世界内に存在する(exister)人間たちがあり、そこでは存在するというそのことが彼らに深さを内面化させ、したがって彼ら自身が深くなり、そして同時にこの深さを表現するようになる。深さはある意味でこれら人間によってでなければ存在しないのです。人間は世界を創り出すのではなく、これをただ確認するだけですが、しかし人間が無限の絆を、それ自体無限の量の対象のあいだに確立するというその事実のみからしても、すでに人間はその深さを内面化しているのです。あるいは世界の深さを創り出すための絆として自己を外面化するのです。人間は世界の深さであり、世界は人間の深さである、と言ってもいい。そしてそういうことはすべて、ある型の実践《プラクシス》、すなわち語と呼ばれるこれら作られた対象の使用によって、ごく普通に行なわれている。というのも、人はあまりにこのことを忘れていますが、語というのは作られた物質、すなわち歴史的に生産され、私によって作り直されている物質なのですから。私はものをしゃべるときに語を発音する、私は語を書き記す。これらは物質的な活動です。それ自体が言語のなかで一つの意味を持っているところの物質的活動です。よく言われるように、本当に作家としてものを書きたいと思うようになるには、一つの語を書き記すのが好きでなければならない。これは、たとえばフローベールにおいて感じられることです。彼には物質的対象としての語への愛着がある。あなたが「ねずみ男」にかんするマノーニの文章を読んでいるかどうか知りませんが、これは実に興味をそそる文章です(10)。というのは、フロイトが、ある種の幻覚のなかで互いに入れ替って現れる語を、象徴とは見なさなかったこと――象徴と見なせば観念論に陥ってしまいます――、語が一定の形を与えられているからといって、これを象徴を運ぶ媒体とは見なさなかったこと、そうではなくて、人間に対して現実的に働きかける現実のものとみなしていたことを、この文章がはっきり示しているからです。要するに、語は物質的対象と見なされていたのです。つまりその意味は、人間に物質的に働きかけてこれを規定するのはまさにシラブルの物質的類似であるということです。象徴化の機能を負わされているような、どこか漠然と似通ったものがまずあるわけではない。まずものがあるのです。これは非常に重要なことだ。書くというのは、また、ある範疇のものを愛することでもあるのです。それは意味するために作られたものであり、したがって、自分以外のものを狙うために作られているのですが、しかしまた同時にそれ自体がものでもあるのです。だがそのことはわれわれを読者に送り返します。読むこと、それは私の考えでは、文学作品たとえば一篇の小説の場合、常に、意味を把握することであると同時に、言語物体(corps verbal)――物質的な、書かれた(したがって可視的な)、あるいは耳にきこえる(したがって発音された)言語物体――に、一種の曖昧な機能を負わせることであり、その機能とは、対象を記号として、不在のものとして与えつつ、これを現存させることなのです。例を挙げましょう。あなたが、「私は散歩していた。夜だった」と言われるとき、これを読む者は《夜》という語のなかに何かを見出します。それは夜の現存なのですが、ところが彼の読む文は、「これは夜じゃないぞ！」と彼に告げているのです。あなたが半過去を使うや否や、あなたは相手にこう言っていることになる、「今は夜は存在しない。仮に夜だとしてもそれは偶然だ。いずれにしても私が語っているのは過ぎ去った夜のことだ」と。ところが相手が読んでいるあいだ、この夜は目の前にある——《夜》という語のおかげで、またこの語が労働、つまり歴史的一般的な労働ないしは個人的な労働から成る諸要素の総体をになう物質的現実であるかぎりにおいて——。語はそれ自体で一種の機能的価値を持っています。そしてこの場合の《夜》は、夜の本質であると私は言いたいのです。あなたはかくて意味を所有する。また、本質——すなわち意義（sens）——を所有するのです。どんな語でもいいのですけれども、私が「意義を賦与されている」と言うであろう語、そのような語が存在するという事実は、ひたすらそれらが一つの文のなかで占める位置にかかわっています。あなたがものを書くなら、ある場合には《くさめ》（sternutation）という語をそこに書き込む方が《くしゃみ》（éternuement）よりも滑稽に見えるかもしれないのです。つまり一つの文の内部における語の位置が、その語に、対象を現存させる一つの価値を賦与するのであって、それを私はその意義と呼びたい。こうなると、もしあなたが、これをやるのは結局は読者のためであり、意味されるもの《シニフィエ》のありのままの現存を読者に提供するためだと考えるなら、あなたの方でも語というものを、その語があなたにとって持っている歴史的個人的に負わされたいっさいのもののうちにおいて、またその語の示すさまざまな変質した意義において、とらえることを余儀なくされるのです。

——語に対する作家の愛着と、読者にとってあなたが意義と呼ばれるものを血肉化する可能性とのあいだには、ある形での類似性があるのでしょうね。いわば語に対する作家の愛情が客体化して、読者にとっては意義となり、それが文学的なコミュニケーションを保証するのでしょう。

サルトル——そうです。それは同じことだ。そして人が自分のものを再読するとき、たとえば私が自分の文学作品を読み直すとき、むろん私は、読者がどんな印象を受けるかを知るために読み直すのです。私は自ら自分の読者になるのです。つまり自分のものを再読するのではなく、一個の他者として自分のものを読み直すのです。別なふうに言うならば、文体にかかわる仕事の場合、「語に特有のこういった重さを伴ったこの言葉の総体は、いったいどんな効果を生むだろう？」と自問するのは、文学的な作業そのものなのです。あなたは自分の仕事から身を引き離して、何も持たない読者、少なくともあなたの歴史は持っておらず、自分の歴史しか持っていない読者の位置に身を置こうとつとめるのです。

——つまり意義は、作者と読者の経験の同質化を可能にするのでしょうから、いわば普遍的なものの宿る場とも言えるのでしょうか？

サルトル——そうです。意義は独自的普遍（universel singulier）の宿る場です。あるいは具体的普遍（universel concret）の場です[11]。いずれにしても、抽象的普遍の場ではない。それは文字通り、文学的コミュニケーションの最も深いものが成立する場所なのです。哲学においてこれを必要としていないことは明らかだ。いや、哲学ではこれを避けることが必要でさえあるのです。一つの哲学作品のなかで、仮に文学的な文を書いてしまったとすると、必ず私は読者をいくぶん瞞しているような印象を持つでしょう。つまりそこには背信があるのです。私は一度こういう文章を書いたことがある——それは人びとに記憶されましたが、その理由はこれが文学的側面を持っているからなのです——、すなわち「人間とは無益な受難である」という文章です。これは背信行為です。私はこれを厳密に哲学的な語で言うべきでした。『弁証法的理性批判』では、全然背信行為をしなかったと思います。したがって、これは全く別な二つのものだ。文学の領域では、これは背信になりません。読者は予告されているからです。読者は本を買うときからすでに予告されている、彼は《小説》と書かれているのを目にするか、またはそれが小説であることを知っている。あるいは、一種の評論だが、そこには理屈と同時に情念も入っているであろうことを承知している。読者は自分が何を求めているかを承知しているのです。たとえ語の担っているものがあり、そのために単純な意味におけるのとはいささか異なった形でその語をとらえることになるとしても、読者はそれを知っており、それを欲しており、またそれに対して警戒しているのです。したがってここには三つの媒介がある。意味は人間とものとのあいだの、つまり意味する《シニフィアン》ものと意味される《シニフィエ》もののあいだの――また逆に意味される《シニフィエ》ものと意味する《シニフィアン》もののあいだの――媒介です。意味される《シニフィエ》ものは、意味する《シニフィアン》もののあいだ、意味と意味する《シニフィアン》ものの、媒介です。そしてこういったことはすべて、まず意味される《シニフィエ》ものと意味する《シニフィアン》もののあいだの媒介としての、また次に意味と意味する《シニフィアン》もののあいだの媒介としての、読者なしには起こりません。ここには三つの項がある。別なふうに言えば、もし対象に対する最初の幻想、つまり先ほど述べた砂のお城の幻想を失ったとすれば、すべての語が、まさに自分のうちに含み得るいっさいの曖昧なもの、つまり意義を解き放つのでないかぎり――なぜなら一つの語の曖昧さは必ずより深い一つの意義だからですが――書くことに楽しみを見出すことはできないのです。そしてこのようにヴェールをとり払ってゆく作業は、語が一人の他者に向けられているという事実を通してでなければ行なわれないことでしょう。換言すれば、ものを書くためには、書くことが面白くなければならない。単に〔すでにあることを〕書き写すだけであってはだめなのです。さもないと、純粋な意味を作ることになってしまう。そこで私は、書こうとつとめるとはどういうことか、文体を持つとはどういうことかを、明確にしようとするのです。書くのが面白くなることが必要だ。そしてそれが面白くなるためには、あなたと読者の関係が、読者に与える純粋な意味を通して、内部に隠された意義、あなたの歴史を通してあなたに生じたところの意義を、自分の目に暴露するのでなければならず、またその読者との関係があなたに、この意義と戯れること、つまりこれを自分のものにするためではなく、逆に読者にこれをわがものとさせるために、この意義を使用することを可能にするのでなければなりません。じっさい読者とは、ほんの少しばかり——すべてが読者に委ねられているとはいえ、しかしほんの少しばかり——分析医のようなものなのです。

——つまり一種の啓示を行なう者というわけですね！[12] とすると、根源的な〈他者〉がある、と言えるのではないでしょうか？　その〈他者〉は実は構成されたものです、言ってみれば実践的‐惰性態です、あるいは言語を作り出した〈歴史〉、あなたのなかに、あなたのために、あるやり方で、独特な味を持った言語を作り出したかぎりでの〈歴史〉です。また以上のことからして、その〈他者〉はいったん内面化されると、埋もれ、忘れられたもののようになるけれども、しかしまた同時代の〈他者〉とのコミュニケーションを行なうという投企や心遣いによって——このコミュニケーションの投企が必然的にあなたのなかに、あなたにとって、またこの同時代の〈他者〉にとって、あの根源的〈他者〉の正体を暴露するきっかけとなるかぎりにおいて——、再び活気を与えられるようになるのではないでしょうか？

サルトル——まさにその通りです。散文には相互性がある。一方、詩においては、他者はただ啓示者の役割を果たすばかりです。思うに、詩的投企は同じ程度のコミュニケーションを含んではいないのであり、詩における読者は本質的に、私をこれらの意義にたちあわせるための証人なのです。

——つまり、詩の深いナルシシスムがあるわけですね。

サルトル——詩の深いナルシシスムがあるのです。が、むろんそれは他者を通過します。これに反して散文の場合、なるほどそこにナルシシスムがあるが、それはコミュニケーションの欲求に支配されている。それは、より媒介されたナルシシスムです。つまり、他者に向かうべく乗り越えられるナルシシスムであり、しかもその他者の側にあなたはナルシシスムを生み出してゆくのです。相手は語を楽しむでしょう。なぜならこれらの語は、まさに彼を彼自身に送り返すでしょうから。これは私が《共鳴》と呼んでいる現象です。共鳴による読書はきわめて頻繁に起ることであり、またそれだけであればきわめて遺憾なことです。つまり、一つの文によって、全く全体の意図から外れた一つの文によって、あるいは何ものかに到達するための入口であるかもしれない文によって、とつぜん自分の共鳴を感じる読者は、このとき自分自身にひき寄せられて、作品の全体が目指していたコミュニケーションからそらされるのです。しかしこの共鳴は、これが読者によってもまた作者においてもある限界内にとどめられ得るという条件で、やはり不可欠のものなのです。

——詩のナルシシスムは、つまりナルシシスムが単に倍増されただけであり、作者だけではなく読者にもまた影響を及ぼすわけですね。読者は詩に対して、詩人が詩を書くときと似たような関係を維持するのでしょう。この点で、コミュニケーションはいわば排除されてしまう。というのも、〔作者と読者〕双方のパースペクティヴにおいて、詩が作られるのは自分の自分に対する一種の満足のためになりましょうから。

サルトル——私の考えでは、それが詩の真実です。いずれにしてもロマンティスム以後はそうだ。

——とするとあなたには、詩について否定的な価値評価があるのでしょうか？

サルトル——否定的？　いや、そうではない。単に〔詩とは何かを〕記述しただけです。

——しかし、ナルシシスムという思想、非伝達（non-communication）の思想、あるいは人の意識と意識のあいだにはいりこむ美の〈偉大な媒介者〉の思想、こういうものを用いて詩の機能を定義するかぎり、そこには否定的な役割がありましょう。とすると、詩の救済をどんなふうに考えられましょうか？

サルトル——詩の救済、それは一方に散文があるということです。[13] これが相互に補いあっている。この意味で、散文は詩に対抗して己れを奪還しなければならない。〔他方〕詩とは、散文のなかで、真の散文のなかで——すなわちわれわれを自分に、〈歴史〉に、ナルシシスムに送り返すとともに、人がそこにこめようとしなかったものを担っているこの実践的‐惰性態へとわれわれを送り返すところの、もろもろの語の内的構造のなかで——乗り越えられ、支配されるところのものです。この点で、散文とは詩の乗り越えです。だが同時に詩とは、われわれみなの内における孤独の一契機であるところのもの、たえず乗り越えることができるがそこへまたたち戻らなければならないものを、真に征服し直す契機である、と言うこともできましょう。そこにおいては、まさしく語がわれわれに、孤独な怪物すなわちわれわれ自身を送り返してくるのですが、しかしそれは快さを、共犯性を、伴っています。これこそあなたが読者に与えるものなのです。このときあなたは別の種類の、ナルシシスムによるコミュニケーションを得る。もはや読者の存在は、作者をその最も深いところで出現させるためにすぎず、また読者は自分自身がナルシシストになり、作者の位置に身をおくことによってのみ、初めてそれが可能になるのです。

——そうなれば、あなたがこれまで一貫して主張されてきた散文と詩の区別は維持されることになりましょう。すなわち散文と詩はいずれも根底においてコミュニケーションつまり他者との一種の関係を持っているが、この関係は両者においてほとんど正反対のものであるというわけです。この二つの行為〔散文と詩〕はどちらもコミュニケーションを免れることはできません。が、詩がいわばコミュニケーションに逆らいつつ、これをその深いところで取り戻そうとするのに対して、散文は逆に分離を克服しようとする、あるいはより単純に、コミュニケーションをうち立てようとするのです。とすると、おそらく問題はこの二つの豊かなコミュニケーションが、平板〔中性的〕な、または中性化された意味作用によって行なわれる平凡なコミュニケーションとの関係で、どんな意義を持っているかを理解することでしょう。あなたは先ほど、文学的コミュニケーションを単純なコミュニケーションと区別するために、前者は意味作用による単純なコミュニケーション以上のものだと言われました。つまりコミュニケーションそれ自体では、文学的散文を定義するのに不十分だということになる。そうだとすると、文学的事実の本質においては、《コミュニケーション》から何が残るのでしょうか?

サルトル——そのようなコミュニケーションでは不十分です。なぜなら、散文を性格づけるのは、常に単純な意味作用から溢れ出てしまうものがあるということなのですから。すべてが意味作用から溢れ出るとさえ言えるでしょう。そしてコミュニケーションないしは深いコミュニケーションに基礎を与えるのは、このすべてなのです。たとえばあなたが私に、「いったい私は何町にいるのだろう?」と尋ねたとする、そして私がどこそこ町だと答えたとする。このときわれわれのあいだには一連の諒解事項があり、それを発展させようとすれば、その諒解事項はわれわれを全世界に引き戻すことになるでしょう。実際には、われわれは厳密に実用的な次元にあり、そこでは言語が、単に指示を与えるだけにとどまっているのです。だがもし言語が真のコミュニケーションであるべきだとすれば、世界におけるわれわれの相互の状況、そして一方の他方に対する関係が、各瞬間ごとに言語によって与えられる必要があるでしょう。ところがそれはまさしく文章表現(écriture)のなかで、しかも散文の文章表現のなか以外では、絶対に与えられることはありません。詩とは、ほっと息を整える契機であって、そこにおいて人は自己に立ちかえるのです。この契機は、すでに申しあげたとおり、不可欠のもののように思われます。絶対のコミュニケーションはナルシス的な孤独の瞬間も想定しないであろう、といった考えを、私は決して受け容れることができません。拡張と縮約の動き、膨脹と収縮の動きが、存在しているのです。

――すると、二つの深いコミュニケーションとでもいったものがあるわけです。すなわちまず散文によって確立された深いコミュニケーション、これはいわば未来に向かうものでしょう。また次に詩による深いコミュニケーション、これはむしろ回顧的なものです。〔ところで〕このようなものはあなたの考え方の人間学的構造に応じるものでしょうか？　つまり、未来に向かう動き――事実としては散文ですが――これは歴史に、生成に、あるいは行動に、言いかえればアンガージュマンに一致するものと見なされ得るのに対して、回顧の動きの方は、反省がその内容自体からしてより静的であるという意味で、より純粋に反省的態度であり、つまり究極においては一種の構造に後退する姿を示していて、それが今度は乗り越えられないものになると言えましょう。前者は未来の人間学的構造を形作り、後者――詩によって作り出され暴露されるもの――は、出発点となる存在論的構造を形作る。このような言い方はあなたのお考えを正しく伝えるものでしょうか。

サルトル――そのとおりだと思います。またこのことがはっきりと、やはり内面化の外面化、外面化の内面化が存在するという事実を強調しているのです。これは言ってみれば内面性の契機ですが、この契機は、詩の場合において、一つの停止状態（stase）になると言うことができる。しかしこれは絶対に欠くことのできない契機で、決して外面化の現象を見失うことなしに内面性の現象に立ちかえることを可能にする一種のごく短い停止、といったようなものなのです。

――あなたのご覧になるところ、この契機はある倫理的機能を果たしているのですか？

サルトル――そうです。それは私にとって、具体的普遍が常に、自己認識を想定せねばならないというのに応じて、そうなのです。その自己認識は概念的認識ではなく、つまり〈欲望〉の認識、〈歴史〉の認識であるところの、一種の自己認識のことです。たとえば〈欲望〉の認識を挙げてみましょう。私にとって欲望（désir）とは、必然的に欲求（besoin）の力を活用します。ところが欲求とは単純な欲求であるのに対し――何でもいいから食べたい、食べられるものであるならば、といったように――欲望とはエピキュロスのいわゆるくすぐったい快楽の水準にあるものです。つまり私はあれよりもこれを食べたいと思うのです。私があれよりもこれを食べたいと思うや否や、食べたいと思うこの対象は必ず私を世界（univers）へ送り返します。それというのも、私が牡蠣が嫌いでオマールえびが好きなのは、あるいはその逆であるのは、根底において常に牡蠣やオマールえびを超えた理由によるのですから。そこには生活との関係があり、無数のものごととの関係がある。それがわれわれを世界に送り返すと同時に、われわれ自身に送り返すのです。こうなるとこの欲望は、まさにラカンも語っているように、分節[14]との直接的な関係を持たないのです。これは分節できないものなのです。つまり私は自分の深い欲望を言語によって指示することができません。そこから実証主義的でないもう一つの非伝達の理論が生まれるのです。つまり欲望というものの等価物を言語で与えようとしても、無限の接近と展望とによる以外には絶対にそこに到達できない、というわけです。ところが私は言いたい、その等価物をまさしく詩によって与えることができる、と。また、意味による意義の核の乗り越え、つまり散文によって与えられる、と。だがとりわけ詩においては、語が語自体のために発せられるのではなくて、分節できないものが語の現実そのもののなかに作用しているかぎりにおいて、つまり語の厚みが、まさに語を作り出すことなく語のなかに滑りこんでいるところのものにわれわれを送り返すかぎりにおいて、そのような語の使用によって人は欲望の等価物を与えるのです。つまり欲望を表現する意志があるわけではない。欲望を表現すべく分節が行なわれるのではなくて、この分節のなかに欲望が滑りこんでくるのです。

——あなたのお答は魅惑的ですが、実際上それは精神分析の理論のペシミズムを免れているのでしょうか。詩が欲望を表現し得ると言われるのに対して、わたしは同感です。だがまさしく精神分析の理論は、詞《ことば》（verbe）がぎりぎりのところ欲望を表現し得るけれども、絶対に欲望を統御できないのだと断言することに、賛成なのではないでしょうか。つまり詩は欲望の反映かもしれないが、しかしその反映は詩の特徴的な自己満足のために、欲望の作劇法に全面的に結びつけられているというわけです。ところが先ほどあなたが提起されたことは、詩のなかに隠されたものと散文の狙うものとのあいだの一種の弁証法的な——つまり前進的な——関係の可能性でした。なぜなら散文は未来と固く結ばれており、したがって未来に向かうものであるのに対して、詩は回顧的であり、つまりは基礎をおくもの（fondative）であったからです。この意味では、潜在的にまた長期間にわたって、存在論的な孤独とこれまた存在論的なコミュニケーションとの和解の可能性とは言わないまでも、相互に相手を展望のうちにおく——したがって〔相手を〕変化させる——可能性は直視することができたのです。今しがたのご発言のあとでも、このことは依然としてそのままなのでしょうか。

サルトル——それは全く同じことだ！　わたしは詩がそれだけでカタルシスになることは絶対にないと思いますが、しかし詩は意義を通して人間を人間自身に啓示するでしょう。意義はそこに存在している。とはいえ詩人はそれでも夢見る人間ではないのです。詩人の意識の志向性は、それでも、夢見る意識の物質的な下部構造をはるかに越えた彼方にある。つまりそこには何かがあり、それはほとんど語相互間の沈黙の関係とでも呼び得るようなあの関係のなかで客体化されるものであり、それがまさしく詩篇を形作るのです。だが散文の契機があるためには、この契機の存在することが必要なのです。

——とすると、二重の要請といったものがあるわけですね。その第一のものは、フロイトが死の本能と呼ぶものにいくぶん近づくのかもしれませんが、まさに欲望の、または欲望にかんする瞑想の契機で、それを詩は固有の方法で、つまりそれを乗り越えるのではなくそれを証言することによって、支配することができるのでしょう。第二のものは生の本能の要請で、これが散文であるというわけですが、決してこれが完全に詩から解放されることはないのでしょう。

サルトル――解放されなくて幸いなのです。というのも、それこそ本当の意義を形作るものであり、つまり具体的普遍を与えるものなのですから。そのとき、あなたは自分の欲望を利用する。別なものへの乗り越えのために、世界があなたにとって存在するそのあり方を利用するわけです。これが語の深さであり厚みなのです。だから私は考えます、表現され得ないものは何もない、と。

――多分またその範囲において、散文のみが行動するもの（agissante）でありうるのでしょう。私の言わんとする《行動するもの》とは、単に明晰さによる変化という意味ではなくて、散文が事物の直接的な変化を作り出すということです。詩は人間に人間のありのままの存在を示すことができましょう。つまり詩は人間の明晰さであることができる。またこうして人間のうちに、それまでどうにもならなかった曖昧な地帯を目ざめさせることができましょう。ところが散文の力は、世界に対して現実的に働きかける可能性を人間に与えることによって、単に文学的可能性にすぎない自己への現前という以上の効果を持つところにあるのでしょう。この意味で、あなたにとって詩はアンガージュマンの基準に属し得ないわけです！

サルトル――私たちの話しているのは、ある種の詩、近代詩のことです。なぜならスパルタの詩人テュルタイオス〔前七世紀〕の詩のようなものもあるのですから。これは戦意を鼓舞する詩、英雄的な歌などによって構成されている詩です。また十九世紀を通じてずっと存在している修辞的な詩、ロマンティックな詩さえあります。これはむろんいずれも別物だ。が、今日存在しているような詩は、ロマンティスムから徐々に生まれ、ネルヴァルとボードレールによって全面的に姿を現したものです。いま話題にしているのはこの詩なのです。このような詩については、なるほど私は、詩的契機が常に一つの停止であると考える。それればかりか、当初はじつにしばしば、これが自己に対する憐憫による停止、まさに欲望としての自己への迎合による停止なのです。これは欲望が語を通して、だが分節を越えた彼方で、客体化される契機なのです。ボードレールの散文詩を例にあげましょう。彼は雲を愛しています。その意味は、彼がある型の彼方（au-delà）を愛していること、自分が満足していないのを示していること、などでしょう。ここではわたしたちは抽象的次元にいるのです。だが彼が、「雲、あの類いまれな雲」と書くとき、「類いまれな」の位置や、「雲」のくり返しなどが、別なものを生み出すのです。この別なもの、それは彼ないしは私たちの何ものかなのです。

——あなたは先ほど、哲学はまた哲学で、散文の反対物であり、絶対的な対称物だと言われました（まして詩とは正反対のはずです）。このような、概念によるコミュニケーションの純粋性を、いま一度常套言語（lieu commun）との関係でどう理解しておられるかおきかせください。この常套言語とはコミュニケーションのための平凡な散文であり、これを文学的散文と区別することはもうできたのですが、今度はこの陳腐なコミュニケーションの散文が、貧弱であり、単純すぎ、文学的言語（langage littéraire）の保持している感情性のこもった衝撃と比して純粋すぎる、などと性格づけられる、まさにその度合いに応じて、これを哲学的散文とも区別する必要があるでしょう。質問が分かっていただけたでしょうか。つまり、たぶん先ほど行なったことと正反対のことをやらなければならないのでしょうけれども——陳腐な散文自身が、余りに多くのものを担いすぎていることを示すとか、あるいはすでにそれが担っているのは……。

サルトル――それではこう申しあげましょう。私にとってこの日常的散文は――それがどんなものかは分かっているはずです――哲学的散文と関係がありません。なぜなら奇妙なことに、ある形でもっとも難解な言語とは、もっとも伝達に徹した言語だからです。これが哲学です。あなたがヘーゲルをとりあげる。そしてヘーゲルの一文を読むとします。それもヘーゲルに少しも親しんだことがなく、ヘーゲルのへの字も知らずにです。あなたにこの文が分かるはずはない。そこには別な問題があるのです。なぜなら結局のところ哲学の意義と私が理解しているものは――これは人間学の意義でも、どんな型の人間認識の意義でもなく、また〈歴史〉の意義ですらないのですが――、それは観念による接近を通して、散文のなかに与えられる具体的普遍の水準に可能なかぎり到達することなのです。じじつ書かれた文学的散文は、まだやはり直接的で自己を意識していない全体性のように私には思われる。ところが哲学は、観念しか自由にできないけれども、そのことを自覚しようとする意志に突き動かされるべきものです。したがって哲学の目的は、観念を鍛えあげ、その観念がますます深く重みを増して、直接的に散文に委ねられているもののモデルのごときものをわれわれが見出すまでに至ることでしょう。たとえば『告白録』のなかのルソーの深い真実な一文を、人が哲学するとなったその瞬間から、観念によって到達すべき理想として掲げることができるのです。たとえばルソーはヴァラン夫人の家にいて、しばしばひとりで出かけます。彼はかなり長い旅行を何度かやったのですが、しかしたえず彼女の許に帰ってきた。そして彼はもう満足してはいなかったのです。これは彼の心が離れてゆく瞬間です。そのとき彼はこう言うのです。「私は自分のいたところにおり、自分の行ったところに行ったが、決してそれより遠くへは行かなかった」と。それは、「私は縛りつけられていた」という意味です。が、これが意味作用にどんな意義を与えているかはお分かりでしょう。このような一つの文が、どのようにして無数の事物にわれわれを送り返すかはお分かりでしょう。これは全く単純な一つの文です。「私は自分のいたところにいた」、つまり超越（transcendance）はなかったのです。ではどうして超越がなかったのか。なぜならヴァラン夫人とのあいだに内在（immanence）の関係があったからです。彼はその歩みにおいて、超越を装って面白がることはできるが、絶対に彼のいる場所にしかいないのです。あるいはまた、彼はそのとき借りものの全くとるに足りない超越しか持っていないのです。よろしい、彼はこれこれの町まで行く許可を与えられた。彼はそこに行く、それから帰ってくるのです。「私は自分のいたところにおり、自分の行ったところに行ったが、決してそれより遠くへは行かなかった」。これはひっくり返せばこういう意味です。「私が自由であるとき、放浪者のように自由であるとき、私は常に自分の行くところよりもさらに遠くへ行く」。いったい「自分の行くところよりもさらに遠くへ行く」とはどういう意味か。このときあなたは真の超越を得るのです。それはわれわれ読者を自由に、内在に、超越に、そして無数の事物へと送り返します。それればかりか背後にある関係へとわれわれを送り返すのです。すなわち二人のあいだの恋愛関係に。

――どんな哲学も実存の現象学から発する論理学のようなものだと言うことができましょうか――ただし、哲学の内部自体でのこの区別が、通常は具体に対する抽象の区別のごとくに見えるという逆説を伴ってではありますけれど――。ヘーゲルの哲学のなかでの現象学は具体であって、論理学はその抽象なのです。この点で、論理学はわずかな語のうちに、現象学が多くの語を用いて述べることをこめられる。ところで今の場合事情は逆になっています。なぜなら実存の現象学――つまりルソーの『告白録』で実際に発せられた文や、それが包含するすべての体験――が、その文の単純さに比べてはるかに長く複雑な哲学的言語（langage philosophique）に鋳造されねばならないかのように、いっさいが進行しているのですから。

サルトル――たしかにそうなるでしょうね。なぜならこの文を再び見出し、それを基礎づける必要があるのですから。それが問題なのです。

――しかしわたしが提起した逆説は、この場合なぜ〔論理的〕基礎づけが、その事柄自体よりも長いものになるのかを知ることなのです。

サルトル――その理由は哲学というものが、まさに意義を自らに拒否すべきだからです。哲学は意義を求めなければならないからこそ、意義を自分に拒否するのです。欲望は表現可能ですが、それは先に見たように間接的な形で、語を通した意義として表現される。つまりそれが語の重さです。だが同様に体験は、それが散文に書かれているという意味において、当初は哲学にとって分節され得ないもの（inarticulable）であると言えましょう。なぜなら〔哲学において〕問題はまさに観念をわがものにし、観念を創出してゆくことなのですから。その観念が少しずつ、一種の弁証法のなかで、体験の次元において、われわれに自分についてのより大きな意識を持たせるようになるのでしょう……。結局のところ哲学は常に自己を抹殺すべく作られているのです。私は哲学が自己を抹殺すべく作られているということを、マルクスがいつか哲学の存在しなくなるときが来ると言った意味において申しているのではありません。だが哲学の必然性が自覚にある以上、ある人が「私は自分のいたところにおり、自分の行ったところに行ったが、決してそれより遠くへは行かなかった」と言うときに、彼が自分の言っていること、感じていることを十分に意識していると言い得るならば――この意識をルソーは持っていなかったのですが――、もし彼がこのときに、文学的散文のなかで表現されている体験を観念によって認識しつつ、同時にその体験の具体的な密度を保持し得るならば、そのときは彼の他者との関係、自己との関係が、単に決定されるばかりではなくて、他のものに向かって乗り越えられる瞬間なのです。それはつまり哲学がたえず破壊され、たえず再生されねばならないということです。反省が作り出されるとき、実践《プラクシス》はすでに構成されたものとしてある以上、反省は常に実践《プラクシス》の死の契機ですが、その限りにおいて哲学とは反省なのです。換言すれば、哲学はたえず未来を望むもの（prospective）でありながら、あとからやって来るのであり、しかも観念――つまり語――以外のものを操ることを自らに禁じなければならない。しかし、たとえそうであっても、哲学にとって役立つのは、これらの語が完全に定義されてはいないということです。つまり、哲学的な語の曖昧さのなかには、やはり何ものかがあって、人はそれを利用してさらに先へ進むことができるのです。これを利用して読者を煙に巻くこと（mystifier）もできる。これはしばしばハイデッガーのやったことです。だがまたこれを利用して探索を進める〔未来を望む〕（prospecter）こともできる。これもまたハイデッガーのやったことです。

――それが哲学的言語（langage philosophique）と科学的言語（langage scientifique）を区別する仕方なのでしょうか？

サルトル――そうです。科学的言語というのは純粋な実践であり、語の技術的な意味における行動と認識です。それは人間に送り返すものではない。それに私の考えでは、一般的に言って、人間学というものはまさしく人間を完璧に、ますます完璧に扱うに応じて、人間を破壊する科学です。人間を科学の対象と想定し、人間がまた科学を作るものでもあることを否定しているのです。ところが哲学は科学を作る人間に話しかけているのであり、また、哲学は人間を科学的な語によって扱うことができないのです。哲学は、曖昧な語によってしか人間を扱うことができない。フッサールの厳密な学（strenge Wissenschaft）としての哲学という思想は、天才的な狂人の思想ですが、しかしこれは途方もない思想のように思われます。

それにフッサールの書くすべてのものは、他のどんなものよりも曖昧です。フッサールのヒューレー[15](hylè) の理論をとり上げて、これが科学的理論だと言ってごらんなさい。ところがこれは実に多種多様な解釈を可能にする理論なのです。あるいは彼の受動的綜合（synthèse passive）の観念をとりあげてごらんなさい。これはこのうえもなく深奥な観念ですが、彼は一つの穴を埋めるためにこれを思いついたにすぎない――哲学において考えるとはこういうことで、主要な思想が必ずしも最もすぐれた思想ではありません――。さて、こういったことをとりあげてみると、厳密な学としての哲学などというものは無意味であるのが分かります。逆に、哲学のなかには常にまさしく文学的散文が隠されており、また用語にはそれがどんなものであれ曖昧さがあり、それに応じて、概念が興味深いものになるのが分かります。なぜならそのとき概念はある厚みを保ち、その厚みのために、これら曖昧性を通して、文学的散文のなかの文をますます引きしめることができるからです――その文学的散文はすでに、だが圧縮された形で、また自己を意識することなく、哲学が表現すべき意義を含んでいるのです。

――この点について、あなたが『存在と無』のなかでドイツの哲学言語を適用されたことに対して加えられた批判をどうお考えですか？　これはほとんど翻訳の問題を提起するような批判でした。あなたはこれを根拠のない非難と考えておられるだろうと想像するのですが、しかし哲学的ドイツ語をフランス語の哲学言語のなかに書きかえるといったようなことをどう正当化されるのでしょうか？

サルトル――くり返して言えば、私はすべてのことが表現され得るはずだと考えているのです。この意味で、私は先ほど話題になった文学的実証主義に反対だ。あれは結局、ハイデッガーはフランス語に訳せないといった主張に至るでしょう。なぜなら、構造主義を拠りどころにして、さまざまな言語（langues）は等価物を持っておらず、それぞれの言語が一つの総体として条件づけられている、などと見なすことになるでしょうから。こうしてわれわれは、ハイデッガーの用語（langage）のなかで創り出されたものは、ドイツ語に合致している（これは正しいのですが）という観念に到達するでしょう。彼が da - sein〔現存在〕という語、あるいは Bewusstsein〔意識〕という語を使用する、あるいはまたフッサールが Bewusst-sein〔意識〕という語を使用する。そこには二つの意味があって、それはフランス語のなかで対応するもののない何かを表現している、というわけです。こうしてわれわれは、それを翻訳する可能性がないとか、あるいはまた（結局同じことになりますが）遠回しな言い方を膨大に積み上げる必要がある、ということになりましょう。したがって、もしすべてを言い得ると考えたければ、もしハイデッガーのようなドイツの哲学者の思想が、たとえドイツ語を知らなくてもわれわれにとって近づき得るものであるはずだと思うなら、そしてまた同時に、さまざまな言語は内的に条件づけられている全体であって、一つの言語と別な言語のあいだに同一物を見出すことはないというふうに、ある程度まで考えているならば、われわれは次のようなことを容認しなければなりません。すなわちわれわれは言語をねじ曲げてフランス語の意味にはないようなものを表現させ得るはずである、ということを。たとえば da-sein〔現存在〕を《être-là》とハイフンをつけて訳したとします——これはハイデッガー的な意味ではないが、しかし別なもう一つの意味なのです——。何ものかの être-là、これはもうフランス語ではない。たえずドイツの哲学者たちが用いる二つのニュアンスをあらわすために、《existential》および《existentiel》と言うなら、これもすでにフランス語ではありません。むろんフランス語で〔新しい〕語を創り出すことは可能ですが、しかしそれはフランス語の真髄と呼ばれるものの創造の線上において、つまり文学的伝統の総体のうちにおいてです。あるいはむしろ一つの言語体系の、内的で動的な関係のなかにおいて、と言うべきかもしれない。[16] したがってたとえばレオン＝ポール・ファルグのように、あるいはミショーのように、詩人が語を創造するとき、それはフランス語のなかに統合される創造なのです。だからこそ、まさしく自国語をとらえてその進む方角に言語を押し進めた一ドイツ人の考える哲学的観念をフランス語に移植しようと試みる哲学者の創造は、必ずしもフランス語の進む方角に向かう創造とはならないかもしれない。

——では、先の非難を免れたとお考えですか？

サルトル——とんでもない。それどころか、この非難を身に引き受けた、そうしなければならないのだ、と私は考えています。なぜならこのとき、観念が導入されるのですから。観念は、それを表現する語から分断され、破壊されることのできないものです。語を欠いた思考という考えは、私には意味がない。したがってたとえば、ドイツ語を変形することによってドイツ語のなかに鍛え上げられた観念というものがあり、つまり観念は創造という形で必要だったわけです。あるとき観念はハイデッガーの思考のうちにおいて、欠落として示されたことがあり、それを明確にするために、ハイデッガーはある語の意味を変えてしまったのです。このニュアンスは、問題がやはり具体的普遍であるかぎり、厳密にドイツ語だけのニュアンスではあり得ません。したがって、すでにフランス語のなかにある一語や、いかにもフランス語の方向に沿った形で新たに作り出された語を、その等価物とすることはできないにもかかわらず、しかもなお私はそうした等価物を必要としているのです。そこで私は、まさに思考が一つの言語よりも普遍的であるかぎりにおいて、一つの思考のなかに、にせのフランス語の変形《デフォルメ》された語によってあるドイツ語の観念を実際に導入します。〔これにかんして〕実に面白い事実がある。それは、私にとってドイツ語の原書はよく分からないし、翻訳はたとえ美事な出来栄えであってもなかなか理解できないのです。が、これは全くどうでもいいことだ。なぜならあとになるとこういうことは消滅してしまうのですから。

——それにつけ加えて、こういう概念が創造的機能または何かを創始する機能を持つかぎり、フランスの読者にとって、語を前にして抵抗しなければならないのは利点にさえなると言えませんか？　読者にとってまさしく新たな理解のための努力をすることになるのですから。

サルトル――だが私はこうもつけ加えたいのです。技術が改善されるにつれて、〔哲学の〕教授たちは徐々に表現の可能性を改善するだろう、そしてこの集団的努力によって、十年後には、同じ思想がはるかに明晰に、またはるかに容易な語によって表現されるだろう、と。問題はことを創始する瞬間です。あなたは、一つの言語をねじ曲げて、一つの思想のなかにある欠落を埋めることを余儀なくされるのです。そのように考えてくれれば、この意味で私が用いたすべての語、このようなやり方でドイツ語から引出したすべての語が、立派な語でなかったことはあまりにも明らかです。だが私だけがそうしたわけではない。ハイデッガーの翻訳者のすべてをごらんなさい。またシラーの翻訳者を見てごらんなさい。いや、ヘーゲルの翻訳者でもいい。これら翻訳者が無理矢理フランス語をねじ曲げて獲得した表現を、あなたは見出されるでしょう。そのとき人は不快感を、醜悪さの感情を抱きます（おそらくその感情を通過することは必要なことなのでしょう）。だがまた人は〔思想が〕豊かにされる感情をも抱くのです。なぜなら哲学的な具体的普遍は、まさしく厳密な諸言語（langues）の領域よりも広いものだからです。

――その点では、『弁証法的理性批判』はドイツの哲学言語に負うところがはるかに少ないと言えるのでしょう。だがそれにもかかわらず、やはりあなたは非難されました。ただし、この場合は直接の影響を指摘することができなかったので、非難はもはや同じ性質のものではありませんでした。つまり、『弁証法的理性批判』の文章（écriture）が、重苦しく、長たらしく、終わることのない複雑なものだ、などと言われたのです。これについて、いわばこうした文章が、主題との関係で機能的な必然性を持っていたと言えるのでしょうか。たとえば私はレヴィ＝ストロースの指摘を考えます。彼はこう言っています。根底においてどんな文章も――おそらく彼自身は、どんな思考も、と言うでしょう、だが結局同じことになる、なぜならつい今しがたあなたの言われたように、語を欠いた思考、文章を欠いた思考は、存在しないのですから――、どんな思考も分析的である、それなのにサルトルは、分析的なものを弁証法によって乗り越える、または基礎づける、と言っているくせに、いかなる権利で分析的な言辞で弁証法を扱う作品を書いたのであろうか、と。私はまた、これは別の水準のものですが、サン＝ジョン・ペルスの指摘を思い浮かべます。彼は、それ自体分析的な英語と比較して、フランス語は根本からして綜合的である、と言っています。言葉を変えて申しましょう。あなたは一方においては『弁証法的理性批判』の文章が、その対象つまり弁証法との関係において、その物質的構造のなかに固有の特質を持っているとお考えでしょうか。また他方では、哲学の水準でも文学一般でも、フランス語は他の言語に比べて、とりわけサン＝ジョン・ペルスの考えるように英語に比べて、特に恵まれた弁証法的ないしは綜合的な能力を持っているとお考えでしょうか。

サルトル――まず率直に申さねばなりません。たしかに私は『弁証法的理性批判』を、もっと巧みに書くことができました――これは付随的な問題ですけれども――。という意味は、もし私がもう一度これを読み直して切ったり縮めたりすれば、おそらくこのようにぎっしりと詰まった形はとらなかったであろう、ということです。したがって、この観点からすれば、やはりその場の事情、個人の問題を考慮することが必要なのです。だがこの自己批判はさておき、そのようにして書かれた『弁証法的理性批判』は、やはり現在のものと酷似するでしょう。なぜなら、一つ一つの文がこのように長く、括弧や引用符や「……としてのかぎりで」などが非常に多いのは、それぞれの文が一つの弁証法的な動きの統一を示しているからに他なりません。レヴィ＝ストロースは弁証法的思考が分かっていないのです。彼はそれが分からず、また分かるはずもない。「あのような二分法の弁証法」などと書く人間は、むろん弁証法的思考とは何かを全く理解することができません。弁証法的思考、それは何よりも、同一の運動のなかでの、ある現実の検証です。ただしその現実は一つの全体（tout）の部分であり、その全体を否定するとともに、またその全体に含まれ、条件づけられ、否定されるものでなければなりません。したがって、その現実は全体に対して同時に肯定的でもあれば否定的でもあり、その動きは全体を破壊するとともにこれを保存する動きでなければならず、またその現実は全体を構成する各部分と関係を持ち、その各部分はどれもが全体の否定であると同時に、おのれのうちに全体を含んでいなければなりません。これら諸部分の総体（ensemble）、ないしこれら諸部分の総和（somme）は、ときには――各部分が全体を包含するものであるかぎり――われわれの考察の対象となっている部分を否定しますが、それはこの部分が他の諸部分の否定であるかぎりにおいてであり、また他の諸部分の総和がふたたび総体となり、かくてそれが接合された諸部分の総体、つまりはこの部分を引いた全体、この部分と衝突する全体になるかぎりにおいてであり、最後にそういったすべてがそのたびごとに肯定と否定で捉えられつつ、全体の再建に向かう一つの動きを生み出すかぎりにおいてなのです。どうして人は想像することができましょう、これら事実の総体が、人の提示する〈歴史〉のいかなる契機（あるいは〈歴史〉の契機のいかなる契機）についてであれ、十五行ないし二十行にわたる文をいくつも連ねなくとも表現できるなどと、どうして想像できるのでしょう？　またどうしてレヴィ＝ストロースは、「思考は分析的である、とすればなぜ敢えて弁証法的形態をとるのか？」などと言えるのでしょう？　なぜなら弁証法は分析の反対ではないからです。弁証法とは、全体性（totalité）の名による分析のコントロールなのです。

――レヴィ＝ストロースは「なぜ敢えて弁証法的形態をとるのか？」とは言わないと思います。むしろ

「弁証法的形態をとるのは不可能だ！」と言うでしょう。

サルトル――それを彼に証明してもらいたいものだ。つまり、彼がそう述べているという事実こそ、まさしく彼が私の言わんとするところのものを理解していない証拠です。また実際、たとえば〔レヴィ＝ストロースのいう〕親族のつながりのなかには、絶対に弁証法など存在していない。つまり、事実が一方で積極的に全体を否定し、ないしは全体に依存していると同時に、またその逆転でもある、というかぎりにおいての事実の研究は、かつて彼には存在しなかったのです。弁証法的な逆転、弁証法にとって絶対必要なこのような方法（démarche）は、決して彼のなかに存在したことがありません。換言すれば、一つの部分を肯定的なものと見なした瞬間から、したがって、これが全体を己れのうちにおいて全体化する一つの形だと見なした瞬間から（なぜなら部分は全体を含んでいるからです）、あなたは逆転を行ない、どんな限定も否定であるというかぎりで全体を部分の否定として示さなければならないはずです。つまり常に二つのものを持つ必要があるのです。だがこのような型の思考はレヴィ＝ストロースには存在していない。ところがまさしく弁証法的な思考とは、ごく単純に分析的思考の一つの使用法のことなのです。弁証法的使用のことなのです。それが『弁証法的理性批判』のなかで説明しようと試みたことです。弁証法的思考は分析的思考[17]と対立するのではない。分析的思考は、惰性的なものに適したものとなるために自己を惰性化する思考であり、一方弁証法的思考とは、惰性的思考の総体の綜合的使用のことであり、その惰性的思考はそれ自身が一つの全体の部分になって、再び全体に所属するために、己れの限定や否定等々をうち破るのです。とすれば、非常に長い文以外のものを考えることが、どうしてできましょう！　弁証法とはまさしく分析的な文の使用法に他ならないのですから！

――なるほど。が、その使用は、それ自体が全体の建設であると同時に全体の破壊であるかぎり、これは意味《シニフィエ》されるものの水準において行なわれるのです。これを『弁証法的理性批判』で説明されたと言われますが、あなたはこれを言葉で述べながら、つまりこれを意味することによって、説明されたのです。だがここで重要なことは、あなたが同時に文章《エクリチュール》という事実そのものによって、あなたの文章の物質的次元によって、それを示したということを、想起させることだろうと私は思います。したがって、ここには言ってみれば、文章の形式面とその内容とのあいだの一種の類似があるのです。

サルトル——すでに申し上げたように、当然の自己批判があるのですが、それを除けば、この書物はこのようにしか書けなかったのです。

——つまり弁証法的な文章は、今日では必然的に既存の言語をねじ曲げるのでしょうか。

サルトル——この水準においてはその通りです。またそれでちっともかまわない。弁証法的な文章は既存の言語をねじ曲げることでしょう。

——たしかにそれで少しもかまいはしませんが、しかしこれは意味深いことです。そのことがやはり言語を、惰性的な一つの層として規定するのですから。

サルトル——言語は実践的‐惰性態です。つまり一つの物質的領域であって、それはある種のイデオロギー、ないしはあるイデオロギー的伝統、ある歴史の型（その型がそれぞれの仕方で事物を形成させるのですが）、こういったものによって全面的に構成されているのです。だがいずれにしても、私はある言語が別な言語よりも弁証法的な方法によく適合したり、または適合しなかったりする（どちらでもいいのですが）、といったことがあるとは考えないのです。

——つまりフランス語が他のある言語と比較して、〔より〕綜合的な特権を持ち得るという考えは、拒否されるのですね。

サルトル――そうです。言語学の現在の発展水準においては、そのような考えはばかげたことに思えます。

――あなたのごらんになるところ、またあなたの経験からして、フランスの言語的伝統があなたの計画との関連で提示している罠はどんな形態なのでしょうか。たとえばあなたは、われわれが言葉（langage）のなかに沈みこんでいることをはっきり示されました。そしてこれがわれわれの出発点でした。だが厳密に言って、フランス語に対してこのようにそのなかに沈みこむということは、どんな結果をもたらすのでしょう？　あなたは、たとえばサドにとって、《自然》という語が罠であり、サドは逃げようとしながらそこから逃げられないことを示された。そこでわれわれは、サドがこの語を認めながら、どのようにこれを越えたかを理解できたのです。あなた自身もこれと似た罠の経験がおありですか？　その罠から逃れることがおできでしたか？〔そうだとすれば〕これは死んだ罠、つまり罠であることをやめた罠にすぎないのでしょうけれども。

サルトル――サドの時代の《自然》という語は、罠にかかった語です。なぜならこれは、結局のところ、当時の社会総体の憧憬と条件とを表現するある方法だからです――非常に複雑なものではありますが――。とすれば、現在それに当るものは何かを探す必要がある……。

――それなら私の方から、あなたの文章《エクリチユール》のなかで私をはっとさせた例として、いくつかの概念の使用を挙げさせていただきましょう。それらは原理的にまたア・プリオリに、あなたの発言から追放されているのですが、しかしある種の論争やまたはより話し言葉的なある種のテクストの曲り角に再び現れるのです。たとえば《知性》（intelligence）という語、ないし《意志》（volonté）という語、あるいは《精力》（énergie）とか《勇気》（courage）といった語です。こういった語をあなたは躊躇なく使用しておられる。

サルトル――その通りです。が、それはどこでどのように使うかによります。私は未だかつて《意志》という語を、かぎ括弧なしに、理論上のかぎ括弧、つまり見えないかぎ括弧なしに、使用したことがないと思います。これは小説の話ではなく、むろん論文のなかでのことです。なぜなら、マチウが「俺には意志がない」と言う場合、その責任はマチウにあるのですから。この《意志》といったような語を私が使用したのは、政治的文書が問題になる場合だったと思いますが。

――論争でもそうです。たとえばあなたは平気でこう言われる、「この男は頭がいい(intelligent)。しかし彼はまちがっている」と。

サルトル――そういうことなら、私は言うでしょう。そればかりか、もし彼が頭がよくない(inintelligent)とすれば、ときにはこいつはばかだ(stupide)とも言うでしょう。

――まさにその通りなのです。それでも、やはり、あなたは別のところで、知性が究極的には常に一つの状況の産物であり、世界とのある関係の産物である、といったことを示されました。ところが、この瞬間から、あなたは能力心理学の最も古典的な伝統に従って、知性を一つの内在的価値にしているように見えるのです。

サルトル――私にとって、愚鈍さ(bêtise)は抑圧による一事実だ、とさえ私は言いたい。そして抑圧以外の愚鈍さはないのです。だいいちジュアンドーはこう書きました、「愚か者は、必ずしも常に抑圧された者のようには見えない。抑圧されたように見えることこそ彼らにふさわしいのに」と。これは素晴らしい一句だと思われます。そう、しかし私は率直に申しましょう。これは文体と自己欺瞞に属しています。これは私にとって、敵に反対する一方法にすぎず、それ以外の何物にも対応していないのです。

——つまりそれはまさに、フランス語があなたに提起するようなもろもろの困難さ、もろもろの問題の、そのどれ一つにも対応しないというわけでしょうか？

サルトル——知性というやつは、未だかつて一度も哲学的問題として私の心を占めたことがない。それは定義できないものです。それは何も意味しない。知能テストは何も意味しておりません。われわれの友人である一人の女の哲学者が、最近シモーヌ・ド・ボーヴォワールへの手紙のなかに、次のような驚くべき言葉を書いてきました。「アングロ＝サクソン系の心理学者たちは、八〇パーセントの知性遺伝の例があると言っています」。これは全く途方もないことだと思われます。そうでしょう？　結局のところ、私がさまざまな言語で書くのに応じて、事物は一つの言語から別な言語に移行するのだ、と申さねばなりません。つまり私は散文で書きます、哲学でも書きます、また演劇言語やその他のものでも……。

——フランス語と英語の相違を考察することは慣例になっています。とすると、フランス語が偉大な文化伝統の言語であり、われわれの知っている大部分の作家が大学を出ているという事実は、とるに足りないことなのでしょうか——たとえばアメリカの場合はこれと異なっており、それはある程度までアメリカ文学の特殊性を説明づけています——。この区別を正当なものと思われますか。またどんな意味をここに賦与されますか。というのも結局のところ、サン＝ジョン・ペルスが暗示したのはこの区別だったと私は思うからです。

サルトル——まず第一に私はフランス語が〔英語よりも〕はるかに綜合的なのではなくて、〔敢えて言えば〕はるかに分析的なのだと思います。だがそれにつけ加えて言いたいのは、根底において問題は常に同一であり、つまり意味の彼方に意義を与えることなのですから、この水準においてこそ問題を提起せねばならないということです。綜合的な価値を持つアングロ＝サクソンの一語、すなわち膨大なものを内部に要約している一語をとりあげるとき、あるいはアングロ゠サクソンのシンタックスが単純化されているという事実を考察するとき、私はしばしばフランス語よりも英語で表現したいと思うことがある――フランス語に綜合的なものをしみ通らせるのはある困難さを伴うという、まさにその困難の度合いに応じてのことですが――。というのは、根底においてフランス語が分析的言語だからです。そのうえ、私が意義と呼ぶもの、先ほど意味と意味するもの《シニフィアン》の関係と呼んだもののなかへと、ますます探求を進め、ますます深く掘り下げてゆかねばならないのに応じて、またこれらすべての影の地帯をもとめ、沈黙をも開拓するのを余儀なくされるにつれて、ひと口に言えばそれが職人（artisan）的な問題を提起するに応じて――芸術家（artiste）的とは申しません、というのも、私にとってそれはたいした意味がないからです――、われわれはこれと密接に関係する問題にかかわりを持つことになります。おそらく、英語でものを書くには、いっそう分析的な反省が必要だ、と言われるかもしれない。これに対してフランスでは、四方八方に拡散してしまう綜合を表現するためには、ますます多くのものを語に担わせなければなりません。だがそれらは、互いに比較することのできる仕事です。いくぶん互いに異なってはいますけれども、しかしこれらの仕事は、人びとが言うべきこと、言いたいこと、言えることを、とにかく正確に述べるのを妨げはしないのです――たとえそのために、今しがた私が言語の伝統をねじ曲げることとして指摘したものを引きかえにしてでも――。人はその欲するものを書き得るはずです。ここでいう《欲する》という用語を、罠とは見なさないでください……。そうではなく、言語を用いて人はすべてを表現できるはずであり、これが私には本質的に見えることなのです。

――したがって窮極のところ、言語はあなたにとって目的というよりは、むしろはるかに一つの手段なのでしょうか？

サルトル——私の考えでは、そうなのです。だが同時に、作家にとって存在する唯一の関心が、この手段自体が目的のように扱われる瞬間であることを私は認めます。これは中間的な瞬間であり、そのときあなたはパレットの絵具を探すように、あなたの語を探している最中なのです。これはやはり最大の楽しみを与える瞬間ですが、むろんそのためにはこれが一つの手段にすぎないことが必要です。つまりこれは媒介の活動なのです。

『美術雑誌』一九六五年七〜十二月号。本文章は、ピエール・ヴェルストラーテンにより収録され、筆写された。

人間科学《アントロポロジー》について（1）

「哲学雑誌」――哲学でない真の人間科学というものはありえないということを一応認めるとして、その人間科学は哲学の全領域を極め尽くすでしょうか？

サルトル――わたしは哲学の領域は人間だと考えています。言いかえれば、〔哲学においては〕他のどんな問題も人間との関係によってしか考察されえない、と。形而上学であれ現象学であれどの場合にも、人間との関係によってしか、世界のなかの人間との関係によってしか問題はたてられえないのです。哲学の場合、世界に関するいっさいのことは、人間がいる世界、したがって必然的に、世界のなかにいる人間との関係において人間がいる世界なのです。

哲学の領域は人間が境界になっている、これは人間科学がそれ自体で哲学たりうるということを意味するものなのか？　人間の科学（sciences humaines）が到達しようとする人間は、哲学が到達しようとする人間と同じものなのか？　以上のような形でわたしは問題をたてたいと思う。わたしが努めて示したいのは、何よりも方法というものが研究する現実に変化を惹き起こすということ、あるいはこう言った方がよければ、人間科学の人間は客体（objet）であり、哲学の人間は主体としての客体（objet-sujet）であるということです。人間科学は人間を客体とみなしている、つまり、人類学者、歴史家、精神分析家といった主体としての人間が、人間を研究客体〔対象〕とみなすのです。〔たしかに〕人間は人間にとって客体ですし、そうでないことはありえない。〔しかし〕人間は客体でしかないか？　問題は、われわれが人間の現実を客体性において極め尽くしうるかどうか、ということです。

精神障害児の問題にさかれた「エスプリ」誌の特集号のなかで、次の点にかんして、精神分析医か否かを問わず医師のあいだでの意見の一致があります。すなわち、ここ二十五年ぐらい前までの誤りは、知能の遅れた子供を客体とみなして、子供に欠落があると考えていたことだ、と。諸構造が固定しているかに見えたのでこれを決定してしまい、そこから発して臨床的な治療を考えていた。現在では、〔治療の〕唯一の方法は子供を主体としてとり扱うこととされている（これによって哲学に近づいていくわけです）、社会のなかに挿入されている客体としてでなく、一般的な投企（projet）のなかに挿入されていると同時に一個の主体性でもある、変化する、歴史的な、発展しつつある主体過程（processus sujet）としてとり扱うのです。実践的、倫理的な領域においてさえも、主体（sujet）という観念《ノシオン》は客体の向う側に現われてくる。メルロ＝ポンティが実に巧みに言っているように、人間が民族学者とか社会学者とかある種の人間にたいして対象〔客体〕となったそのときから、わたしたちはもはや上空飛行的に存在することのできないなにものかにかかわっているのです。これら〔人類学とか社会学とか〕の知識全体に異議を唱えるというのでなく、ただわれわれはこう言わざるをえない、人間の人間にたいする関係こそ問題であって、人間が人間科学者という資格で他の人間とある種の関係を結ぶとき、彼はこの人間の前にいるのではなく、この人間にたいして状況づけられているのだ、と。哲学においては、人間という観念はそれ自体で閉じてしまうことは絶対にないのです。

人間科学は、諸々の対象を提示するかぎりにおいて、人間のうちのある側面を研究しているのにちがいないけれど、それは全的人間（homme total）ではなく、ある意味では人間のもっぱら客体的な反映なのです。それは、『弁証法的理性批判』のなかでわたしが実践的‐惰性態（pratico-inerte）と呼んだもの、すなわち、人間活動ではあるけれども、厳密に客体的な素材によって媒介され、これをとおして客体性に送り返されるかぎりでの人間活動です。たとえば経済学においてわれわれは、哲学が規定しうるような人間についての知識を持っていない、持っているのは、実践的‐惰性態によって映し出されたかぎりでの人間活動、すなわち、裏返された人間活動についての知識です。

こうしたわけで、社会学や民族学の知識全体は、人間科学の問題というよりは人間科学の地平《レヴェル》を越えている問題へと〔研究者を〕送り返します。たとえば、構造という概念、ならびに構造と「歴史」の関係といったことを例にとりましょう。

コルボ族にかんするJ・プイヨン[2]の研究は、政治的・宗教的諸関係がある種のしかたで規定されているいくつかの小社会集団の内的組織といったものをわれわれに示してくれています。これらの集団はそれぞれ異なっているのですが、お互いに相手をよく理解している。ところで、これらの集団を比較するとき、これらの集団の行動様式の全体は、政治的なものと宗教的なものの関係に関連したより一般的な一つの構造から差異を生じてできたそれぞれの数だけの実例であることが確認される。〔そこで〕観察に委ねられたいくつかの社会の研究から、一つの構造化された社会を再構成する研究へと移行するわけですが、その構造化された社会は、具体的な、かつ具体的であるというまさにそのことによって差異を生じた複数のケースをとおしてしか現実化されえないものです。まさしくこのような複数のケースから発して客体としての構造（structure-objet）へと〔プイヨンは〕さかのぼったわけです。ある種の構造主義的人間科学が歴史に与えている役割は、きわめて特殊なものです[3]。〔一方では〕再構成された構造から出発して、その構造から出てくるであろうそれぞれの差異のある可能態（possibilités）をすべて抽象の次元で一周することができる。他方、これらの可能態のいくつかのものは、経験の領域で与えられるということがある。そのとき、この集合体《アンサンブル》（すべての可能態あるいはそのなかのいくつかの可能態）が実現されたということを説明するのが「歴史」の役割ということになるだろう。いいかえれば「歴史」を純粋な偶然性ならびに外在性に還元してしまう。そして、構造こそ構成するもの（constituant）となるのです。

　ところで、何人かの構造主義者たちがしているように、構造というものをそれ自体として〔即自的に〕提出するとき、それは贋の綜合であることが確認されます。実際、統一化の実践（praxis unitaire）をのぞけば何一つとして構造に構造的な統一性（unité structurale）を与えることはできず、この実践こそ構造を支えているからです。〔もちろん〕構造が行動を生み出すということに疑いはない。しかし、徹底《ラディカル》した構造主義——ここでは、「歴史」はある特定の構造化された集合体《アンサンブル》にたいして外在性と偶然性という様相をとっている。自己の時間的な展開法則を自分で産み出していく構造、として考えられるかぎりでの秩序の単なる展開というわけだ——において当惑させられるのは、弁証法の裏面が伏せられていて「歴史」がさまざまな構造を生み出していくという面を決して示さないことです。実際は、構造が人間を作るのは、「歴史」が——すなわちここでは過程としての実践（praxis-processus）が——[4]構造を作るかぎりにおいてなのです。人間を徹底した構造主義のように客体としてみなすなら、実践の次元を取り逃してしまう。社会的主体（agent social）が外的な状況の基盤に立って自己の宿命を導いていること、また歴史的存在であるかぎりにおいて彼は構造にたいし二重の作用を及ぼしていることが解らなくなってしまう。すなわち、彼は自分の行動によってたえず構造を維持していると同時に、しばしば、この同じ行動によって構造をたえず破壊しているのです。全体としての運動は構造にたいする「歴史」の働きかけに帰されるのであり、構造の方は歴史のなかに自己の弁証法的可知性を見出すのです。また構造がもし歴史への照合を欠くならば、分析的外在性の領域にとどまって、統一化作用なき自己の統一を全くの瞞着として提示することになるでしょう。逆にもし、これらの惰性的な構造が実践によっていかに保存され、維持され、修正されてきたのかを考えてみるなら、われわれは人間科学の分野としての「歴史」をふたたび見出すことになる。構造は媒介なのです。素材と資料とがあるなら——民族学の研究の地平ではかならずしもそうはいかないのですが——実践がいかにして実践的‐惰性態のなかに呑み込まれ、かつ実践的‐惰性態を腐触するかということを探求する必要があります。それに、この問題は純粋に哲学的な探求へとわれわれを送り返します。というのも、歴史家は歴史的である、言いかえれば歴史家は彼が歴史研究の対象としている社会集団にたいして状況づけられているからです。哲学は——それ自体状況づけられつつ——弁証法的な視点からこれらの状況の研究をするわけです。

三つの契機《モメント》を区別することができるでしょう。物質にたいする人間の働きかけ〔行動〕は、加工された物質が人間たちのあいだの媒介であるというかぎりにおいて人間同士の関係を修正します。実践的‐惰性態の集合体《アンサンブル》がこうして構成されて、その発展がしだいに緩慢になると——これが第二の契機ですが——この集合体は構造分析の対象となりえます。しかし、これらのより緩慢な運動もやはり進展ではあるのです。〔たとえば〕ローマ共和国の諸制度を研究することはできるでしょう。しかし——これが第三の契機ですが——この研究はそれ自体として、共和制の制度を帝国の制度へゆっくりと横滑りさせる、奥深い力とか不均衡な要素とかの研究へとわれわれを送り返すのです。このように構造研究とは、歴史的であると同時に構造的でもあらねばならない人間科学の一つの契機です。この次元で哲学の問題、全体化の問題がふたたび出てきます。行為者（agent）はこの行為のなかに姿を消す（se perdre）がゆえにふたたび客体としての主体（sujet-objet）となる。だがそれと同時に、まさにその同じ実践によって彼がなしたことから逃れ出るのです。歴史‐構造の弁証法的連関が、あらゆる場合において人間は——抽象的な人間本性としての人間ではなく、一定の社会の現実の成員としての人間は——人間にとって準客体（quasi-objet）でしかないということをわれわれに現わし出すまさにその瞬間に、哲学が始まるのです。客体の認識とか主体による主体自身の認識とかということではなく、人間が同時に客体であり準客体であり主体であるということ、したがって哲学者は常に人間にたいして状況づけられているということ、こういうことを考慮したうえで到達することのできるものを、われわれがさまざまな主体にかかわり合っているそのかぎりで決定する、そのような認識が問題なのです。この意味で、人間が自分自身に到達しうる可能な手段とその限界とを定めるような、人間科学の基盤といったものを考えることができるでしょう。人間科学の領域は客体から準客体にわたり、客体の現実における性格を決定することになります。

哲学の問題は何よりもまず、いかにして準客体から主体としての客体（objet-sujet）に、また客体としての主体（sujet-objet）に移るのか、という点にあります。この問題は次のように定式化されうるでしょう。「一つの客体は、みずからを主体として把握しうるためには、いかなるものとしてあらねばならないか（哲学者は問いかけの一部をなしている）、また、一つの主体は、準客体として（さらに究極においては客体として）われわれに捉えられるためには、いかなるものとしてあらねばならないか」と。換言すればこうです、「内面化（intériorisation）と再外在化（réextériorisation）との過程全体が哲学の領域を限定するが、それは哲学がこれらの過程が可能になるその基盤を探求するかぎりにおいてである」。たとえ人間科学がいっさいの学問分野を統合するとしても、人間科学のこの発展が哲学を消滅させることは決してないでしょう、哲学がホモサピエンス自体を問い、またまさにこのことによって、すべてを客体化しようという誘惑にたいして人間に警告を発しているかぎりは。哲学は、人間は究極において人間にとって客体であるとしても、人間はまた人間たちを客体とするそのような客体である、ということを示すのです。このレヴェルで、あらたに「全体化は可能であるか？」という問が立てられてくる。

——それぞれ自律的な人間科学というものがいくつか存在するということなのか、あるいはまた、人間の科学一つと、人間の世界にたいする関係のなかに介在してくる媒介過程と取り組む人間学的学問分野が種々あるということなのか？　統一は内部からつくられうるのでしょうか？

サルトル——発端にないものなら、統一は最後に与えられることもない、得るのは寄せ集めということになるでしょう。一つの共通の意図から発した、多様化作用（diversification）があるわけで、ただその多様化作用はそのなかに同じ一つの関心が示されているかぎりにおいてしか意味を持たないものです。実際には二つの関心がある。一つは、人間を外在性として扱おうとするもので、この場合には人間を世界内の自然存在として捉え、これを客体として研究することが絶対に必要となる。このレヴェルでは、多様化作用は意図——これは同一なのです——からきているのではなく、同時にすべてのことを研究することはできないという事実からきている。もう一つの傾向は人間を内面性としてたえず捉え直そうというものです。多様化作用という一契機があって、それは客体としての人間（homme-objet）からやってくるのですが、全体化作用の弁証法的契機を想定しているはずなのです。それぞれ切り離された多くの学問分野がありますが、どの学問分野もそれ自身では可知性（intelligibilité）を保持してはいないのです。

部分的な研究はすべて他のものを指し示していて、おのおのの部分的な認識の背後には諸々の認識の全体化という考えがひそんでいる。どんな研究もすべて合理化〔作用〕の分析的な一契機ですが、同時に弁証法的な全体化〔作用〕を想定しているのです。わたしは、発展すべきこととしてのマルクス主義を、全体化〔作用〕を再び導入するためのこの努力と考えている。現代の何人かのマルクス主義者は、マルクス主義を構造主義の方へ引き寄せていくことによって、全体化するための可能な手段をマルクス主義から取り除いてしまっている。

――言語学のモデルはあらゆる人間現象の可知性のモデルたりうるでしょうか？

サルトル――言語学のモデルそれ自体は、もしこれを話す人間〔話者〕に送り返さないなら、非可知的です。伝達行為《コミュニケーション》の歴史的な関係をとおしてこれを捉えるのでなければ非可知的です。ところが、どうしても話すことが必要なのです。言語学の真の可知性は必ずわれわれを実践へと送り返すのです。言語学のモデルはもっとも明瞭な構造的モデルですが、にもかかわらずそれは必ず他のものへ、言活動《パロール》という全体化作用へと〔われわれを〕送り返すのです。わたしは共通語《ラング》を作り、共通語はわたしを作っている。〔たしかに〕固有の意味で言語学的な、独立の契機はあるのですが、しかしこの契機は、一時的なもの、抽象的な図式、停止状態とみなされるべきものです。言語は伝達行為《コミュニケーション》によって乗り越えられないかぎり、実践的－惰性態に属している。われわれはそこに人間の倒置された像《イマージュ》、内部に食いこんだ惰性態を見出すのですが、それは贋の綜合なのです。

〔言語学の〕モデルはしっかりしているが、あくまでも惰性態においてです。構造主義のモデルはすべて惰性的なモデルです。人間は言語のなかに姿を消す（se perdre）わけですが、それは人間が自分から言語のなかに飛び込むからなのです。われわれは、惰性的な綜合のレヴェルで言語学のなかにいるだけです。

――非全体化される全体性[5]（totalité-détotalisée）というあなたの考え方を人間科学の側から意味づけるとどういうことになりますか？

サルトル——非全体化される全体性という観念《ノシオン》は、主体（sujet）の複数性と、物質——すなわち諸々の主体のあいだの媒体となるもの——にたいする主体ならびに諸々の主体の弁証法的作用と、この両者に同時に関係しているのです。わたしが非全体化される全体と呼ぶものは、まさしく構造の契機《モメント》なのです。このレヴェルでは、なされるべきはまず知解（intellection）です。経済学、言語学といった種々の〔人間科学の〕学問分野は知解を行なわなければならない、自然のなかには〔人間科学におけるような〕惰性的な綜合というものはないということは別として、自然科学の科学的モデルに接近しなければならない。知解から了解（6）（compréhension）への移行ということは、データを分析するなり記述するなりしなければならない停止の状態、分析的かつ現象学的な停止の状態から、弁証法への移行ということです。研究の対象を人間活動のなかに置き直すことが必要なのです、〔というのも〕実践についてしか了解というものはなく、また実践によってしか了解しないからです。了解は、事実上の実践的な全体化〔作用〕という資格で、構造研究の分析的な契機を自己の内部へ置き直すのです。言語学的研究の契機である知解の契機というものがありますが、これは分析的契機であって、惰性化した弁証法的理性なのです。分析とは零度の弁証法的理性にほかならないのですから。了解とは、モデルの研究のあとにきて、活動中のモデルを「歴史」をとおして見ることとです。全体的な了解の契機とは、歴史的な集団をその言語から、逆に言語をその歴史的な集団から了解する、そのような契機ということになるでしょう。

——人間科学のもろもろの分野を作り出そうとする、実証主義ならびにゲシュタルト学派の企て（カーディナーとレヴィン）にたいしてあなたが行なった批判（7）の視点からすると、了解的人間科学は、これらの学問分野によって発見されたデータをそのまま引きつぐだけになるのか、あるいはむしろ、人間科学のもろもろの分野の人間的な基盤を付加することによって、それらの学問分野を覆すことになるのか。言いかえれば、真の人間科学なるものは実証主義の理論内容と方法過程とをその社会的・人間的意味において理解することをじっさい可能にするのではないか？

サルトル――実証主義を引き継ごうというのなら、これを覆すことが必要です。知識を細分化しようとする実証主義とは反対に、真の問題は何かと言えば、部分的な真理とか分離した研究領域というものはなく、全体化しつつある集合体《アンサンブル》の種々の要素のあいだにある唯一の関係は、部分の部分にたいする、部分の全体にたいする関係であるはずだ、ということです。なぜなら部分は他の部分に対立しつつ全体を表わし出しているのですから。常に、部分の視点から全体を、全体の視点から部分を捉えるべきです。これは、人間の真理は全体的であるということ、言いかえれば、絶えざる非全体化〔作用〕（détotalisations）を越えて、「歴史」を進行しつつある全体化〔作用〕として把握する可能性があるということを想定しています。研究対象となる現象はすべて、歴史的な世界の他のもろもろの現象の全体化〔作用〕のなかにしかその可知性を有していないのです。われわれはだれしもこの世界の産物であり、さまざまなしかたでこの世界を表現しているのですが、われわれがわれわれに固有の形で全体性に再び結びつけられているかぎりにおいてわれわれはこの世界を全体的に表現しているのです。一つひとつの集団《グループ》のうちに、部分の全体にたいするある型の関係が見てとれる。われわれがヴェトナム戦争の現実を今ここで表現しているかぎりにおいて、ヴェトナムの人びとはわれわれを表現していると言うことができる。「歴史」の客体は主体を表わし示しているのです、主体が客体を表わし示しているのと同じように。同様にして、プロレタリア階級と雇用者階級とは両者の闘争によって相互的に規定されていると言うことができる。サン＝ナゼール(8)にはサン＝ナゼール固有のある型の関係があり、他のところでは他の戦術があり、他の闘争がある。サン＝ナゼールの一人の雇用者は彼の使う労働者を表現しており、同じ理由で労働者は自分の雇用者を表現しているのです。

――あなたは方法論的原理と人間科学の原理とを区別なさっている。人間科学の原理は人間をその物質性によって定義しています。マルクスは人間の物質性を二つの指標、すなわち、欲求と感受性の水準とによって、定義しています。あなたが人間の物質性に与えておられる意味を明らかにしていただけませんか？

サルトル――〔人間の〕物質性とは、自己の欲求から発して物質的集合体を作り出していく動物有機体〔身体〕としての人間が出発点である、という事実です。もしそこから出発しないなら、人間はいかなる点において物質的存在なのかというその正確な概念はいつまでたっても得られない。わたしは、上部構造にかんするある種のマルクス主義理論に完全に賛成しません。つまり、奥深い意味というものは出発点から与えられているとわたしは考えており、その意味においては下部構造と上部構造とのあいだには区別は存在しないのです。労働とはすでに世界の把握であって、この把握は道具に応じて違ってくる。イデオロギーを死物としてはならない、そうではなく、イデオロギーは、あるしかたで世界を把握する労働をする人間のレヴェルに位置している。思想《イデー》というものを哲学者――ラシュリエとかカントとか――のレヴェルで考えるなら、それは思想の死を意味する。労働がすでにイデオロギー的なのであって、労働をする人間は道具の使用をとおしてみずからを創り出しているのです。真の思想は労働をする人間、道具、器具、生産関係のレヴェルにあるのです。思想が生きたものとしてあり、にもかかわらず暗々裡のものとしてあるのは、まさにそこにおいてなのです。

〔以下は、人間科学にかんする対話のあとで精神分析学についてG・コンテスから出された問である[9]」。

（一） 精神分析学の領域とこの領域によって初めて築かれた経験との関係、この領域によって初めて築かれた実存の次元とあなたの考察の基盤となるものとの関係、この問題は、一つの問、一つの問いかけの対象となるでしょう。〔あなたの〕実践的総体の理論『弁証法的理性批判』を、わたしは、意識の存在論〔『存在と無』〕の続きであり、かつよりよく規定されているものと見ています。〔ところで〕あなたの意識の存在論と精神分析学との関係という問題は、あなたの言うアンガジェした実存（existence engagée）のおそらく中心をなしている否定（négation）という観念から発して立てられます。この否定を、あなたは否認――異議申立て（contestation）と人間的な認知（reconnaissance）との原動力となしてきた――つまり否定の人間化〔人間化された否定〕です。この否定は志向的な意識についての、対自についてある解釈と結びついています。すなわち、自己の否定としての、またみずからが顕示された全体ならびに所与の全体の否定としての対自、自己の絶えざる無化（néantisation）とひきかえに、事実性（facticité）の不断の乗り越えとひきかえに維持される存在の無（néant d'être）としての対自についての解釈に。対自、この実践的自由を、あなたは、その歴史的な客体性によって規定されながらもこの客体性を乗り越えようと目ざしているもの、革命の実践によって疎外された労働というこの根源的な実践を乗り越えようと目ざしているもの、と示しておられます、

（二） しかし、対自によって存在され（être）、実存されている（exister）否定の問題は、精神分析学が――言説、他者の言説という一つの場から出発して――自己の出現を告げ知らせているその場所で、他者性の問題を再び出してきます。そこで、あなたがラカンにたいしてどういう関係にあるのかを正確に述

べていただきたい。わたしの知るかぎり、あなたのどの本にもこの点は明確にされていませんので。意識と象徴的な他者（autre symbolique）とのあいだにある関係はいかなるものなのか？　この他者の否定としての――この他者の言説の否定としての――意識は、言語作用（langage）全体を惹き起こすべく運命づけられていないのか、あるいはまた、反省を言活動（parole）によって置き変えるべく運命づけられてはいないのか？　それは象徴的他者の否定、欲望された不在にたいする否《ノン》ではないのか？　主体を裏切り、空虚な無化する意識、すなわち認知するためには絶えず否認することを強いられている自己の否定しか主体に残さぬのではないか？

　なるほど、実践的な意識は欲求に結びついており、その充足は差異のない身体を想定している。〔しかし〕労働はたとえ疎外から解放されたとしても、身体に性的な差異を与えるだろうか――労働、実践は、世界の消去、身体の無性状態を想定しているのではないか？

　サルトル――まず、あなたの質問のなかには、否定（négation）と無化（néantisation）との混同があります。無化とは意識の存在そのものを構成し、これにたいして否定は、歴史的実践のレヴェルにおいてなされるのです。否定は常に肯定をともなっている。つまり否定することによって自己を肯定し、自己を肯定することによって否定するのです。

　あなたのなされている反論、すなわち、否定は他者を否定することに通じないか、という反論は非弁証法的です。あなたは否定を、まるで裏面がないかのように考えている。精神分析学についていえば、非弁証法的な次元にとどまっていることをわたしは非難したい。あなたは、どんな投企も逃避であると考えるかもしれないが、しかしまた、どんな逃避も投企である、と考えるべきでしょう。逃避が見られるそのたびに、反対の側面の肯定がないかを見るべきです。フローベールは自分を逃避しつつ自分を描いています。

逆転した状況にたいするフローベールの闘いには、否定の最初の瞬間《モメント》があります。この否定が彼を、言語障害、唯我論、抒情主義へと導いていくのです。これはまだ『ボヴァリー夫人』ではないのですが、未来のこよなく偉大な才能の徴候として現実化されています。この否定は肯定の形においてしかなされえないということ、自己の条件を拒否していると思いながら彼はこれを〔作品の中で〕ひそかにもらしていたのだということを認めないなら、彼の青春期の作品は説明されないのです。十四歳の年に書かれた作品『フィレンツェのペスト』は、青少年一般が描かれている十七―十九歳のあいだに書いた作品よりも、彼自身についてははるかに多くの情報を与えてくれます。自分を逃避するそのかぎりにおいて彼は自分を描いていた、その自分の作品を友人たちに読んで、ある型の意志の疎通《コミュニケーション》を築こうとする。フローベールのケースは、方法としての弁証法にわれわれを連れ戻してくれるので、弁証法が向きを変えたと言いましょう。

第三の項は必ずしも一人の人ではない、《象徴的他者》というのは読者であるかもしれないが、読者との関係は象徴的な第三者との関係なのではなく、その関係は直接の接触を必要とせずに現実に存在するのです。フローベールは、自分の読者について非常に明瞭な考え、読者にたいするある見方を持っていたけれでも、この第三者は現実的であるので象徴的ではなかった、読者との関係は一つの現実であって、存在していない第三者〔との関係〕の代りということではないのです。フローベールが書くのは、発育不全の幼年期の状態を否定するため、自らを肯定するため、言語を回復するためです。彼に言語が拒まれていたがゆえに彼は言語を奪い取ったのだ。彼が書くのはフローベール博士〔父親〕によって認められるためです。父親による認知は、家族による認知、読者――弱められた第三者――による認知をあいだにはさんでいる。説得すべき人は父親なのです。

フローベールは、この否定によって言語が自分の手から滑り落ちていくという経験をする運命にあったのでしょうか？　わたしは、言語は三歳のときにフローベールの手から滑り落ちていったのだと思う。つまりわたしが言いたいのは、フローベールというのは、望まれなかった子供、過保護にされ、受動的になった子供だったということです。始めから意志の疎通《コミュニケーション》らしきものは一つもなかったし――言語はなにかしら魔術的なもの、彼自身のなかにある他者で、認知ではなかった。フローベールははじめのころのものを読むということができなかった。おそらくある種の意志の疎通《コミュニケーション》の断絶があって、発育の遅れた子供だったのでしょう。そこで彼は言語を回復するためにものを書く、否定は外部からやってきて、否定の否定が肯定となる。言語は彼にとって魔術的な認知となるので彼はものを書くのです。

　哲学が説明してくれない構造的な諸要素の集まり《アンサンブル》がある、と精神分析学者たちは分析していますが、この点にはわたしも賛成です。ただ『ボヴァリー夫人』はたんに一連の代償行為といったものではなく、同時に積極的《ポジティフ》な対象物《オブジェ》、われわれ各人とのなんらかの意志の疎通《コミュニケーション》の関係なのです。

　像《イマージュ》とは不在のもの（absence）です。といってこれは、人びとのあいだの唯一の関係が不在――現存であるということを意味するわけではない、中間の形態というものがある。言語の無意識的な構造にかんして言えば、われわれは、言語のいくつかの構造の存在が無意識を説明している、という点を見るべきです。わたしから言えば、ラカンは、言語活動《ランガージュ》をとおして分離の働きをする言説（discours）としての無意識、あるいはこう言った方がよければ、言活動《パロール》の反目的性としての無意識を明らかにしている。というのも言語的集合体《アンサンブル》は、語るという行為をとおして実践的‐惰性的な集合体として構造化されるのですから。これらの集合体は、わたしのものではないのにわたしを規定しているさまざまな意図〔志向〕を表現し、ないしは構成しています。こうしたわけで――そしてわたしがラカンと一致しているまさにそのかぎりにおいて――志向性というものを根本的なものと考える必要がある。志向的でないような心的現象は存在しないし、言語によって呑み込まれ、偏らされ、裏切られないような心的現象もまた存在しない。しかし相互的にわれわれは、われわれの深層を構成しているこれらの裏切行為と共犯なのです。

わたしは、性的身体なり、性的欲望――それが発展していくなかで他者とのある種の関係を含み込んでいく根本的な欲求としての性的欲望――なりの存在を否認するつもりは全くありません。ただわたしは、この欲求が個人の全体に依存していると言うのです。慢性的な栄養失調の研究によれば、食物のなかに蛋白質が欠乏すると欲求としての性欲の減退を招くことが指摘されている。他方、労働条件――農民の都会への急激な移動とか、たとえば溶接といった以前の生活のリズムとは相容れない新たな仕事――は二十五歳から二十八歳ですでに性的不能を惹き起こす可能性がある。性的な欲求は、ある種の歴史的・社会的条件が与えられているときにしか、欲望（désir）という形で他者にむかっておのれを越えることができないのです。言いかえれば、精神分析の真の機能は媒介機能なのです。

『哲学雑誌』二一―三号、一九六六年二月。

原注・訳注

フッサールの現象学の根本理念

訳　注

（1）　レオン・ブランシュヴィック（一八六九―一九四四）フランスの哲学者。パスカル全集の編纂者として知られるが、科学認識論なども含め幅広い著作をもつ。アンドレ・ラランド（一八六七―一九六三）フランスの哲学者、カント哲学の影響を受けた理性主義に立脚し、霊的傾向の強い哲学を構築する。エミール・メイエルソン（一八五九―一九三三）ポーランド出身のフランスの哲学者。教職に就くことはなかったが、科学哲学に関する多くの著作で広範囲の傾倒者を得た。この評論が発表された当時、メイエルソンはすでに死去していたが、他の二人はソルボンヌの教授の地位にあり、二十世紀前半の講壇哲学の中心的人物としてニザンやサルトルなどの世代によって敵視されていた。ポール・ニザンの『番犬たち』を参照。

新しい神秘家

原　注

1　ところによって、バタイユ氏はパスカルの文体模写をして楽しんでいるように思える。たとえば「ついに人間たちの歴史を、ひとりひとりの、また全体としては遁走の歴史として見る……」〔五〇ページ第三パラグラフ〕。
2　この言い方はヤスパースにあり、またバタイユ氏にもある。影響関係があったのか。バタイユ氏はヤスパースの名を引用していないが、読んだことはあるように思える。
3　じっさい、この書物の標題（L'expérience intérieure）は《Das innere Erlebnis》とドイツ語で書くことによって、はじめて、その意味のすべてをもつだろう。フランス語の expérience という語は著者の企図を裏切る。
4　「ひとりの男ひとりの女の誕生に関連し、ついで彼らの交接に、いやさらにこの交接における〔受胎の〕瞬間に関連する〔唯一独自のチャンス〕」〔八三ページ〕。
5　ヘーゲルが「《自然》とは外部性である」と言うような意味においてである。
6　ここでもまた、ドイツ語に言いかえたほうが、バタイユ氏の思考をよりよく表現できるだろう。《非自立性》（Unselbstständigkeit）という語である。〔訳者注記――《非自立性》とは、ハイデッガーが『存在と時間』第六十四節「関心と自己性」において用いている語である〕。
7　過激な破壊でもあるあのシュルレアリストたちの黒いユーモアにちかい考え方である。
8　「刑苦の章への後書」。
9　『内的体験』は『謎のひとトマ』〔ブランショの小説、一九四一〕の翻案であり、またその正確な注解だと、かつてアルベール・カミュは私に指摘した。

訳注

（1）「エッセー」は“essai”の訳語。日本語でしばしば（たとえば「エッセイスト」という言葉においてのように）「随筆」とほぼ等しい意味で使われる「エッセイ」と区別されたし。モンテーニュが、はじめてこの語を、「自分の能力や判断力の《試し》」という意味で使い、自著の標題ともした。その後、イギリスに輸入され、散文で人生その他さまざまな主題を論じる"essay"というジャンルを生んだ。その代表作がチャールズ・ラムの『エリア随筆』であるが、"essay"という語は、日本語でいう《随筆》から文芸評論や社会評論までのかなり幅のひろい著作を含む。そういう使い方がフランスに逆輸入されてヴォルテールやディドロなどが自著の標題に使った。しかしフランスでは、モンテーニュの使った意味がかなりはっきりと残って「試論」「論文」「評論」の意味で用いられることが多く、「随筆」の意味はすくない。それにそもそもフランスには『エリア随筆』のような随筆はあまり書かれないようだ。やや近いのがアランのいくつかの著作だが、それは同時にアランの独特な位置を示していよう。日本語で「文芸批評」「文芸評論」と呼ばれるものにフランス語で対応するのは、総体的に"critique littéraire"だが、フランス語では(作家論あるいはある特定の主題についての評論を"étude littéraire"という言い方で(ただし日本で言えば「学問的論文」に近いものもこう呼ばれることがある)、もうすこし幅のひろい批評・評論を"essai littéraire"と呼ぶような使い方が多いようだ。サルトルは、そうした用法のすべてを含め、ヴォルテール以来のかなり幅のひろい著作、虚構によらぬ文学的散文作品をここで《エッセー》"essai"と呼んでいる。

(2) 人文書院刊《サルトル全集》のなかの『シチュアシオンI』に収録されている「『異邦人』解説」をさす。この評論の初出はこの『新しい神秘家』と同じく『カイエ・ド・シュッド』誌第二五三号(一九四三年二月)。

(3) ドリーユとは詩人ジャック・ドリーユ(一七三八―一八一三)のこと。ウェルギリウスの『ゲオルギカ』や『アイネーイス』の仏訳者として名高い。かれの作詩法は一八二〇年の世代の詩人たちに影響をあたえた。

(4) ボワローの『詩学』のなかの有名な一句「いかに醜悪な蛇や怪物といえども、芸術によって再現されたとき、眼を悦ばせぬものはない」からの引用。

(5) 引用は全集版十二ページより。ただしそれによればサルトルの引用中の「厳密な知性の歩み」の個所は「知性の歩みに的確な航路を引いてやる」とあり、「理性的認識」の個所は「論弁的認識(connaissance discursive)」とある。

（6）「テロリストとしての言語への憎悪」という表現は、ジャン・ポーラン『タルブの花々、あるいは文学における恐怖政治《テロル》』を踏まえている。ポーランはそこでロマン派以後現代に至る文学を支配する言語の混乱、あるいは言語の暴力的使用を、大革命当時の恐怖政治になぞらえる。ロベスピエールたちが政治の実行にあたってそうしたように、言語の使用にあたってなによりも魂の極端な純粋さを重視する文学者たちを「テロリスト」と命名するのである。

（7）たとえば「沈黙という語もひとつの響きである」とバタイユは言う。『内的体験』二二五―二二九ページ参照。

（8）ナタナエルとは、ジッドの『地の糧』のなかで「ナタナエル、きみに熱中を教えよう」と語りかけられている人物。彼はまた『ユリアンの旅』のなかで、「思索と研究と神学的恍惚との苦い夜」から脱出し、未知の世界へと旅立ったオリオン号の乗組員のひとりでもある。つまりジッドは、ためらいながらも新たな道を求める自己の分身として、ナタナエルという人物を創りあげた。

（9）《聖なるもの》（le sacré）。社会学者デュルケムが人間の宗教的生活を分析するとき用いた概念。一般的に言って、「切りはなされたもの、犯すべからざるもの、通常の社会生活においては禁止命令によって保護されているもの」の意味。デュルケムの弟子として出発したバタイユの思想のなかで、この概念は大きな位置を占めている（たとえば『エロティスム論』において）。バタイユが《社会学研究会》を設立したとき、N・R・F誌一九三八年七月号に「社会学研究会のために」と題する特集が組まれた。そこに掲載されたミシェル・レーリスの「日常生活における聖なるもの」によると《聖なるもの》は「畏怖と執着の混合、誘惑的で同時に危険であり、ふしぎな魅力を備えると同時に拒絶したくなるような事物の接近によって決定される両義的な態度、尊敬と欲望と恐怖の混ぜもの」を心理的特徴とする。

（10）訳注（2）参照。

（11）この論文は『実存主義とは何か』以前に書かれたものなので、ここで彼が使っている“existentialisme”“existentialiste”などの語はハイデッガーやヤスパースの哲学をさすものなのでそれぞれ「実存哲学」「実存哲学的」と訳した。

(12) バタイユの原文 "je veux porter ma personne au pinacle" に即して訳したが、サルトルの原文では、ここは、"il veut《se porter au pinacle》" となっている。単純に引用の仕方が粗雑なのかもしれないが、このあたりのサルトルの辛辣な語調から考えると、また後出四七ページでは同じ文を正確に引用していることから考えると、括弧にくくられたこの言い回しがフランス語の慣用句として「自分を祭りあげる」という意味となることにかけて、こう書いたとも読める。

(13) このふたつの引用はともに『内的体験』の同じページにあるが、じつはサルトルの言うように前の文にあとの文をつけ加えているのではなく、順序は逆である。

(14) ここでもまた、「すこし先」ではなく、「すこし前」である。

(15) 人文書院刊『存在と無』新装版下巻九九〇ページ参照。

(16) この箇所は初出誌では、"Comment ordonner la certitude intérieure de notre existence avec cette probabilité pour qu' elle appartienne à ces ensembles habiles ?"、収録本では、"Comment ordonner la certitude intérieure de notre existence avec cette probabilité qu' elle appartienne à ces ensembles labiles ?"〔それぞれ下線部が異同部分〕となっていて、どちらが、どう誤植なのか判然としないのだが、前後の論旨を踏まえ、あえて両方を折衷して、"Comment ordonner la certitude intérieure de notre existence avec cette probabilité pour qu' elle appartienne à ces ensembles labiles ?" という文章を考え、それにもとづいて訳した。識者のご批判を乞う。

(17) 社会学研究会 Collège de Sociologie。バタイユが、ロジェ・カイヨワ、ミシェル・レーリス、ピエール・クロソウスキーらとともに作った研究グループ。その設立宣言は一九三七年七月に雑誌「無頭人《アセファール》」に発表された。社会生活を《聖なるもの》の活動的現存が姿をあらわす局面において研究することを目的とし、一種の倫理的共同体の樹立をめざした。参加メンバーは社会学者、哲学者、人類学者、画家など多方面に及び、現実の活動としては、講演会（しばしばスキャンダラスな)、研究会、雑誌の刊行などを行ない、またグループ内の実践として生犠の儀式の志望者をつのるようなことにまで到った(サルトルは風聞でそれを知っていたのかもしれない)。その活動をまとめたドゥニ・オリエ編『聖社会学』(兼子正勝・中沢信一・西谷修訳、工作舎、一九八七年)がある。
(18) ジュール・ロマン(一八八五~一九七二)フランスの作家。二十世紀はじめのころ友人のデュアメル、ヴィルドラックらの文学共同体《アベイ》に参加し、個人は個人を超えたさまざまな集団との融合・交渉によりはじめて完全なものとなるとする《一体主義《ユナニミスム》》を唱えた。
(19)「くそまじめな精神」については、『存在と無』上巻五四一ページの訳注(19)を参照。
(20)「……遡行し」のあと初出誌では「それが建物を根本から頂上まで完全に崩壊させて」の一行がある。なくても意味は通じるが『シチュアシオンI』に収録の際の脱落とも取れる。
(21) サルトルによる引用に Je suis et tu n'es,……とあるのは Je ne suis et tu n'es,……の誤植。
(22) この表現の背後にキリストのイメージを、とくに十字架上で「エリ、エリ、サバクタニ」と叫ぶキリストを想い描くべきだろう。もちろん、ここでサルトルが解説するバタイユの人間観は、十字架上のキリストと奇妙に倒錯した関係にあるわけだが。
(23) ニーチェ『ツァラトゥストラはこう言った』第一部「世界の背後を説く者」(氷川英廣訳・岩波文庫による)を参照のこと。ニーチェの文脈で言えば、「神を信ずる者」というような意味である。
(24) 原文は、l'abandon du non-savoir とあるが、l'abandon au non-savoir の誤植と解する。
(25)「ヨブのように灰のなかに坐り」旧約聖書ヨブ記第二章第八節参照。この部分のサルトルの原文は Comme Job sur son fumier だが、旧約の仏訳によれば Job assis au milieu de (sur) la cendre で、この場合の cendre (灰) とはパレスチナの部落の入口によくあった塵芥や埃の灰のことで、アラビア人はそれを mazbaleb (fumier) と呼んでいたとのことである。この意味をふまえ、現行旧約聖書の訳にしたがって fumier を「灰」と訳した。なおフランス語の多くの成句で fumier は「貧困」「悲惨」「汚辱」などの意味をもつ。
(26) サルトルによる引用に ce reniement rejeté とあるのは ce reniement répété の誤植。
(27) サルトルの理解したバタイユの論理展開の順序はどうであれ、すくなくとも『内的体験』のテクストにおいては「転落の途中……」という文章は、前ページ十三行目の「非 - 知はものごとを……」より前にある。
(28) 改訂増補版では「墜落の途中にあっても空虚のなかにあっても……」となっている。
(29) 人文書院刊《サルトル全集》のなかの『シチュアシオンI』に収録されている「『アミナダブ』、または言語として考えられた幻想について」をさす。この評論の初出はこの『新しい神秘家』と同じく『カイエ・ド・シュッド』誌第二五五～六号(一九四三年四～五月)。

デカルトの自由

原注

1 『方法叙説』第二部。
2 第四省察。
3 某氏宛書簡、一六三八年三月。
4 『情念論』第三十四章、第四十一章。
5 『方法叙説』第一部。
6 第四省察。
7 第四省察。
8 『哲学の原理』四十一。

9 『真理の探究』。

10 クレルスリエ宛書簡、一六四九年四月二十三日。

11 『情念論』第百五十三章。

12 メルセンヌ宛書簡、一六三〇年四月十五日。

13 メルセンヌ宛書簡、一六三〇年五月六日。

14 メルセンヌ宛書簡、一六三〇年五月二十七日。

15 メラン宛書簡、一六四四年五月二日。

16 シモーヌ・ペトルマンは、「批評」誌において、この論文に関し、私が《自己自身にそむく自由》を知らぬと非難している。それは、彼女自身が自由の弁証法を知らぬからである。たしかに仰せの通り、自己にそむく自由はある。そして自己は、自らを変革することをのぞむ自由に対するものとしては自然である。しかし、そういう自然も自己でありうるためには、まず第一に、自由であることが必要なのである。さらにまた自然とは、別の言葉でいえば、外面性にほかならず、従って、人格の徹底的な否定である。しかし精神錯乱すなわち外面性の内的模倣すら、さらに発狂すら、自由を前提するのである。

訳注

（1） リシュリュー（一五八五―一六四二）フランスの政治家。ルイ十三世の宰相をつとめ、アカデミー・フランセーズを創設。ヴァンサン・ド・ポール（ヴィンケンティウス・ア・パウロ）（一五八一―一六六〇）フランスの聖職者。慈善事業に献身、ラザリスト会などの修道会を設立。ピエール・コルネーユ（一六〇六―一六八四）フランスの劇作家。情熱と意志との葛藤を描く英雄悲劇を作り、古典劇の確立者と見なされる。三人ともデカルトの同時代人。

（2） ジャンセニウス［ヤンセン］（一五八五―一六三八）、オランダの神学者、ジャンセニスムの創始者。「恩寵」と

「予定」の教理を再興しようとした著書『アウグスチヌス』をめぐって十七世紀フランスを揺るがす思想・政治論争が起こった。

(3)「真理の探究」は文字通りには上にのべられた「善の探究」に対比される「理論の探究」のことであるが、同時にデカルトが最晩年に書いた対話篇の名でもあった。これは断片に終わったが、断片の中心部分に残されたものは、「懐疑」の強調であった。サルトルはこれを受けて以下のような「懐疑」の論理的存在論的解釈を考えたのであろうと思われる。

(4) ポール・クローデル(一八六八―一九五五)フランスの詩人、劇作家。強固なカトリック主義に裏打ちされた作品を書く。

唯物論と革命

原注

1 わたしがこの論文でマルクスを引用しなかったとの悪意のある非難がなされた。断わっておくが、わたしの批判はマルクスにむけられたのではなく、一九四九年のマルクス主義のスコラ学にむけられたものである。あるいは、いうなら、スターリン的新マルクス主義を通じてマルクスにむけられたものだ。

2 マルクス=エンゲルス『全集』第十四巻、「ルードイッヒ・フォイエルバッハ」、六五一頁、ロシヤ版。この文章をわたしが引いたのは、これを引用するのが、こんにちならわしになっているからだ。マルクスが客観性についてもっとふかい、もっとゆたかな概念をもっていたことは、わたしは別のところで指摘するつもりである。

3 エンゲルス『E・デューリング氏の科学の変革』〔反デューリング論〕第一巻。十一頁。コート版。一九三一年。

4 強度的な量(quantités intensives)をここでもちだし、急場を切りぬけようとしても、それはムダだ。多くの精神物理学者をまどわせたこの《強度的な量》なる神話は、とうの昔ベルクソンがその混乱とあやまちを指摘している。[6]温度は、われわれの感覚の範囲にとどまるかぎり、一つの質である。今日は昨日よりも暑いのではなく、別なふうに暑いのだ。それとは逆に、容積の膨脹により計られる度(degré)はまがうかたなき純粋の量であって、この量にたいして俗に《感覚に訴える質》なる曖昧な観念が附着されているのである。そして、現代物理学はこうした漠然とした観念を残しておかず、熱をなんらかの原子運動に還元するのだ。で、いったいどこに強度性(intensité)があるのだ? 音の強度性といい、光の強度性といっても、ある数学的比例以外の何ものでもないではないか。

5 スターリン『弁証法的唯物論と史的唯物論』エディシオン・ソシアル。パリ。

6 十六頁。〔傍点サルトル〕。

7 もっとも彼らの説明にあっては、環境ははるかに厳密に物質的生活の様態により定義されている。

8 スターリン。上掲書。十三頁。

9 もっともマルクスは、ときにそう称している。唯物論と観念論とのアンチノミーを止揚せねばならぬと彼は一八四四年にかいている。さらに、アンリ・ルフェーヴル[11]はその『弁証法的唯物論』において(五三、五四頁)マルクスの思想を注釈し、つぎのごとく主張している。「『ドイツ・イデオロギー』において明らかに表明された史的唯物論は、いまや、一八四四年の『経済学・哲学草稿』により予感され、宣明されたかの観念論と唯物論との統一の域に達した」と。ではなぜ、マルクス主義のもう一人の代弁者たるガローディ氏は、『レットル・フランセーズ』において以下のごとく主張しておられるのか? すなわち、「サルトルは唯物論を排斥しながら、しかも観念論からも逃れていると称している。ここにバクロされているのは、うぬぼれとかの非常識な『第三党』とである……」と。こうした連中の考えることとは、じつにシリメツレツではないか!

10 ちょっと待ってくれ、というひとがあるだろう。宇宙の変化すべての共通の源、つまりエネルギーについては君は口をふうじているではないか。それこそ機械論の域を出ずしてディナミックな唯物論をうんぬんするものである、と。

答えていおう。エネルギーとは直接われわれが認知しうる実在物ではなく、ある種の現象を理解するためにかりにつくられた一概念なのだ。科学者たちがエネルギーを知るのは、その本性によってではなく、その諸結果によってである。科学者の知るところといえば、せいぜいポアンカレのいったように「何物かがのこる」ということだけである。のみならず、エネルギーにつき確言しうることはすべて、弁証法的唯物論の要求ときびしく対立するのである。すなわち――エネルギーの絶対量は不変である。エネルギーは不連続量として転移する。それにたえず消耗する。――なかんずく、この最後の原則は一歩一歩ゆたかにならんことをねがう弁証法の諸要求とは絶対に両立しない。さらに、忘れてはならぬのは、物体はそのエネルギーをつねに外部から受けとっている事実である。（原子内エネルギーでさえも受けとられたものだ）。ゆえにエネルギー等価の諸問題を研究しうるのは、その不動性（inertie）という一般原則のワク内においてである。エネルギーを弁証法の媒介物とするのは、エネルギーを暴力により観念に変化させることである。

11　ここにその要約をかかげたトロツキスムについての会話は、わたしがコミュニストの知識人たちと何度も回をかさねて行なったものであり、二三の特例にもとづくものではない。そしてどの会話も今わたしがのべたふうにすすんでいったのである。

12　要するに、ルイセンコ事件(13)にみられるように、つい先程まで唯物論を確認し、確認することによってマルクス主義政治の基礎づけをやっていた学者が、しばらくすると、その学的探究において、当の政治の要求に屈服しなければならなくなる。つまり悪循環なのである。

13　これはマルクスが『フォイエルバッハ論』の中で「実践的唯物論」と呼んでいるものである。だが何故「唯物論」なのか。

14　この曖昧さは、共産主義者がその論敵に対して抱く判断の中にも見出される。というのは、結局、唯物論は彼が判断することを禁ずるはずだからである。つまり、ブルジョワは厳密な必然性の所産にほかならないのである。ところが、「ユマニテ」〔フランス共産党機関紙〕の基調は道徳的な怒りにほかならない。

15　行動主義（bêhaviourisme）とは労働合理主義（taylorisme）の哲学である。

16　マルクス自身のことを『経済学・哲学草稿』の中で見事に語っている。

17　これはまた、一八四四年における、すなわちエンゲルスとの不幸な出会い以前のマルクスの立場である。

訳注

（1）ピエール・ナヴィル（一九〇四―一九九三）フランスの社会学者。はじめシュルレアリスムに参加、一九二七年に『革命と知識人たち』の発表によって、マルクス主義への転向を表明した。

（2）ロジェ・ガローディ（一九一三―）フランスの政治家。当時は、共産党正統派イデオローグ的存在であった。後に転向、イスラム教徒になる。『二十世紀のマルクス主義』（竹内良知訳、紀伊國屋書店）など多数の著書がある

（3）セシル・アングラン　共産党の知識人。ガローディとの共著による唯物論関係の著作などがある。

（4）ヘーゲル『法哲学』序文にある有名な言葉。

（5）エルヴェシウス（一七一五―一七七一）フランスの哲学者。その『精神論』では、魂を肉体の一部にすぎないとする唯物論が展開されている。ドルバック（一七二三―一七八九）ドイツ生まれのフランスの啓蒙思想家。自然は物質と運動のみからなるという前提から出発する『自然の体系』は十八世紀唯物論哲学の最も体系的な展開とされる。

（6）『意識に直接与えられたものについての試論』第一章参照。quantité intensive とは、可測的な外延的の量にたいして、測ることはできないが、それでも一は他よりも大だといえるとされている量。

（7）nécessaire は数学用語などでもなければふつうは「必要な」という意味である。ここではそれが一歩すすんで目的論的な「必然の」というふうに受けとれる。

（8）λεκτά ストア学派の用語で、名目論的な存在にしかすぎぬものをいう。

(9) イポリット・テーヌ(一八二八―一八九三) フランスの哲学者、歴史学者。文芸批評家としても活躍。

(10) ラ・フォンテーヌ『寓話』八の十「クマと庭好き」。クマは毎日昼寝している司祭の顔からハエを追いはらう役目をひきうけていた。ある日そのクマを絶望さすにたる執拗なハエが司祭の顔にとまり、いらいらしたクマは煉瓦を投げてハエをたたき落とした、のはよかったがついでに司祭の頭もこわしてしまった、という話。教訓、無智な友ほど危険なものはない。ふつう、ぶちこわしになるような弁護を「クマの煉瓦」という。

(11) アンリ・ルフェーブル(一九〇五―一九九一) フランスの哲学者・社会学者。ソ連系の弁証法的唯物論に反対し、独自の弁証法的唯物論を提唱。

(12) ambivalence 精神分析学の用語。牽引と排斥と、愛と憎しみとが同一対象にたいし同時に存在すること。

(13) ルイセンコ(一八九八―一九七六) ソ連の育種学者。環境条件の変化は生物の遺伝的性質を方向づけ変化させる可能性があると主張。

(14) プロテウス ギリシャ神話で、海に住む老人。ポセイドンの従者で、予言と変身の術に長じる。

(15) ディオゲネス・ラエルティオスの『ギリシャ哲学者列伝』によれば、エピキュロスは自分の召使であったミュスという奴隷も哲学研究の仲間に入れた、という。

(16) フィリップ・ペタン(一八五六―一九五一) フランスの元帥、政治家。第二次大戦時、一九四〇年にフランスがドイツに降伏したあと、国家首席におさまり、ラヴァルを首相とする対独協力的な政権をうち立てる。フランス中部の都市ヴィシーに政府を置いたのでヴィシー政権と呼ばれる。

(17) アルベール・マティエス(一八七四―一九三二) フランスの歴史学者。フランス革命についての重要な研究があり、ロベスピエールの再評価に努めた。

(18) ポール・ニザン(一九〇五―一九四〇)フランスの作家。『番犬たち』(一九三二) でアカデミックな哲学を攻撃した。

（19）ジャック・シュヴァリエ（一八八二—一九六二）フランスの哲学者、ヴィシー政権では大臣も務めた。
（20）ピエール・エルヴェ（一九一三—？）共産党の代表的知識人、国会議員。『ユマニテ』紙の副編集長を務めたが、一九五六年、小冊子「革命と物神」によって党内の官僚主義を告発したため除名された。サルトルは、それに関連して「改良主義と物神」（『シチュアシオンⅦ』所収）という一文を書いている。

作家とその言語

訳注

（1）この対話の翻訳に当って問題になるのは、ことばにかんするさまざまな表現である。訳者はほぼ次のように原語を訳し分けたが、必ずしも常にこの原則が守れたわけではない。

langue（言語、国語）
langage（言語、言葉、用語）
mot（語）

また〔 〕内の言葉は訳者が補ったものである。

（2）以下において、signifiant を「能記」、signifié を「所記」と訳すことも可能であろう。しかし、サルトルはこれらの語に、通常の言語学的な意味とは異なったきわめて特殊な内容を与えているので、それを考慮しつつ、ここでは signifiant に「意味するもの《シニフィアン》」、signifié には「意味されるもの《シニフィエ》」の訳語をあて、signification は「意味」または「意味作用」とした。

（3）この対話において、サルトルは「散文」という語を、ほぼ一貫して「文学的散文」の意味に用いている。

（4）ロラン・バルトの用語。『エッセ・クリティック』（晶文社）参照。なお、この晶文社版の翻訳では、écrivant は

「著述家」と訳されているが、サルトルの『知識人の擁護』（人文書院）で用いられた訳語に従い、「文筆家」としておく。
（5）articulation という語について、ソシュールはこう言っている。
「言葉（langage）について言えば、分節（articulation）とは、音連鎖（chaîne parlée）を音節に細分することをも、また意味の連鎖を意味の単位に細分することをも、指すことができる」（『言語学原論』序説第三章）。
しかしフランス語の articulation には、はっきりと発音すること、言語表現として構成すること、という意味に用いられる場合があり、それと同様に現在の日本語では「分節」という訳語に多くの意味をになわせているので、以下において articulation は全て「分節」とした。
（6）アルチュセールの用語。彼の著書『甦るマルクス』I、II（人文書院）参照。なお、アルチュセールはこの語を精神分析から借用している。
（7）一九六四年十二月、フランス共産主義学生同盟機関誌「クラルテ」主催の討論会を指す。出席者は、サルトルのほか、ボーヴォワール、イヴ・ベルジエ、ジャン＝ピエール・ファイ、ジャン・リカルドゥー、ホルヘ・センプルンで、『文学は何ができるか』と題されて河出書房から各人の発言が翻訳されている。
（8）voyance は普通、「透視能力」の意であるが、ここでは直前の voyant が、メルロ＝ポンティの『見えるものと見えないもの』の用語にしたがって、「見るもの」の意で使われているので、それとの関連で、「見ること」の意と解釈する。
（9）この「開かれたもの」は、ハイデッガーの用語 Offenheit の仏語訳であろう。日本語訳では、「存在への開在性」などと訳される場合もある。メルロ＝ポンティ『見えるものと見えないもの』（みすず書房）一二五、一二六ページ参照。
（10）『レ・タン・モデルヌ』一九六五年五月号に掲載されたマノーニの一文を指す。このなかでマノーニは、フロイトが一九〇九年に発表した『強迫神経症の一症例についての覚え書』（フランスでは一般に「ねずみ男」という標題で呼ばれているらしい）にかんする考察を展開している。

（11）「独自的普遍」「具体的普遍」は、このインタヴュの行なわれた一九六五年前後のサルトルのとくに強調したもので、たとえば一九六六年の来日のさいに行なった講演「作家は知識人か」などはその典型である。作家は己れの独自性を掘り下げてゆくことによって、普遍性に到達するはずであり、それが作家のアンガージュマンである、といった発想はここから生まれる。

（12）原語は révélateur。「現像液」の意味もあり、ここで「啓示を行なう者」とは、像を出現させるのに不可欠のものの意であろう。

（13）ここに述べられている詩と散文の区別は、第二次大戦後のサルトルの思想の特徴である。これについては『文学とは何か』（新装版）四一—四四ページを参照。

（14）サルトルはおそらく、後にラカンの論集《Ecrits》に収録されることとなる欲望の考察をふまえて、こう述べたのであろう。

（15）ヒューレーおよび受動的綜合については、初期の哲学論文『想像力の問題』、『存在と無』以来、サルトルはたえずこれに注目している。たとえば『存在と無』（新装版）上巻三五ページ参照。

（16）《existantial》は、ハイデッガーの用語をもとにして作られたフランス語で、《existentiel》（実存的）とは異なり、存在論的な見地から見た実存の分析にかんして用いられ、日本語では「実存論的」などと訳されている。

（17）この部分は『シチュアシオンIX』に脱落があるように思われるので、『美学雑誌』にしたがって訳した。

訳注

（1）ソルボンヌの哲学科の学生たちの発行する雑誌 Cahiers de philosophie n°. 2-3 合併号に掲載された。アントロポロジー（anthropologie）という語は従来サルトルにおいて特殊な意味あいをこめて使われていたが（「もしも人間の本質とか人間の条件とかを規定しようとめざす学科を人間学《アントロポロジー》と名づけるならば……」——『情動論粗描』）、ここでは人間諸科学（sciences humaines）の総称として用いられていると考えられる。

（2）人類学者。サルトルの主宰する「レ・タン・モデルヌ」誌の同人でもあり、同誌の「構造主義」特集を編集している。

（3）原文の elles を elle の誤植と考える。

（4）原文の Histoire を structure の誤植と考える。

（5）集団は、諸個人の共同の実践によって全体化にむかうと同時に、諸個人がお互いにたいして準主権者にして準客体であるという理由から、たえず非全体化（全体性の解体）の契機を含み持っている。集団にみられるこの性格を、サルトルはとりわけ『弁証法的理性批判』の後半で分析している。

（6）〈知解〉、〈了解〉ともにサルトル哲学の重要概念で、『弁証法的理性批判』序論にくわしく論じられている。〈了解〉が個人または集団の指向的実践の全体化的把握をめざすのにたいし、〈知解〉は実践主体なき実践、あるいは、惰性化された実践的現実の全体的把握をめざす。両者の関係は種と属との関係として考えることができる。

（7）『方法の問題』第二章参照。

（8）造船、航空、金属などの諸工場が多く、典型的な工業地帯。

（9）この二行は『シチュアシオンIX』に収められたテキストからは省かれている。

解題

澤田 直

フッサールの現象学の根本的理念

初出はNRF誌の一九三九年一月号。『シチュアシオンI』に再録された。一九三三―三四年にベルリン滞在中に執筆されたものと推定される。

新しい神秘家

ジョルジュ・バタイユの『内的経験』(一九四三)の書評。初出は『カイエ・ド・シュッド』誌、一九四三年十月号、十一月号、十二月号に続けて掲載。『シチュアシオンI』に再録された。

デカルトの自由

「自由に関する古典叢書」を監修していたグレトゥゼンの委嘱を受けて、サルトルは自由論を中心としたデカルト選集『デカルト一五九六―一六五〇』を編集(一九四六)した。その際に書かれた序文である。『シチュアシオンI』に再録される際に若干の変更が施された。また、一部は出版の前年(四五年十一月十五日）に Labyrinthe 誌の第一四号に発表されている。

唯物論と革命

初出は『レ・タン・モデルヌ』誌、九号、一〇号（一九四六年六月、七月）。後に『シチュアシオンIII』に再録された。単行本化に際して、多くの注が追加された。

作家とその言語

『美学誌』一八巻三 - 四号（一九六五年七・十二月合併号）に掲載。『シチュアシオンIX』に再録された。

人間科学について

一九六六年二月『哲学誌』第二 - 三号「Anthropologie et Philosophie」特集に「人間科学に関する対話」の題で掲載され、後に『シチュアシオンIX』に再録された。

ナ　行

ハ　行

マ　行

ヤ　行

ラ　行

人名索引

ア　行

カ　行

サ　行

タ　行

訳者略歴

白井健三郎（しらい・けんざぶろう）

1917年生まれ。1998年没。フランス文学者。『體験』『知と権力』『ルー・ザロメ』などの著書のほか、アラン『幸福論』などの訳書がある。

清水　徹（しみず・とおる）

1931年生まれ。フランス文学者。『ヴァレリー全集』の編集・翻訳のほか、カミュ、ビュトール、フーコー、デュラスなどの翻訳書多数あり。

野田又夫（のだ・またお）

1910年生まれ。哲学者。『デカルト』『パスカル』『西洋哲学史』などの著書のほか、デカルト『方法序説・情念論』などの訳書も数多い。

多田道太郎（ただ・みちたろう）

1924年生まれ。フランス文学者、評論家。『遊びと日本人』『風俗学』『変身放火論』の著書のほか、カイヨワ『遊びと人間』の訳書など多数。

矢内原伊作（やないはら・いさく）

1918年生まれ。1989年没。『ジャコメッティ』『矢内原忠雄伝』の著書のほか、『ジャコメッティ　エクリ』（共訳）ほかの訳書がある。

鈴木道彦（すずき・みちひこ）

1929年生まれ。フランス文学者。ニザンやサルトルの多数の翻訳、論著にくわえ、プルースト『失われた時を求めて』個人全訳を翻訳刊行中。

海老坂武（えびさか・たけし）

1934年生まれ。フランス文学者。サルトル他数多くの翻訳と、『思想の冬の時代に』『ヨーロッパ新空間』『シングル・ライフ』など著書多数。

解説者略歴

澤田　直（さわだ・なお）

1959年生まれ。フランス文学者。『多言語主義とは何か』（共著）の他『カタルーニャ現代詩15人集』、ペソア『不穏の書、断章』他の訳書あり。

ISBN4-409-03059-0 C3010

哲学《てつがく》・言語論集《げんごろんしゅう》

二〇〇一年二月一五日　初版第一刷印刷
二〇〇一年二月二〇日　初版第一刷発行

著　者　J－P・サルトル
訳　者　白井健三郎／清水徹
　　　　野田又夫／多田道太郎
　　　　矢内原伊作／鈴木道彦
　　　　海老坂武
発行者　渡辺睦久
発行所　人文書院
　　　　〒六一二－八四四七
　　　　京都市伏見区竹田西内畑町九
　　　　電話〇七五（六〇三）一三四四
　　　　振替〇一〇〇〇－八－一一〇三

印刷　創栄図書印刷株式会社
製本　坂井製本所
装幀　倉本　修

乱丁・落丁本は送料小社負担にてお取替いたします。

http://www.jimbunshoin.co.jp/